U0646153

Understand Your Child

读懂孩子

心理学家实用教子宝典（0～6岁）

边玉芳◎著

北京师范大学出版集团
BEIJING NORMAL UNIVERSITY PUBLISHING GROUP
北京师范大学出版社

图书在版编目(CIP)数据

读懂孩子——心理学家实用教子宝典（0~6岁）/边玉芳著. —北京：北京师范大学出版社，2014.1（2024.2重印）
（读懂孩子——心理学家实用教子宝典）
ISBN 978-7-303-17250-4

Ⅰ.①读… Ⅱ.①边… Ⅲ.①学前儿童 - 儿童心理学
Ⅳ.①B844

中国版本图书馆CIP数据核字（2013）第260061号

营 销 中 心 电 话　010-58808083
家教和少儿科普事业部　010-58806648

DUDONG HAIZI

出版发行：北京师范大学出版社 www.bnupg.com
北京市西城区新街口外大街12-3号
邮政编码：100088
印　　刷：北京利丰雅高长城印刷有限公司
经　　销：全国新华书店
开　　本：889mm × 1194mm 1/16
印　　张：14
字　　数：264 千字
版　　次：2014 年 1 月第 1 版
印　　次：2024 年 2 月第 13 次印刷
定　　价：98.00元

策划编辑：胡 苗 尹莉莉　责任编辑：尹莉莉 刘 冬
美术编辑：袁 麟　装帧设计：尚世视觉 锋尚设计
责任校对：陈 民　责任印制：乔 宇

序

我国亿万儿童、青少年今天的健康成长，不仅影响着其一生的发展，而且也影响着我们家庭明天的幸福和生活质量，影响着我们国家明天的综合实力和竞争力。孩子能不能得到更健康的发展，不仅取决于学校教育和社会教育，也取决于家庭教育，取决于家庭教育的质量，取决于父母的素质。家庭教育是一切教育的起点和基础，对孩子的成长起着无可替代的作用。家庭教育不仅直接影响儿童青少年的发展，也在学校和社会对儿童产生影响的过程中起到中间调节作用。我们应该把家庭教育放在和学校教育同等重要的位置。

随着社会的发展，家长们对孩子的教育越来越重视，但面临的困惑也越来越多。大量的调查研究表明，今天的孩子虽然生活物质条件等方面比原来好得多，但是他们在身体素质、心理品质、人格发展等方面都存在许多需要关注的不足。很多家长在孩子教育中花费了大量的时间、精力和金钱，但效果并不理想，且难以得到有效的帮助与指导。孩子感冒、发烧、胃疼的时候可以到医院得到帮助，但是儿童、青少年成长过程中的各种问题从哪儿得到帮助？家长为这些问题感到十分困惑，常常感到求助无门。

家长们从未接受过系统的教育和训练。我们做家长的教育、理念、方法，常常来自于我们自己的领悟，来自于父辈们对我们的言传身教，来自于不同渠道并不系统的信息。家庭教育是一门艺术，更是一门科学。要做好家庭教育，家长首先必须了解自己的教育对象，也就是自己的孩子，就像教师了解学生一样。1岁和5岁孩子，7岁、10岁和14岁孩子的身心发展不一样，大脑发育也不一样。一两岁的孩子，很难做到七八岁孩子所做的运动和认知活动。一个只会爬的孩子，让他走是很困难的，同样，每个孩子不经过爬和走的阶段是很难进入奔跑阶段的。家庭教育如何促进儿童、青少年的健康发展，是一个非常重要的研究任务，是众多学科如生理学、脑科学、心理学、教育学等共同研究的重要内容。要让家庭教育有好的效果，家长首先要不断学习，学会了解孩子、理解孩子，并在此基础上科学育儿。

该书作者边玉芳教授是我校认知神经科学与学习国家重点实验室的研究人员，该实验室以“为满足促进我国亿万儿童青少年的智力和心理健康发展、提升我国人口素质和综合国力的国家重大需求”为宗旨。我高兴地看到她能根据国家和社会的需要写作这样一套作品。

边玉芳教授多年来承担了国家社科基金“中小学生心理危机及其干预研究”、国家科技部重大基础性项目“6~15岁中国儿童青少年心理发育特征调查”的学生学业成就子课题、北京市教委“基于发展性评价的义务教育阶段学生的成长规律与育人策略研究”等多个研究项目，有为广大中小学教师和家长提供学生心理健康教育的丰富经验，因此她既有我国儿童青少年成长发展的第一手资料，又有促进儿童青少年成长的宝贵经验。该套书是她在很好地总结百年来心理学、脑科学的研究成果与我国儿童青少年发展特点基础上，结合自己的丰富实践写作而成的。她带领其研究团队系统梳理了0~6岁、6~12岁、12~18岁儿童青少年的成长规律，提出了科学的育人策略。书稿完成后，她又先后组织不同年龄段的家长进行试读，并根据家长的反馈意见反复修改，精心打磨，整个过程历时近五年。

我相信，在这样扎实的理论研究和广泛实践基础上编写出来的《读懂孩子》系列丛书，一定会得到家长朋友的喜欢。阅读本书，如同聆听众多心理学家将心理学的研究成果“娓娓道来”，让家长朋友们更了解自己的孩子、“读懂”自己的孩子。该书有别于以往众多的家庭教育书籍，它不是某一个专家的育儿经验，而是基于儿童青少年成长普遍规律得出的育人策略。单一的经验往往具有偶然性。教育一个孩子的个别成功经验常常难以被千千万万个家长所复制，只有遵循儿童成长普遍规律的教育才有真正的生命力和可迁移性。此书的出版，可谓是为推进我国的家庭教育做了一件大实事，一件大好事。特此推荐，是为序。

北京师范大学校长　董奇

2013年11月于北京师范大学

前言

有人说，天下最简单的就是为人父母，家长是不需要培训的职业，生来就会。把孩子养大成人，这是和其他动物一样与生俱来的本能。也有人说，天底下最难做的也是为人父母。从没经过系统培训，在没有现成的经验与方法的情况下，要把孩子培养成杰出的人才。

家庭是孩子在漫漫人生中汲取爱和力量的第一站，也是孩子人生的终生课堂，这是学校教育和社会教育无法替代的。随着社会的发展，家庭教育变得越来越重要。现在的家长，比以往任何时候都重视家庭教育，但有许多家长却发现自己越来越不会教育孩子了。家长们都有共同的困惑：今天，我们应该怎么当父母？

要回答这个问题，就需要先思考以下的若干问题。

家庭教育的目的是什么？许多家长说，让孩子成功、有出息。为了让孩子有光鲜的职业、将来能挣大钱、做大官、成名成家，家长从孩子出生不久就在各种各样的培训班中奔波。家庭教育的目的究竟是什么？应该是让孩子成人，为孩子一生的幸福奠基，为孩子储存下一生需要的内心资源。

是不是不能让孩子输在起跑线上？这是目前家庭教育中说得最多的一句话。这话又对又不对。对，就是孩子确实要从小开始培养。不对，就是目前这句话被大大地误解了。孩子的有些能力和品质要从小培养，有些能力和品质要到适合其受教育的年龄去培养，在对的时间里做对的事，家庭教育才能事半功倍。

有没有教育子女的金科玉律？可以说有也可以说没有。尽管对大部分家长而言，由于第一次做父母，往往没有自己以往的经验可以借鉴，但心理学家已经有了大量的研究成果，无数的家长也已经摸索出了许多成功经验供后来人参考。孩子普遍性的成长规律和家庭教育的普遍性策略也可以说是教育子女的金科玉律。

做家长难不难？家庭教育难不难？既难又不难。难就难在人要成长为一个社会人、对社会有贡献的人，一个幸福的人，不仅要有较好的能力和技能，还要有健全的心智、良好的品德与行为。要让孩子学会做人、做事，家长就必须承担起家庭教育的责任。但家庭教育也可以不难。不难就在于人的成长是有规律的，掌握了规律、按规律教育孩子就能让孩子健康成长。

好的家庭教育是不是就不会产生问题？任何父母，在孩子成长的岁月中都会碰到家庭教育的问题。重要的不是碰到问题，而是如何解决问题。人总是在不断地发现问题和解决问题的过程中成长的。解决问题的过程也是家长与孩子一起成长的过程。当然，好的家庭教育不会让孩子出大问题，比如孩子有一天离家出走、走上犯罪道路或自杀，家长最好永远不要碰到这样的问题。

家庭教育最先要做的是什么？读懂孩子。有的家教书说“家长不用懂为什么，只要按我说的方法去做就可以了”。许多家长“求招若渴”，总希望能获得一张“万能的药方”。事实上这是不可能的。家长只有读懂了孩子，理解了孩子，才如同手握一把万能钥匙可以打开不同的锁、解开不同的结。

家庭教育最重要的是什么？爱孩子，与孩子建立良好的关系。家庭教育与其他教育最不同的地方，是这种教育一定有情感的投入。所以成功的家庭教育一定是利用父母与孩子之间这种情感联结，与孩子建立起良好的关系。当然，也要警惕无原则的、无理性的爱。好的家庭教育是理性和情感的平衡。

今天我们怎么做父母？亲爱的家长，请你打开这套书吧，相信你会从中找到答案。

为了更好地让家长朋友们读懂孩子，了解孩子的成长规律，掌握科学的育人策略，本书系努力体现以下特点。

一是科学性与普适性。该书系以众多心理学研究成果为基础。这些心理学研究成果都是通过实验等科学方法得出，具有重复性和可验证性。我们希望读者阅读本书如同聆听众多心理学家讲孩子的成长轨迹与科学育儿方法，从研究成果中学到教育孩子的普遍规律而不是教育某一个孩子的成功经验。

二是全面性和关键性。该书系在内容的选择上不但涉及孩子的学习、能力与品质等发展的重要方面，而且包括对影响孩子发展重要因素的阐述，内容全面。同时该书系也突出不同年龄阶段孩子成长过程中重要的、关键性的问题，让家长有重点地培养孩子在该阶段的重点能力和品质。

三是操作性和实用性。该书系着重于教会家长具体的家庭教育方法。我们希望本书系能克服一些家教书那种“读着句句在理，做着却无从下手”的感觉，努力做到给予家长的策略和方法是简单易行的，而不是抽象空洞的大道理。书系每篇内容均包括成长规律和养育策略两部分。在成长规律部分，基于心理学的研究成果，充分阐述孩子的发展特点和影响因素，帮助家长读懂孩子。在养育策略部分，基于孩子的发展规律，为家长提供教养孩子的具体策略和措施。

四是可读性和趣味性。为了让家长理解比较难懂的心理学术语，本书系在可读性和趣味性方面下了许多功夫。每篇文章中设置了一些小栏目，如特别提示、知识库、实验室、测试吧、心灵加油站等。

五是工具性。该书系具有明显的工具特性，从目录的编排、索引的设计到体系的构成、栏目的安排，都是为了便于读者阅读和使用。这套书适合家长们逐页阅读，也适合家长们在遇到问题时查找所需信息。

要特别指出的是，这套书尽管是为家长朋友们所写，但它也非常适合于广大教师与教育工作者阅读。衷心希望家长们和老师们能从本书系中收获正确的教育理念和实用的教子方法，并祝愿全天下每一个孩子健康、快乐地成长。

说 明

为了方便读者阅读，在每个篇章中设置了一些小栏目，包括主题漫画和概述、特别提示、知识库、实验室、测试吧、心灵加油站、边博士直播间。下面具体介绍了所有小栏目的内容。

①方方3个月
他好像更喜欢亮色的玩具。
②方方5个月
这孩子特别能吵、特别爱闹。
这么大的孩子比较喜欢听音乐，你可以放些舒缓的音乐，也许他就能安静下来。

孩子万一摔下床怎么办呢？

心灵加油站

分享有趣、有用的名人名言，小短文和家教故事，让读者从中慢慢体会和领悟科学的教子方法、观念。

心灵加油站

良好的开端是成功的一半。

——柏拉图

特别提示

提醒家长在日常生活中容易忽视和产生误解的问题和现象，帮助家长避免无意中走进误区、对孩子造成负面影响。

特别提示

家长莫让自己的高期望扼杀孩子的自信心。允许孩子多尝试，通过体验成功、挑战自我，帮助孩子树立自信心。

知识库

选择性注意

选择性注意是指个体在同时呈现的两种或两种以上的刺激中选择一种进行注意，而忽略另外的刺激。

测试吧

围绕不同的主题，设计了一些简单的有针对性的小测试。通过填写问卷的方式，帮助家长客观地了解孩子的发展状况以及自己的教育行为，进行简单的自查。

测试吧

测测孩子的坚持性

自制力、注意力、耐受力是坚持性所包含的基本要素，如果孩子在这三个方面的表现均为“是”，则说明孩子的坚持性不错。

坚持性的三方面	让孩子完成任务，观察孩子的表现	孩子是否能达到
自制力	给孩子一个他最喜欢的玩具，并告之，如果能等到明天再玩，孩子便可得到另一个玩具或者得到另一个想要很久的东西，看孩子是否能等到明天。	是○否○
注意力	要求孩子把散落的玩具收好，这时妈妈在旁边吃孩子平时很喜欢的吃的食物，看孩子是否能坚持到收拾完再来吃好吃的食物。	是○否○
耐受力	和孩子一起玩搭积木游戏，孩子要特别努力才能把积木搭高搭好，父母要鼓励孩子去做，看他是否能完成。	是○否○

主题漫画和概述

以漫画的形式呈现一个有趣的故事，引出主题，并阐述该主题的主要内容。

知识库

介绍一些重要概念，帮助读者更好地了解这些概念；介绍一些科学调查结果，让读者更加客观、清晰地了解与孩子发展现状、家庭教育现状相关的重要数据；介绍一些家庭教育小技巧，帮助读者快速掌握与孩子相处、教育孩子的简单而又实用的招数。

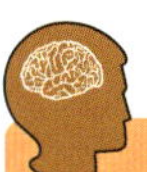

实验室

设计目标很重要

——目标引导实验

心理学家曾做过这样一组模拟实验：让3组人分别沿着公路步行前往一个从未去过的村庄。

实验目的：用目标法引导孩子达到目标。

实验设计：

第一组：实验者不告诉实验对象距离目的地有多远，只告诉他们跟着向导走。第二组：实验者只告诉实验对象距离目的地有50千米。第三组：实验者不仅告诉实验对象离目标的距离，还让他们知道路边每隔1公里就有一块里程碑。

实验结果：第一组人越走情绪越低落，绝大部分人都半途而废；第二组人走到一半后开始抱怨，最后只有很少一部分人到达终点；而第三组人一直充满信心，精神饱满，绝大多数走到了目的地。

这个实验启示父母在引导孩子克服困难时，可以帮助他们提出一个切实可行的目标，并把这样的目标具体化、实在化，坚持去做，这样可帮助孩子较为容易地达成目标。

实验室

呈现一些教育心理学和儿童发展心理学的经典实验，从实验目的、实验设计、实验结论、实验启示等四部分向读者重现这些经典实验。帮助读者更清晰地了解相关的重要结论和观点，以此指导家庭教育。

边博士直播间

Q 我的孩子今年5岁了，特别好动，精力特别旺盛，总是坐不住，一会儿玩这个，一会儿看那个，对什么都有兴趣，孩子是不是患了多动症呢？

A 孩子总是“坐不住”，一方面是由于他们大脑发育还不完善，神经系统兴奋性高，抑制力差。随着孩子中枢神经系统逐渐成熟，大约到了学龄期，孩子保持注意的能力便会逐渐提高。另一方面是由于周围环境的影响。如果周围环境比较嘈杂、刺激比较多，就会分散孩子的注意力。

“多动”与“好动”是有区别的：多动的孩子没有明显的兴趣爱好，而好动的孩子在遇到自己喜欢的事情时可以专心致志、一心一意，只有他们觉得所做的事情乏味无聊时才开始动来动去；多动的孩子做事没有明确的目标，往往冲动性较强，而好动的孩子一般具有明确的目标，并能有计划地完成任务；好动的孩子在一些严肃的场合可以安分守己，而多动的孩子不能分清场合，不能控制自己的行为。家长可以观察孩子的日常行为，初步判断孩子是“多动”还是“好动”，如果家长觉得还是不能确定，可以去正规、专业的医院寻求帮助。切忌轻易将孩子定性为多动症。

边博士直播间

围绕家长在日常教育过程中最关心的问题展开，以问答的方式，帮助读者解开心中的困惑，换一个角度思考问题，找到心中的答案。

目录

感知觉与认知发展

感知觉发展 2

感知是孩子所有认知活动的开端，对孩子的发展很重要。

根据婴儿感知觉发展顺序促进孩子视觉、听觉、皮肤觉等多种感觉发展。

经常抚摸孩子，可起到促进孩子情绪和行为发展的作用，这是一种“爱的抚摸”。

鼓励孩子爬行、多与孩子游戏，可促进孩子感知觉发展。

大脑发育 7

脑发育会直接影响人的行为、思维的发展。

孩子大脑皮层的发育遵循头尾原则和远近原则。

婴儿期大脑具有最强的可塑性。

给孩子提供充足的刺激，促进左右脑协调发展。

注意力发展 12

孩子“坐不住”是由于大脑发育不完善，抑制力差所致。

刺激强烈、对比鲜明、新异和多变的事物容易吸引孩子的注意力。

多动症是一种注意力缺陷障碍，一般在孩子7岁之前就表现出来。

注意鉴别“真假”多动症。

记忆力发展 18

孩子更容易记住那些令他们感兴趣的、印象鲜明的事物。

孩子总是健忘，是由于大脑皮层的额叶尚未发展成熟。

父母应教给孩子一些复述、联想记忆等实用的记忆策略。

测测孩子的记忆力。

语言发展 22

孩子语言发展可分为前语言时期、单词句时期、电报句时期和学前时期四个阶段。

父母可以根据孩子不同的语言发展阶段给予特定的指导。

听力受损、智力发育迟缓等生理因素均可能导致孩子不会说话。

用四步检查法了解孩子迟迟不会说话是否正常。

动作与行为发展

动作发展 28

孩子的动作发展遵循头尾原则、远近原则和顺序原则。

感觉统合失调症一般发生在五六岁及以上年龄孩子身上。

根据孩子的年龄、性格和发育特点进行动作训练。

鉴别孩子是否患有感觉统合失调症有方法。

说谎行为 38

孩子说谎是其心理发展的一种表现。

不要简单把孩子的说谎贴上道德的标签。

孩子说谎可以分为想象型说谎、虚荣型说谎、自卫型说谎。

针对孩子不同的说谎类型给予针对性的教育。

欺负行为 43

孩子的欺负行为大多是通过模仿学来的。

生活在“绝对权威”和“过度溺爱”家庭的孩子容易有欺负行为。

父母可采用“剥夺法”等方法减少孩子的欺负行为。

父母应特别关注经常被欺负的孩子。

分享行为 49

2~4岁的孩子开始懂得分享，但不要过于强迫孩子分享。

5~6岁的孩子分享行为飞速发展。

父母可采用角色扮演法、榜样示范法、移情训练法来培养分享行为。

害羞行为 54

害羞不一定是一种缺陷，不要随便给孩子贴“害羞”的标签。

天生敏感、内向的孩子容易害羞。

父母对孩子要求过高、管教过严、过分溺爱，都容易使孩子害羞。

气质与情绪发展

气质是儿童发展的底板 60

孩子的气质类型大致可分为易养型、难养型和发动缓慢型三种。

对于易养型的孩子，家长无须太费心，但也要关注其不良行为。

对于难养型的孩子，家长在理解包容的同时可采取“冷处理”等策略。

对于发动缓慢型的孩子，家长既要顺其自然，也要鼓励其适应环境。

依恋发展 64

孩子的依恋可分为三种类型：安全型依恋、回避型依恋、抵抗型依恋。

对于回避型依恋的孩子，父母要多给予鼓励，不能认为孩子“没出息”。

对于抵抗型依恋的孩子，父母要帮助他们逐渐适应新的人物和环境。
小测试帮助你了解孩子的依恋类型。

分离焦虑 70
初入幼儿园，孩子出现分离焦虑是正常的心理现象。
分离焦虑一般经历强烈反应阶段、调整波动阶段、基本适应阶段与二次适应阶段。
过度迁就孩子、对孩子听之任之的父母，无益于孩子度过分离焦虑。
长期带依恋物入园不利于孩子的发展。

情绪调节能力发展 75
早期的情绪调节能力可在一定程度上预测孩子未来的社交能力。
3岁前的孩子发脾气往往是由于生理和心理发展不成熟造成的。
3~6岁是培养孩子情绪调节能力的重要时期。

品质发展

道德的发展 80
幼儿期道德认知的发展经历了由无律向他律的发展过程。
幼儿道德行为最大的特点是言行不一。
不要随便给孩子的道德水平贴标签。
对孩子进行道德教育应该从身边的小事开始。

独立性的发展 85
独立性的发展与其社会适应性、创造性发展密不可分。
1～2岁主要培养孩子独立饮食和排便的习惯。
3～4岁是孩子行为独立性发展的重要时期。
4～5岁是孩子情感独立性发展的重要时期。

坚持性的发展 90
1岁半到2岁孩子的坚持性开始萌芽，但坚持性水平较低。
3～5岁对培养孩子的坚持性非常重要。
孩子的坚持性行为大致存在着兴趣型、服从型和成就型三种。
对不同坚持性类型的孩子要采取不同的教养策略。

责任心的发展 95
幼儿责任心的发展处在强制性水平阶段，需要成人的监督。
对孩子首先应培养他们对自己、家庭和班集体的责任心。
注重培养孩子主动精神，对孩子责任心的发展有积极影响。

过分满足孩子需要或对孩子放任不管，不利于孩子责任心的发展。

同情心的发展 99

孩子认知能力的不断发展促进孩子同情心发展。

要让孩子先学会关心父母。

角色扮演有利于激发和培养孩子的同情心。

父母对孩子有较高水平的支持性和敏感性，有利于其同情心的发展。

自信心的发展 103

拥有自信是一个人取得成功的重要保证。

4岁左右是促进孩子自信心发展的重要时期。

父母对孩子过多照顾、过高期望均可能造成孩子不自信。

父母要充分肯定孩子的优点。

抗挫能力的发展 109

3~4岁是培养孩子抗挫能力的重要时期。

让孩子认识到人人都会遇到挫折，挫折未必总是坏的。

鼓励孩子独立尝试，积累成功体验。

明确目标有利于培养孩子的抗挫能力。

延迟满足能力的发展 114

培养孩子延迟满足能力对其未来发展大有好处。

3~5岁是孩子自我延迟满足能力发展的重要年龄。

不要什么都满足孩子，培养他们学会等待的能力。

帮助孩子发现和学会等待的方法。

好奇心的发展 117

孩子的好奇心具有幼稚性、情境性、广泛性和探索性等特点。

好奇心强的孩子接触新事物时注意力集中、爱提问、爱探索。

善待孩子的提问与“破坏行为”，呵护他们的好奇心。

父母应该尝试与孩子一起做科学实验。

能力发展

识字能力的发展 124

识字并非越早越好。

3岁前不要逼迫孩子识字，应重点培养口头语言表达能力。

在生活中识字，不需要固定的教材。

首先让孩子认识字，不强求书写。

阅读能力的发展 128
早期阅读对孩子一生发展有重要作用。
婴幼儿早期阅读和成人阅读不同。
对婴幼儿而言，与阅读活动有关的任何行为都可算是阅读行为。
合作式亲子共读模式有利于培养孩子的阅读策略、阅读兴趣和阅读能力。

数学能力的发展 134
0~3岁的孩子能区分数的多少。
3~5岁的孩子能区分不同形状的图形。
6岁左右的孩子可以初步认识一些立体图形。
重要的是让孩子在生活中感受数学、学习和运用数学，不一定要去专门的培训班。

绘画能力的发展 139
培养孩子的绘画能力有助于培养孩子的观察力和想象力。
对处于涂鸦期的孩子，父母不要将涂鸦行为看成是一种破坏性的行为。
对处于象征期的孩子，父母应着重培养他们的观察力、想象力。
评价孩子的画时父母不要以“像不像”、“美不美”、“行不行”为标准。

音乐能力的发展 144
音乐可提高孩子感知的敏锐性，提高大脑反应的灵活性。
父母应创造条件，多给孩子聆听音乐的机会。
帮助孩子感受律动，引导他们随乐而舞。
可与孩子一起自制乐器，在玩乐中学习音乐。

体育运动能力的发展 148
体育活动有助于促进孩子脑和心理的发育。
与孩子一起做动物模仿操和亲子体育游戏。
利用机会带孩子到户外活动，开阔视野。
让孩子进行专项体育运动需谨慎。

自我保护能力的发展 153
孩子对受伤、摔跤等事故的认知水平较高，对中毒、触电和拐骗的认知水平较低。
不同年龄阶段孩子应具备不同的自我保护能力。

父母可通过游戏和日常生活进行安全教育。

同伴交往能力的发展 157

同伴关系在孩子生活中起着成人无法取代的独特作用。

性格积极向上、交往能力强的孩子往往有较好的同伴关系。

不同年龄段孩子要培养不同的交往能力。

异龄交往对孩子的发展是有好处的。

家教新主张

游戏玩具的选择 164

玩具可促进孩子审美感知力、良好品德、个性的发展。

根据孩子不同的年龄特点，选择不同类型的玩具。

选购玩具应考虑幼儿的兴趣与性格。

不能用玩具来代替对孩子的教养。

正确的奖励才对孩子有帮助 168

好孩子是夸出来的，恰当的表扬和奖励对孩子的发展非常重要。

不恰当的奖励会造成孩子说谎、削弱孩子的内部动机等。

有具体合理的表扬标准、及时奖励及灵活多样的表扬形式有助于孩子形成良好行为。

惩罚孩子的方式要合适 172

恰当的惩罚有时对孩子的发展是必要的。

不恰当的惩罚会引起孩子的怨恨，导致其焦虑、恐惧，甚至会影响今后的发展。

惩罚不是简单地打骂或挖苦孩子，可以是“剥夺关注”、“失去某些待遇”等。

与孩子情感联系越亲密的人，对孩子实施惩罚的效果越好。

离异家庭孩子的教育 176

父母离异会使孩子产生恐惧、焦虑等情绪问题及人际交往问题。

父母离异对年龄小的孩子影响更大。

父母离异不应将自己的负面情绪转移到孩子身上，要将未来预告给孩子。

比起离婚，父母之间长期不断的冲突对孩子有更持久、更有害的影响。

理性地对孩子进行性教育 181

性教育不仅仅是狭隘的“性”的教育，也包括两性差异等方面的教育。

6岁以前进行性教育特别有效而且非常必要。

应该以坦然、开放的态度，运用科学的术语和儿童化的语言跟幼儿谈性。

帮助孩子建立保护自己隐私的意识。

科学地对孩子进行死亡教育 187

受认知能力的局限，孩子不能很好地理解死亡概念。

父母应公开谈论死亡并关注孩子的情绪变化。

避免让孩子过多接触死亡事件。

当孩子遇到死亡事件时，父母应以正确的方法引导孩子。

入学准备 191

帮助孩子在入学前做好心理准备。

让孩子有入学的自豪感，不能用上学恐吓孩子。

帮助孩子在入学前做好读写准备和数学准备，但不是追求让孩子识多少字，做多少题。

帮助孩子做好“社会性”准备，以便让孩子更好地融入学校和班集体。

索引 196

后记 201

感知觉与
认知发展

感知觉发展

①方方3个月
他好像更喜欢亮色的玩具。
②方方5个月
这孩子特别能吵、特别爱闹。
这么大的孩子比较喜欢听音乐，你可以放些舒缓的音乐，也许他就能安静下来。

③方方9个月
孩子万一摔下床怎么办呢？

感知是儿童所有认知活动的开端。人的认知过程就如同一个信息加工过程，包括信息的接收、编码、储存、提取和使用等环节。在这个过程中，信息的接收是第一个也是最基本的环节，而人们接收信息就是靠感知觉来进行的。感知觉虽然是较低级的认知活动，但没有感知觉，就谈不上记忆、思维、想象等高级的认知活动。感知能力发展得越充分，记忆储存的知识经验就越丰富，思维和想象发展的空间和潜力也就越大。

成长规律

规律1 婴儿在环境中逐渐学会正确地运用视觉

婴儿一出生，就有对光的感受性，能辨别亮和暗，对弱光比较容易适应。此时孩子的视觉并不敏锐，能看到的距离约为60cm，在15~20cm的范围内视觉最清晰。

2个月左右时，出现视觉集中。视线首先集中在活动或鲜明发亮的物体上，逐渐地能随光亮的刺激物移动。

3个月左右时，婴儿的注视、移视和追视开始逐步发展起来。

4个月时孩子的注视时间和距离不断延长，视觉集中也逐渐由被动转变为主动。

4~8个月时孩子表现出喜欢亮度大的颜色，而不喜欢暗色；喜欢光波较长的“温暖色”如红、橙、黄，而不喜欢光波较短的“冷淡色”如蓝、紫。

9~12个月时孩子的视觉能力进一步发展，开始能对事物进行积极的观察。

规律2 婴儿听觉从可以辨别母亲的心音逐渐发展为与成人相似的听觉能力

婴儿刚出生时，就可辨认母亲的心音和节律即母亲心脏跳动的声音和节奏。

2~3个月时婴儿开始能倾听周围的声音。能感受不同方位发出的声音，并把头转向声源。

3~4个月的婴儿已能对音乐表示喜欢，对强烈的声音表示不安，还能对成人（特别是母亲）的声音进行分辨，有所反应。

8~9个月时能分辨各种声音，对严厉与和蔼的声调能做出不同的反应。

规律3 婴儿从能辨别不同的味道和气味逐渐发展到与成人相似的味觉、嗅觉能力

味觉

新生儿已能辨别甜、咸、苦、酸等不同味道，并且对甜的喜爱胜过咸。

4个月之后的婴儿对食物的微小变化已很敏感，所以应该适时添加各类辅食，使孩子习惯各种味道。

1岁左右的婴儿已能精确区别同一味道的不同浓度。

嗅觉

4个月左右的婴儿就能比较稳定地区分好的气味和不好的气味。

1岁左右，婴儿的嗅觉能力已经和成人的大体相当。

规律4 皮肤觉可分为触觉、痛觉、温度觉，这些感觉在婴儿期均得到了发展

婴儿一出生触觉就已经很灵敏，尤其是眼、嘴唇、手掌、足底等部位。

有研究表明，接受抚摸的新生儿其肌肤饥渴可得到满足，心理上可得到安慰，能促进其神经系统的发育，增强免疫功能。临床医生发现，得不到抚摸和亲吻，皮肤经常“挨饿”的婴儿，往往性情抑郁、孤僻，爱咬嘴唇、啃指甲，反应迟钝，表情淡漠，动作迟缓。

婴儿的痛觉出生时已存在，疼痛可引起全身或局部的反应。

温度觉在婴儿出生时就很灵敏，尤其对冷的反应，洗澡水过冷或过热，牛奶过冷或过热都能引起婴儿的不适，甚至哭闹。

规律 5 深度知觉的发展可避免婴儿从床上、台阶上等危险地方摔下来

所谓深度知觉，就是对远近、深浅的知觉。它对于了解环境中各种物体的位置排列、从而引导人的活动和运动是非常重要的。当婴儿学会爬之后，很多父母就开始为他会不会从某个地方摔下去受伤而担忧，深度知觉可以使婴儿避免从床上、台阶上等危险地方摔下来。

规律 6 婴儿大约在八九个月获得了形状知觉的恒常性

2~3个月的婴儿，他们更喜欢看复杂的、有曲度的物体。如，他们更喜欢看许多小矩形组成的图案，而不愿意看单调的几个大方块；他们更喜欢看曲线而非直线。

形状知觉恒常性的发育

形状知觉恒常性是指个体在观察熟悉物体时，当其观察角度发生变化而导致在视网膜的影像发生改变时，其原本的形状知觉保持相对不变的知觉特征。

如：从正面看一台电视机，屏幕上的人是直立的，当我们躺在沙发上看电视时，投射在我们眼睛视网膜上的人的图像也“躺下”了，但我们并不会觉得电视里的人也躺下了，还是知道他们是直立的。

婴儿大约在八九个月就获得了形状知觉的恒常性。

规律 7 4个多月的婴儿获得了大小知觉的恒常性

大小知觉恒常性的发育

大小知觉恒常性是指在一定范围内，个体对物体大小的知觉不随距离变化而变化，也不随视网膜上视像大小的变化而变化，其知觉映象仍按实际大小知觉的特征。

如：当我们在大街上走时，街上的人们与我们的距离远近不同，距离500米远的人，投射在我们视网膜上的图像还不到一个小米粒大，但我们绝不会把那个人看成是米粒大的一个人，还是知道他是一个身高和我们差不多的人。

4个多月的婴儿就能产生大小知觉恒常性了。

6个月左右的婴儿已能辨别大小。

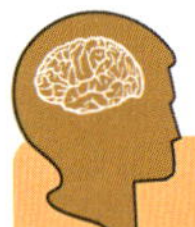

实验室

宝宝害怕“悬崖”吗？

——婴儿深度知觉实验

实验目的： 研究婴儿深度知觉的发展。

实验设计： 一张特制的1.2米高的桌子，边缘有护栏，桌子表层的一半是结实的桌面，另一半则没有桌面，是空的。用红白格相间的棋盘布从结实的桌面上铺到空桌面下方的地板上。然后在整个桌面上覆盖一层透明厚玻璃。在玻璃中间放一块0.3米宽的中间板。这样，在中间板的两侧就形成了“浅滩”和“深渊”，中间板和玻璃平台的高度相差不多。从中间板上看，有结实桌面的一侧看起来似乎像个“浅滩”，而另一侧则是“悬崖”。如右图所示。

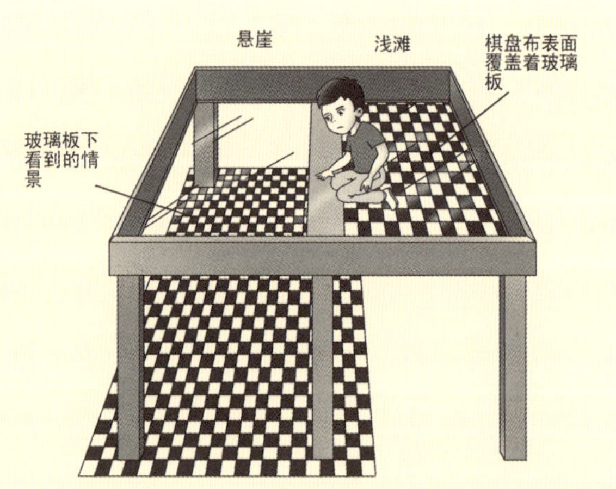

实验结果： 婴儿能感知到视觉悬崖的存在，爬到悬崖边上后便不再向前爬，说明他们很早就具备了深度知觉能力，并且婴儿的深度知觉能力随着年龄递增不断发展。

养育策略

策略 1 和孩子做游戏，促进其视觉、听觉的发展

视觉训练

游戏一：

游戏目的：通过注视可以移动、旋转或抖动的玩具，促进2~4个月孩子的视觉发展。

游戏准备：可移动、旋转或抖动的玩具若干。

具体游戏：将任一玩具悬挂于孩子上方60~70厘米处，通过移动、旋转或抖动玩具引起孩子注意。当孩子开始注视时，可记录下其注视的时间。3~4天后如孩子不再注视该玩具，即可换另一种玩具。如此依次替换。

小提示

不要让孩子长时间注视。通常如果孩子对同一颜色玩具注视时间超过5分钟就可以停止，以免引起视疲劳。另外，也不要强迫孩子注视。

游戏二：

游戏目的：通过看墙上的彩图，促进5~10个月孩子的视觉发展。

游戏准备：各种各样的彩色挂图。

具体游戏：抱着孩子，让他注视墙上各式各样的彩图。孩子看着五颜六色的彩图，会乐呵呵地笑、手舞足蹈，甚至想伸手去摸摸。

听觉训练

游戏目的：通过让孩子听各种音乐、声音，促进3个月以上孩子的听觉发展。

游戏准备：能发出不同声响的物品、音乐等。

具体游戏：当孩子精力较旺盛的时候，找出各种能发出不同声响的物品，比如小铃铛、口琴、杯子等，依次为孩子“奏”响。当孩子循着声音的方向望过来的时候，父母可以继续发出声响。也可为孩子播放各种各样的音乐。

小提示

声音不要太大，也不要离孩子的耳朵太近。不同声响之间要作适当间隔，给孩子休息的时间。

策略 2 鼓励孩子爬行，锻炼孩子自己走路的能力

帮助孩子活动、爬行

可让孩子俯卧在床上，家长在离他30~40厘米的地方放一个新颖玩具，他需要用一点力量移动身体才能拿到。家长还要用语言鼓励他去拿。如果他能用自己的一点力量够到这个玩具，可以让他玩一玩这个玩具。逐渐地，把玩具放到离孩子更远的地方，让他用自己的力气去够，慢慢地就可以学会爬。

孩子学会爬行之后，对“未探索”之地充满兴趣。有些家长怕孩子磕着、碰着，不敢让孩子爬，这样会限制孩子的活动，不利于孩子感知觉的发展。正确的做法应该是，鼓励孩子自主活动，但是给予多方面的照顾，比如帮助他们转身、攀爬，协调他们的手足伸缩等。

锻炼孩子自己走路

有些孩子喜欢让家长抱着，自己不愿走路，成人也觉得孩子还小怕孩子累着，就为孩子“代步”，这样不仅会让孩子越来越懒惰，还不利于孩子的发育。其实，走路对孩子来说是很好的运动，既能锻炼身体又能增长见识。

策略③ 通过抓握不同形状、大小、颜色的玩具或物体，培养孩子的形状、大小知觉

形状知觉训练

游戏目的：用不同形状、颜色的积木，培养孩子的形状知觉。

游戏准备：各种形状、颜色的积木。

具体游戏：家长可选一块积木，然后问“找找看，哪一块积木和妈妈手里拿的一样”，让孩子从不同形状、颜色的积木中找到一样的积木，从而帮助他认识不同的形状。等孩子能够毫无困难地找出相同形状、颜色的积木后，再开始让他模仿妈妈，搭起一座和妈妈搭出的一样的积木房子等。

大小知觉训练

游戏目的：用大小不同的物体，培养孩子的大小知觉。

游戏准备：大小不同的玩具若干，但要保证形状统一，可用套环（直径为3～5厘米，厚度0.5～1厘米）等。

具体游戏：把最大的套环放在孩子面前（注意防止孩子将玩具塞入口中），引导孩子摆弄大套环。然后再放一个小套环在孩子面前，引导孩子把小套环放在大套环里，然后将所有大小不等的套环放在孩子面前，逐步引导他按大小摆弄这些套环。

小提示

给孩子的物体直径不能小于3厘米，以防误吞或塞进鼻孔和耳朵里；套环中间的孔很有意义，孩子抓握时可能会把个别手指塞入孔中，不仅练习了抓握还训练了手部小肌肉的动作。

大脑发育

在生命的早期，大脑以一种惊人的速度生长着。有研究表明，人的一生中，大脑的发育加速期是在母亲怀孕最后3个月和婴儿出生后的前两年。大脑是最高级的神经中枢，控制着人的各种活动与思维。大脑发育的情况会直接影响人的行为、思维的发展。

成长规律

规律 1 婴儿的脑重和头围在生命早期增长迅速

婴儿出生时，脑重已达到350~400克，大约是成人脑重的25%。此后的一年内，脑重增加最快，6个月时已达到700~800克，约占成人脑重的50%，12个月时已达到800~900克，24个月时增到1050~1150克，36个月时脑重已接近成人脑重，此后发育速度变慢。

新生儿的头围在刚出生时已达34厘米左右，约为成人头围的60%；12个月时达46~47厘米，24个月时达48~49厘米，此后增长速度变慢，10岁时才达52厘米。

一般来说，新生儿如果头围过小（小于32厘米或3岁后仍小于45厘米，称为“小头畸形”），其大脑发育将受到影响，智力发育易出现障碍。新生儿如果头围过大（超过37厘米，又称“巨头畸形”），则表明婴儿可能患有脑积水等病变，需进行检查。

当然，有部分婴儿头围过大或过小是因为体重过大或过小，而不是病变引起的。

规律 2 大脑存在一定的发育顺序

儿童大脑皮层的发育遵循头尾原则和远近原则。大脑皮层中控制头部及躯干运动的一些部分先行发育，而后与肢体控制有关的皮层部分才开始发育；同时，控制上肢的皮层部分的发育要早于控制下肢的皮层部分的发育。

婴儿大脑最先发育成熟的区域是初级运动区（控制简单动作）和初级感觉区（控制视觉、听觉、嗅觉、味觉等过程）。

规律 3 婴儿期大脑具有最强的可塑性

婴儿出生时大部分神经元之间几乎没有联结，大脑皮层的大多数区域是不活跃的。

随着婴儿的成长，婴儿接受到的外部刺激越来越多，其神经元的联结以令人难以置信的速度增长。因此婴儿大脑拥有的神经元和神经联结数量远多于成人。在生命的早期，大脑就像是一个大胆的剪裁师，只有被经常刺激的神经元和突触存活下来，而不经常被刺激的神经元细胞所联结的突触就会被修剪掉。

儿童脑的发展在经历了神经元突触产出过剩和选择之后，开始对现有突触进行修正并增添新的突触，突触的添加是儿童记忆的主要基础，与学习经验相连的活动促使神经元不断创造出新的突触。

在婴儿期，大脑的可塑性是最强的。即使受到损伤，也能通过相关的学习而获得一定程度的修复。

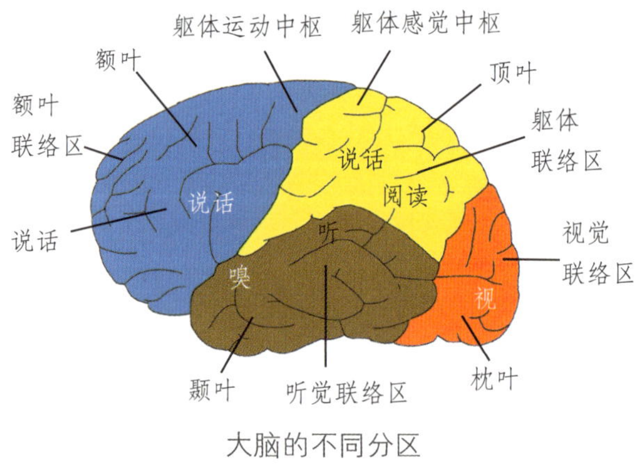

大脑的不同分区

规律4 大脑会逐渐呈现出左右偏侧化发展趋势

随着大脑的发育，左、右两半球的功能开始出现分化，分别控制不同的功能，并以不同的方式处理信息，所控制的身体区域也不同。

大脑的左半球控制着身体的右侧，负责语言、逻辑、细节、理性等功能。

大脑的右半球则控制着身体的左侧，负责空间、音乐、艺术、形象等功能。

规律5 过度应激状态会损伤孩子的大脑

应激反应通常是指身体在内外环境刺激条件下出现的一系列生理性反应，是机体受到过强或者有害刺激后产生的非特异性反应，是一种多激素参与的反应。应激刺激形式很多，如：惊吓、恐惧、疼痛、缺氧缺血等。

对动物的研究指出，应激导致动物大脑海马体损伤，引起联合型记忆障碍。对受虐待的儿童进行磁共振成像技术研究，发现他们脑内的海马体体积缩小，这说明创伤性应激对脑结构与功能有长时间损伤效应。创伤性应激综合征的儿童患有记忆障碍，并且注意力、判断力、计划性等诸多认知功能也存在缺陷。

养育策略

策略1 母亲在孕期就应保证充足的营养并避免过大的压力

儿童的脑细胞大多数是在怀孕4~7个月之内产生的，丰富而均衡的营养对胎儿脑的发育非常重要。

处于发育中的胎儿对于压力非常敏感，母体在有压力的情况下会产生对胎儿不利的激素，影响胎儿发育。

策略2 保护孩子，避免过度应激状态对孩子脑的损伤

父母应为孩子创设较为宽松的环境，与孩子保持良好的亲子关系。如果孩子处于不愉快的环境中，其大脑就会通过消耗大量的葡萄糖来处理这些压力，而葡萄糖在早期主要用来促进儿童的认知发展。

给孩子提供安全的环境，避免孩子遭遇惊吓、恐惧、疼痛、缺氧缺血等应激反应，尤其不能让孩子遭受像虐待、长时间关在黑屋子里等创伤性刺激，以免对孩子的大脑发育与心理发展产生影响。

父母应避免对婴幼儿有过高的要求，让孩子过早进入或给孩子报很多“兴趣班”，过多的批评、体罚也会给孩子带来比较大的心理压力，造成不良的应激反应，这些都不利于孩子大脑的正常发育。也就是说，早期教育训练或智力开发也要适度，如果训练强度过大、内容过多、难度过大，使孩子的脑不堪重负，反而妨碍了脑的正常发育。

特别提示

2000年在英国伦敦举办的“父母与0~3岁孩子”论坛上，专家劝告父母不应该将孩子的全部时间都安排“智力开发”的内容，安排过多的促智活动，反而不利于幼儿发育成长。

策略 3 保证孩子有充足的睡眠

婴幼儿需要大量的睡眠。据统计，不同年龄阶段的儿童需要的睡眠时间不同。新生儿需要多于20小时/天，1岁儿童需要14~15小时/天，3岁儿童为12~13小时/天，5~7岁儿童只需11~12小时/天。

在孩子们睡觉时，大脑正在悄悄发育着。所以，父母要有意识地培养孩子们按时作息的习惯和良好的睡觉习惯（在安静、安全的环境中熟睡），不要随意打扰正在熟睡的婴幼儿。

策略 4 给孩子提供充足的刺激和丰富的营养

在给予孩子刺激方面，父母应该充分调动婴儿的感觉系统，例如对婴儿进行抚摸和按摩，让婴儿看不同颜色的物体，闻各种气味等。还可让孩子接触质地不同、形状各异的东西，如：柔软的毛绒玩具、方块积木、金属的手镯、橡皮娃娃、坚硬的墙壁等，让孩子感受不同物品带来的不同触感。

在营养方面，为孩子提供丰富的饮食营养。应让孩子呼吸清新的空气（注意装修、玩具散发的有毒气体、二手烟等）。还可以让孩子在安全的环境中自由玩耍，促进其动作的发展，通过动作促进其大脑的发育。

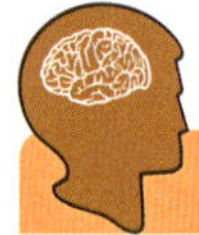

实验室

什么环境下大脑发育最好？

——老鼠脑发育刺激实验

加利福尼亚大学的神经科学家贾雷德·戴蒙德等对老鼠进行了一项有趣的实验，研究发现大脑在不同环境刺激下会有不同的发育效果。

实验目的：测试老鼠在什么样的环境下发育最好。

实验设计：实验中，根据所处环境的丰富程度分为四组。

第一组：环境最为贫乏组。老鼠被放在安静、阴暗的房间中，每只老鼠单独在一个笼子中，并用厚墙隔开以避免接触。

第二组：环境较为丰富组。老鼠被放在明亮宽敞的房间里，10只左右的老鼠群居在一个笼子中，并且每天更换爬梯、车轮、平台等玩具。

第三组：环境更加丰富组。同样在明亮宽敞的房间里，每5~6只老鼠为一群，老鼠用于探索的障碍也每天更换，每天还有半个小时可以让老鼠在田地里进行探索活动。

第四组：环境最为丰富组。这一组老鼠的生存环境模拟完全自然的环境。

实验结果：一段时间后，可以发现处于不同环境中的幼鼠发展情况存在明显的差异，环境越丰富，老鼠的大脑发育得越好。相比于生活在贫乏环境中的幼鼠，丰富环境中的幼鼠大脑感觉整合区比前者厚14%，在一般感觉区厚10%；丰富环境中的成年老鼠的大脑外层净重有4%的变化，厚度有6%的增加。

随后的追踪研究发现，当老鼠长到青春期后，在丰富环境中长大的老鼠在完成任务时一开始就比其他老鼠少犯错误，而且能够更快地学会不犯错误。如果给予正面奖励，它们在复杂任务中的表现更加突出。

策略⑤ 利用玩具等发展孩子的形象思维

婴幼儿的思维主要是具体形象思维，父母应充分利用玩具的真实生动性和形象性来促进孩子思维的发展。

可多买玩具、彩色图片，让孩子把彩色木块、图片拼叠出一定的图样来，鼓励孩子别出心裁地设计。如：给1~3个月的孩子买和人脸相仿的彩色脸谱，在婴儿床上方悬挂彩色气球等；给4~6个月的孩子买可捏响的塑料或橡胶玩具等；给7~9个月的孩子买不倒翁等玩具，激发孩子兴趣；给10~12个月的孩子买积木等玩具，让孩子知道两块积木相碰会发出声响，还可以用积木叠出不同的形状。

可让孩子多接触大自然，让大自然的事物刺激大脑，促进脑发育。

策略⑥ 促进孩子左右脑协调发展

强化多种感觉通道的运用。为了使左右脑协调发展，家长应该让孩子用上多种感觉通道，充分利用视觉材料（图片、画面），听觉材料、嗅觉材料、触觉材料等多种刺激，让孩子多听、多看、多说、多画。

如：讲故事的时候，可以先让孩子看图自己讲，然后再听大人讲，讲了之后还可以由大人和孩子分别扮演故事中的人物，这样，孩子能在听的时候得到多方面的刺激，促进语言组织能力和语言表达能力的发展。这也有助于增进亲子之间的情感交流，形成一种愉快的氛围。

应积极创设情境，让孩子通过理解性记忆提高记忆力。

如：将情境和语言结合起来学习古诗。在下着细雨时，可以教孩子学习“清明时节雨纷纷”；在看到鹅在河里嬉戏时，可以让孩子朗诵“鹅鹅鹅，曲项向天歌”；在观察到草色变化时，可以教孩子朗诵“离离原上草，一岁一枯荣”等。

注意力发展

注意，是指心理活动对一定事物的指向和集中，是我们进行一切活动的前提和基础。注意力的持续性、稳定性的发展会对儿童未来的学习、情绪和人际关系等产生重要影响。多动症是一种注意力缺陷障碍，其症状一般在儿童7岁之前就表现出来了，如果父母可以早发现、早干预，效果会更好，但也要防止将多动的儿童简单地贴上“多动症”的标签。

成长规律

规律① 生理因素导致宝宝不专心

大脑发育不完善

0~5岁的幼儿总是“坐不住”，是由于大脑发育不完善，神经系统兴奋性高，抑制力差所引起。

到了学龄期，随着中枢神经系统逐渐成熟，儿童保持注意的能力便会逐渐提高。

无意注意占优势

婴幼儿注意力的发展中，无意注意占绝对优势。因此，鲜明、生动、直观的形象容易引起注意。而真正需要他们集中注意的事情，比如吃饭、学习反而难以吸引其注意。

知识库

无意注意

无意注意是指没有预定目的、不需要意志努力的注意，也就是我们经常说的不经意。

如，给孩子讲故事时，屋里一有声音，孩子马上会把头转过去，东张西望。

选择性注意能力较差

婴幼儿选择性注意能力很差。婴幼儿无法忽略那些无关的、额外的刺激物，很容易受到环境中无关刺激物的干扰。米勒和威斯的研究分别发现，即使是到7~10岁的儿童，也不能很好地过滤掉那些对当前任务有干扰的无关刺激，进而专心于当前的任务。

注意的衰减

有心理学研究表明，当被动地注意那些静止的无变化的对象时，即使是成人，注意力一般也只能保持5分钟左右；当积极地投入到某事物或某活动时，人们的注意力可以保持20分钟及更长时间。儿童的注意时间更短，自然不能长时间地注意于某一事物与对象。

知识库

选择性注意

选择性注意是指个体在同时呈现的两种或两种以上的刺激中选择一种进行注意，而忽略另外的刺激。

规律② 环境因素影响儿童注意力集中程度

刺激比较强烈、对比鲜明、新异和变化多动的事物容易吸引儿童的注意力。

儿童熟悉、喜欢的事物更容易吸引儿童的注意，比如电视中的动画片要比新闻更容易吸引儿童的注意。

噪声影响是造成幼儿注意力不集中的一个原因。噪声有自然噪声和人为噪声两种。自然噪声，如：马路上车辆、行人的嘈杂声；雷声、雨声等。人为噪声，如：家里的电视音量过高等。

规律③ 父母的教养态度和生活方式影响儿童注意力集中程度

家长对儿童过分纵容，缺少行为规范，导致儿童随心所欲，缺少自制力，无法集中精力去完成一件事。

家里如果无法给儿童提供一个安静的环境，

儿童也很难形成良好的注意力。

儿童的玩具或书籍太多，外界刺激太多，只给儿童短暂的兴趣，无法让儿童从中发挥想象力，感受创造的乐趣。

家庭生活步调太快，也会影响儿童注意力发展。家长有时工作、生活都很忙碌，凡事讲求效率，步调原本较慢的孩子，被迫在快、快、快的节奏中打转，根本无暇细致而专心地完成一件事。

规律❹ 多动症一般在7岁之前就表现出来了，注意鉴别“真假”多动症

多动症是注意力缺陷障碍症（ADHD）的俗称，是指一些智力正常或基本正常的儿童表现出分心、好动、活动过度和行为冲动。多动症会影响儿童未来各方面的成长。

多动症会对儿童的正常学习、生活、人际关系等产生严重的负面影响。由于经常坐不住、好动、不能长时间集中注意力，多动症往往会伴随有学习困难、品行障碍（不守纪律、攻击别人等）。

只要经过恰当的训练和正确的干预，多动症的儿童也能有所成就，如美国游泳运动员菲尔普斯。

有部分过于好动、活跃的儿童是多动症。但并非所有活跃、好动的儿童都有多动症。

很多家长和老师容易误以为注意力不集中、好动、活泼的儿童患有多动症。

有调查发现，在医院的门诊中70%的儿童是被误认为患有多动症。因此，请不要轻易给孩子贴上“多动症”的标签。

知识库

多动症发病年龄、比例及检查方式

多动症一般在7岁之前就表现出来了，在3岁、8~10岁是发病的高峰期。

据统计，中国儿童多动症的发病率为3%~13%。

男孩患多动症的人数要多于女孩，男女发病比例为4.9：1。

目前，神经影像学研究发现多动症患者的脑部存在结构性和功能性的病变。很多患者在儿童期没有受到重视，没得到及时的治疗，结果造成性格的异常，遗憾终生。

判断孩子是否有多动症，可以从两个方面来进行检查，一是孩子是否存在注意缺陷的症状；二是孩子是否有多动或冲动的症状。具体可查看本文后面的小测试。

养育策略

策略 1 在游戏中培育孩子的注意力

游戏是孩子们喜爱的活动形式。游戏活动可以增强孩子注意力的集中程度和稳定性。

“踩线走”游戏

游戏目的：可以有效地发展腿部力量和平衡能力，同时培养孩子的耐心和注意力。

游戏准备：在空地上画好略宽于孩子脚掌宽度的两道平行线。

具体游戏：要求孩子在画好的两道平行线中间行走。开始可让孩子向前走，熟练后，也可画成曲线，让孩子沿着曲线向前或向后走。

“抓尾巴”游戏

游戏目的：可发展孩子注意分配的能力。

游戏准备：一条一米多长、粗细适当的绳子。

具体游戏：家长拉着绳子一端在前面跑，孩子在后面追，想办法抓住绳子的另一端。家长跑的速度不要过快。熟练后可让绳子做不规则的曲线运动，使孩子需要更加专注和灵活才能成功抓到绳子。

“什么东西不见了”游戏

游戏目的：训练孩子的注意广度以及在注意基础上进行记忆的能力。

游戏准备：3~5件玩具。

具体游戏：在桌上摆放几件玩具，教孩子认识并说出玩具的名称，记住玩具的种类。然后，让孩子闭上眼睛，家长拿走其中一样或几样玩具并问孩子：“什么东西不见了？”让孩子集中注意力去回忆、查看、寻找。家长还可根据具体情况选择其他类似的游戏方法。

策略 2 在生活中训练孩子的专注力，让孩子在一定时间里完成一件事

在日常生活中，家长还可以训练孩子养成根据特定目标自觉集中注意力的习惯。

如：在规定时间内要求孩子发挥想象，用积木搭一座房子。规定时间可以促使孩子集中注意去完成任务。孩子按要求完成任务后，家长应给予奖励，以巩固孩子集中注意力的行为。

又如：可准备两幅除了少数几个地方外基本相同的图片，让孩子在规定时间里从中找出不同的地方。

策略 3 创造一个适宜的氛围，让孩子能专心做事

家长要避免做分散孩子注意力的事，如在孩子看书的时候不要看电视、大声议论；在孩子学习或者游戏的时候，不要过度关心地在一旁唠叨；更不要在孩子学习的房间接待客人，使他无法集中注意力。

家长最好每次只让孩子做一件事，例如要避免一边吃饭一边看电视。另外，当孩子在做感兴趣的事时，不要去干扰他。

即使孩子完成了一件很小的事，也要给予表扬。例如，孩子自己看完一本书，家长要及时肯定，让孩子体会到其中的快乐，从而增强集中注意力的动力。

策略 4 谨慎判断孩子是否有多动症倾向，如有需要寻求专业帮助

多动症儿童的诊断通常依据以下四个最基本的症状来进行。

不能自觉地将注意力集中在所要完成的任务和被指定的活动中。极易被外界任何细微的变化所吸引，将注意力转向无关的事物。在日常生活和各种实际活动中，表现为做事极不专心，易分心，不能善始善终。

活动过多。多动症儿童通常极不安宁，过于活跃，易于唤起。若要求他们长时间安静地从事某项活动则难以做到，因为他们难以控制自己的身体。无论是高兴还是悲伤，达到情绪极端的速度和强度都比同龄儿童快。在日常生活和学习中表现为活动量大，不能安稳坐定，上课时常扮鬼脸逗同学发笑等。

冲动性强。多动症儿童往往行动前缺乏思考，既不计后果也不考虑规划。因此在实际生活、学习中，表现为想干什么就干什么，常常会做出违反纪律的事或危险性的动作与破坏性行为，甚至出现伤人伤己的状况。比如，做游戏时，经常会突然搞破坏。

延迟满足困难。多动症儿童难以为一个长远的目标而工作，他们缺乏耐心，不能等待。

多动症的诊断是一个复杂的过程，如果家长发现孩子在注意力集中方面确实与其他同龄孩子相差很大，应该到正规医院寻求专业的诊断和帮助。

测试吧

测测孩子是否具有多动症

下面是一些孩子行为和日常表现的描述。根据实际情况，如果该描述符合您孩子的表现请打“√”，如果该描述不符合您孩子的表现请打“×”。

（1）测试孩子是否有注意缺陷的症状

（　）在游戏活动中，孩子常常不注意细节，容易因为不细心而犯错。

（　）在游戏活动中，孩子常常难以保持注意力。

（　）与孩子说话的时候，孩子常常心不在焉。

（　）孩子经常丢三落四，如上幼儿园时经常忘记带学习用品、生活用品等。

（　）孩子很容易受到外界事物、环境的影响而分心。

（　）孩子往往不能按照要求完成日常家务或其他任务。（注意，孩子并不是由于反抗和不能理解要求）

（　）孩子常常丢失学习、活动所必需的物品（如：玩具、课本、铅笔、书等）。

（2）测试孩子是否有多动/冲动的症状

（　）孩子常常手脚动个不停，或在座位上扭来扭去。

（　）孩子话比较多，说话也急。

（　）在活动中，孩子总是不能耐心地排队等待轮换上场。

（　）孩子常常在别人问话还没说完时，就抢着回答。

（　）孩子不能安静地参与游戏或者其他课余活动。

（　）孩子常常在不适合的场合过分地奔来奔去、爬上爬下。

上述两项症状如果孩子有多数符合并持续一段时间以上，就提示您的孩子可能有该项症状。建议您与专业心理咨询和医疗机构、正规医院联系，进一步检查，以确定孩子是否真的有多动症。

边博士直播间

我的孩子今年5岁了，特别好动，精力特别旺盛，总是坐不住，一会儿玩这个，一会儿看那个，对什么都有兴趣，孩子是不是患了多动症呢?

A 孩子总是“坐不住”，一方面是由于他们大脑发育还不完善，神经系统兴奋性高，抑制力差。随着孩子中枢神经系统逐渐成熟，大约到了学龄期，孩子保持注意的能力便会逐渐提高。另一方面是由于周围环境的影响。如果周围环境比较嘈杂、刺激比较多，就会分散孩子的注意力。

“多动”与“好动”是有区别的：多动的孩子没有明显的兴趣爱好，而好动的孩子在遇到自己喜欢的事情时可以专心致志、一心一意，只有他们觉得所做的事情乏味无聊时才开始动来动去；多动的孩子做事没有明确的目标，往往冲动性较强，而好动的孩子一般具有明确的目标，并能有计划地完成任务；好动的孩子在一些严肃的场合可以安分守己，而多动的孩子不能分清场合，不能控制自己的行为。家长可以观察孩子的日常行为，初步判断孩子是“多动”还是“好动”，如果家长觉得还是不能确定，可以去正规、专业的医院寻求帮助。切忌轻易将孩子定性为多动症。

记忆力发展

记忆是人积累生活经验和知识的基本手段，也是高级认知过程形成和发展的基础。记忆的发展和提高，有助于儿童推理、理解、想象、计划、学习等能力的发展。

成长规律

规律① 生理因素导致幼儿“健忘”

婴幼儿大脑成熟程度和语言能力的发展较低

婴幼儿大脑皮层的额叶尚未发育成熟。大脑额叶对记忆的影响很大，而大脑额叶的成熟要一直延续到学龄初期才能完成。

婴幼儿言语能力不发达，以形象记忆为主。有研究表明，3~4岁的幼儿形象记忆优于词语逻辑记忆，而成人的记忆往往依托于言语。

例如，学习“苹果”这个单词时，看着“苹果”的图片学习，比看写着“苹果”词语的卡片学习更为有效，但是这种记忆材料的优势随着年龄的增长有所减弱。

知识库

短时记忆容量

1956年，美国心理学家乔治·米勒提出成人短时记忆的容量为7±2，即一般为7并在5~9之间波动。这就是神奇的7±2效应。米勒在实验中采用的材料都是无序的、随机的。随着心理学研究的深入，人们发现“7±2”存在的另一个奇特的现象。因为短时记忆中的信息单位“组块”具有神奇的弹性，一个字母是一个组块，一个由多个字母组成的字词也是一个组块。例如“认知心理学”5个字对于不懂心理学的人来说是5个组块；对稍懂心理学的人来说是两个组块（认知、心理学）；而对专业心理学学生、心理学家来说这5个字就只有一个组块。但不论人们储存的组块是什么，成人短时记忆的容量一般为7±2个组块。

规律② 幼儿的记忆容量较低

心理学研究表明，成人的短时记忆容量为7±2个信息单位，但7岁前的幼儿还不能达到这一标准。

幼儿在3~7岁各个年龄段的短时记忆的广度均数分别为3.91、5.14、5.69、6.10、6.09个单位，此处的单位可以是一个数据、一个词语、一组信息。

测试吧

测测孩子的记忆容量

家长向孩子口述下表中的数字，从位数少的到位数多的数字，由上到下依次读，每读完一组数字，孩子紧跟后面复述，从3位数开始，通过了，就试4位数、5位数……直到孩子对某一长度的数字复述错误或不能复述为止。为了使结果较为精确，可用不同的数字表进行3次试验，取3次结果的平均数。

测试表

第一次	第二次	第三次
798	639	563
4658	4862	3758
36985	85989	73825
486253	706475	523467
2581473	1595796	3268541
53796548	29692357	27685939
1596877429	4645386251	0849036271
45382170362	4790398015	26719030864
987063214280	541948627702	147268031925

对于4~7岁的儿童，测得的平均数为七位数以上，就是优；测得的平均数是6个为正常；测得平均数是4个以下就是偏低了。

规律 3 幼儿的记忆以无意记忆为主

幼儿的记忆往往缺少目的性，他们更容易记住那些令他们感兴趣的、印象鲜明的事物。他们在3岁前并不能真正完成有目的的识记任务。

有意记忆要到幼儿园中班或大班才开始有所发展，但一直低于无意记忆。到了小学阶段，有意记忆才能赶上无意记忆。因此，3岁的朵朵不一定能记住老师课上教了什么字，但可能记得今天来了一个新的小朋友。

知识库

无意记忆和有意记忆

无意记忆：没有什么明确的记忆目的，是在生活中自然而然地记住了一些东西。

有意记忆：有明确的记忆目的，是有意识地、自觉地去识记一些东西。

规律 4 幼儿较少应用记忆策略

5岁以前的幼儿处于没有记忆策略的阶段。

5~7岁之间的儿童，虽不能主动应用策略，但在他人的指导下可使用某些策略，一般以外部线索为主。

例如，父母和孩子观看完《喜羊羊与灰太狼》，如果妈妈直接问孩子刚刚的动画片讲了什么，可能孩子很难回答出来。但如果妈妈问一些带有记忆线索的问题，如，“今天下午你看了什么动画片啊？”“这一次是谁被灰太狼抓了？”“喜羊羊怎么救他的呢？”就能帮助孩子把记忆中的信息提取出来。

知识库

记忆策略

记忆策略是指为了记住新信息，人们会使用的诸如复述（不断重复直到记住为止）、精细加工（先理解而后记忆）、组织化（分成几类然后再记忆）、外部线索等方法。

养育策略

策略 1 尊重孩子记忆能力的发展规律，提出合理的要求

处在发育中的孩子其记忆能力本身有一个发展过程，不能以成人的标准来要求孩子。

如果一味地勉强孩子，对孩子提超出能力的要求，可能就会出现“揠苗助长”的效果，挫伤孩子的自信心。

策略 2 以有趣、直观、形象的教育为主

“兴趣是最好的老师”，如果能引导孩子有兴趣地记忆，那么记忆效果就会很好。因此在幼儿期，可尽量多地使用游戏，让孩子在游戏中记忆，在游戏中学习。

如：可和孩子玩“给玩具找家”的游戏，要求孩子将玩具放进指定的不同颜色的筐子里。

在幼儿初期，孩子对熟悉事物的记忆和对形象事物的记忆更长久，因此家长在教孩子学习时，可以从熟悉的事物开始，创造直观的形

象，通过看、听、摸、尝、闻，将孩子的五官充分调动起来，尽量运用形象思维，将新的内容与已学知识联系起来，从而提高孩子的记忆效果。

如：当孩子认识一种新水果——香蕉时，可让孩子掂掂香蕉的重量，摸摸香蕉的表皮，看看剥香蕉皮的过程，观察去皮后的香蕉，并尝尝味道，还可以与橘子、柚子、橙子等剥皮类水果作比较。

策略 3 通过日常生活和游戏提高孩子的记忆能力

生活中处处都有训练孩子记忆能力的好机会，多和孩子说话、交流，在与孩子接触的过程中将记忆任务自然地嵌入其中，如给孩子讲故事，可以是家长先讲给孩子听，以后可以要求孩子把故事讲给家长听。

玩各种游戏也可提高孩子的记忆力。如曾在“注意力发展”中提到的“什么东西不见了”游戏，就可训练孩子的注意广度以及在注意基础上进行记忆的能力。这个游戏还可根据孩子的情况调整内容和难度。下面的“什么东西有变化”就是一个比“什么东西不见了”更难一点的游戏：

“什么东西有变化”游戏

首先在桌上摆放几件玩具、水果或其他任何物品，教孩子认识并可以说出这些物品的名称。然后，让孩子闭上眼睛，家长拿走其中一样或几样物品并可增添一些物品，然后问孩子：“什么东西有变化？”让孩子去回忆、查看、寻找。家长还可以利用自己身上所带物品与孩子一块做这个游戏。

特别提示

家长与孩子做游戏的过程也是家长与孩子愉快交流的过程，不仅对孩子记忆力、注意力的培养有用，对孩子人格的养成也很有好处。

策略 4 在孩子幼小时就开始教孩子一定的记忆策略

家长可根据孩子的实际情况和已有的能力来训练孩子，教给他们一些记忆策略。

逻辑顺序法。一个物品、一个故事都有其自身的内部逻辑，孩子若想轻松记住一个整体就应该学会将物体分成若干个部分，分析它们之间的联系，按照一定的顺序记下来。

如：带孩子逛完超市以后，可要求孩子有顺序地回忆见过的商品，此时也可向他们提供一些记忆线索，如，问孩子“刚刚看到什么水果了？”“还有其他什么东西吗？”等，以培养孩子的记忆能力。

联想记忆法。家长可以发挥孩子丰富的联想和想象，将识记材料与孩子已有的知识联系起来，这样有助于记忆。

如：记忆数字时可以让孩子联想，“1”像一根雪糕棍，“2”像小鸭水中游，“3”像一只小耳朵……

语言发展

①
方方都20个月了，还不开口说话，真是急死我了！
②
像方方这么大时，我们家乐乐早开始说话了。
③
方方到底怎么了？

语言是人类智能的表现之一，是人类思想和心理交流的重要工具和手段。在西方，甚至有学者认为儿童一旦获得语言能力（说话和理解），就标志着其婴儿期的结束，儿童的发育将进入另一个新的阶段。

成长规律

规律① 一般认为婴幼儿的语言发展大致可分为前语言时期、单词句时期、电报句时期和学前时期

前语言时期（0~14个月）。这是指儿童能说出第一个具有真正意义的词之前的一段时间。其实，婴儿一出生就对语言线索极其敏感，具备了区分人的语言和其他声音的能力，出生三天的婴儿就已经能辨认出母亲的声音。此时，母亲一说话，还在吵闹的儿童就可能会安静下来，因为母亲的声音能起到一定的安慰作用。直到10~14个月，婴儿才能说出第一个具有意义的词，但不同儿童之间也存在较大的差异。

前语言时期儿童语言发展特点

阶段	表　现
0~2个月	婴儿开始发出咕咕声，类似于元音的声音。
2~6个月	婴儿开始发出咿呀声，并开始加入辅音。
7~8个月	婴儿已经开始能把听到的语言分割成词语、短语。
8~10个月	婴儿开始使用非语言反应（手势、面部表情等）与他人交流。例如，婴儿举起手臂，以表示希望他人抱。
10~12个月	婴儿经常会在特定情境发出特定的声音。例如，在吃饭的时候发出“mmmm”的声音，在玩玩具的时候，发出“aaa”的声音。
12~13个月	婴儿能理解一些词语的意思，他们能理解的词语比他们能够讲出来的多得多。

单词句时期（14~18个月）。此时婴儿能用字词讲话，更容易学习到那些熟悉的、感兴趣的物体（如每天穿的鞋、玩的玩具等）的发音，开始一次一个词语地慢慢地学习语言，而且他们常常缠着成人给他们讲图画书，喜欢重复听，百听不厌。有研究表明，10~15个月的婴儿平均每个月掌握1~3个新的词语，随后学习新词的速度明显加快。舒华等人的研究表明，16个月是婴儿词语的爆炸期，掌握的词汇量迅速增长。

电报句时期（18~24个月）。此时儿童能开始说出包含两三个词的句子。在最初的时候，他们可能会用一两个词语表达自己的意思，例如“饭饭”，可能就表示了儿童想吃饭。

学前时期（大约25个月~5岁）。此时儿童的语言变得越来越丰富，与成人相似。大量的研究表明，20~30个月是婴儿掌握基本语法的关键期。而到3岁时，婴儿已基本掌握了母语的语法规则系统，具备了一定的交流能力。

规律② 儿童迟迟不会说话与其特定的生理因素有关

1~2岁是婴幼儿语言发展的重要阶段，倘若在这个阶段听力受损，儿童由于不能正常听到外界的声音，语言能力的发育会受到影响。

智力较差的儿童往往首先表现在语言上，他们听不懂话，自然也就不会说话。

规律③ 儿童迟迟不会说话与父母的教养方式有关

采取权威型教养方式的父母，经常给予儿童鼓励和表扬，而肯定、赞扬是影响儿童语言发育的良性刺激，因此，经常得到表扬和赞许的儿童，其心理发育较稳定，性格开朗、活泼、反应敏捷。

相反，如果父母经常批评甚至使用打骂等体罚，会使儿童产生不愉快的内心体验，对儿童的语言以及心理发展产生不利的影响。

此外，如果父母过分溺爱儿童，儿童想要什么，用手一指，家长马上心领神会，给予满足，儿童也就“没必要”开口了，时间久了，也就不爱说话了。

知识库

父母的教养方式

权威型教养方式：父母能给予孩子一定的自主权，主要依靠说明、示范和其他的说理方式来指导儿童的举止行为，并且经常给予孩子鼓励和表扬。

专制型教养方式：父母过分干预孩子的行为，使用过分压制的方法使孩子服从，孩子稍有违背就会加以训斥和惩罚，苛刻地要求孩子无条件遵循各项规则，但又缺少对规则的解释。此类父母始终在以一种挑剔的目光审视着孩子，很少考虑孩子自身的愿望和要求。

放任型教养方式：父母对孩子冷淡，给予孩子绝对的自由，对孩子没有具体的规定和要求，很少奖励或惩罚。

不一致型教养方式：父母在处理与孩子有关的事情时，会因为时间、地点、自己的心情而采取不同的教养方式，父母有时会对孩子不问不管，顺其自然，而有时又严加管制，有时父亲与母亲对孩子的责任行为要求不一致，使孩子不能预期自己对责任行为所做的反应会得到惩罚还是鼓励，孩子无所适从。

娇惯溺爱型教养方式：典型特征是包办代替和无原则的迁就满足。

养育策略

策略 1 父母应根据孩子所处的不同语言发展阶段给予特定的指导

孩子处于前语言时期

父母应尽可能多地和孩子说话，与他们交流，并对他们的发音行为产生应答。切不可认为他们不会说话而对他们置之不理。父母只要和孩子说话，不断地给孩子提供语言刺激，孩子就会逐渐地记住父母所说的话，当他准备说话时，就会自然而然地说出来。

与孩子交流时应该有更多的面对面的交流，因为成人发音时口腔的活动、面部表情、语速语调等都是孩子理解语言、模仿语言的重要刺激因素。

孩子处于单词句时期

父母可以经常给孩子讲故事，这是增加孩子词汇量、提高语言能力、丰富想象力的好办法。父母可以先浏览一下故事书，然后声情并茂地讲给孩子听，让孩子从中积累语言素材；也可以和孩子一起看书，让他们看图，父母指着字一字一字地给孩子读，这也能让孩子对文字产生兴趣。

孩子处于电报句时期

此时由于孩子自身语言能力的发展，父母可鼓励孩子背诵一些简单的儿歌，也可逐渐训练孩子说准确、完整的话。如：领孩子去公园玩耍时，看见一朵花，可问孩子“这是什么呀”，孩子一般会说“花花”，此时父母可帮孩子补充完整：“对了，这是一朵小红花。”接着让孩子重复刚刚说的那句话，并不断纠正孩子说话中的错误，直到发音基本标准为止。

孩子处于学前时期

此时孩子具备了一定的交流能力，因此父母可引导孩子复述一些简单的故事或者描述自己的一段经历，以利于其语言的进一步发展。也可让孩子与同伴玩耍，尤其是年龄较大的孩子，这样可提高孩子的语言表达能力。

策略2 不要对孩子有求必应

有些孩子说话晚是由于家长照顾得太周到，孩子刚一哼哼，家长已把他想要的东西递到他手上了，这样孩子不需要用语言表达自己的意愿，自然也就不急着学说话、要说话了。

孩子1岁以后，父母对他们的需求就不要有求必应了，要让孩子先说话，再满足他们的需求。如：孩子指着香蕉，“啊，啊”地叫着，此时父母不要急着把香蕉给他们，而要问他们：“宝宝，想要什么？”“是要吃香蕉吗？”“来，跟妈妈读，香蕉。”等孩子重复说出“香蕉”之后，再给他香蕉吃。

策略3 四步检查孩子迟迟不会说话是否正常

观察孩子是否有沟通意识

通过日常与孩子的玩耍和交流过程，观察孩子的表情、手势、肢体语言、动作等非语言线索，确定孩子是否有沟通意识。

若孩子能够与人对视，并能通过非语言线索表达自己的想法和感受，家长则不需要太着急。

但是如果孩子不能通过非语言方式实现沟通，那么就需要家长注意了。

观察孩子是否有情绪方面的问题

家长可以通过观察孩子周边的环境，观察孩子的表情、行为等，了解孩子的情绪，尽量减少负面情绪。如果孩子总是闷闷不乐，说话自然会减少。

确定孩子是否有听力方面的问题

家长可以在孩子看不见的地方叫他，或者发出声音，留意孩子是否有反应。

对于大一点的孩子，还可以吩咐他做一些简单的动作（挥手、招手等），确定孩子是否存在听力问题。

确定孩子是否有智力发育问题

家长可观察孩子的玩耍能力是否与其他孩子相当。比如：2~3岁的孩子喜欢玩模拟想象的游戏（如过家家、将玩具拟人化、和玩具做游戏等），而智力发展迟缓的孩子不会玩这类游戏，只对感觉性游戏（跑跳、搭积木等）感兴趣。

边博士直播间

我家宝宝快2岁了，是个小男孩，已经会说话了，但和邻居家的小女孩相比说得少而且不那么清楚。我很想教他说话，让他尽快赶上邻居家的孩子。我听说应该用成人的说话方式教孩子，而不要用叠词等孩子的说话方式，如果是这样的话，孩子可以听懂吗?

A 教孩子说话时，父母应掌握一定的技巧，这样才能达到事半功倍的效果。

首先，教孩子说话时应用正常一般性词汇，尽量避免用叠词等儿语。你家的孩子刚好处于“电报句”时期，说话时往往使用叠词“饭饭，觉觉”等，此时父母在和孩子交流时，不应怕孩子听不懂而使用和他们一样的方式讲话，如“宝宝，吃饭饭不?”如果父母用这样的方式和孩子说话，孩子会误认为他们的说话方式是正确的，这样不利于孩子语言能力的发展。父母应尽量帮助处于电报句的孩子扩充句子。如：孩子想要吃苹果，父母可对他说：“宝宝想吃红色的苹果，是不是呀?”而不要说：“宝宝，果果。”这样能帮助孩子学会如何更好地表达自己的需求。

其次，教孩子说话应有耐心，不要过于严厉。孩子刚刚学说话时，可能反应比较慢，此时父母不要急于代替孩子说，而应耐心地等待孩子组织自己的语言。当遇到孩子发音不准确的情况，不要严厉地批评孩子，而应反复地、不厌其烦地纠正孩子。

另外，在和孩子说话时还应注意一些细节。如：不要重复孩子的错误发音。刚刚学会说话的孩子可能发音不准确，此时成人不要觉得好玩或好笑而重复孩子的发音，这样在无意中强化了错误的发音，而应当用正确的语言来与宝宝说话，时间一长，在正确语音的指导下，孩子的发音就会逐渐正确。

同时，需要指出的是，孩子在语言发展上存在着个体差异和性别差异，一般情况下，女孩的语言发展会好于男孩，不同孩子之间语言发展的速度也会存在差异。作为家长要理解这种差异，不能用别的孩子的标准来要求孩子，不要焦急，只要以正确、科学的方式教孩子说话，孩子的语言能力会慢慢发展起来。

动作与
行为发展

动作发展

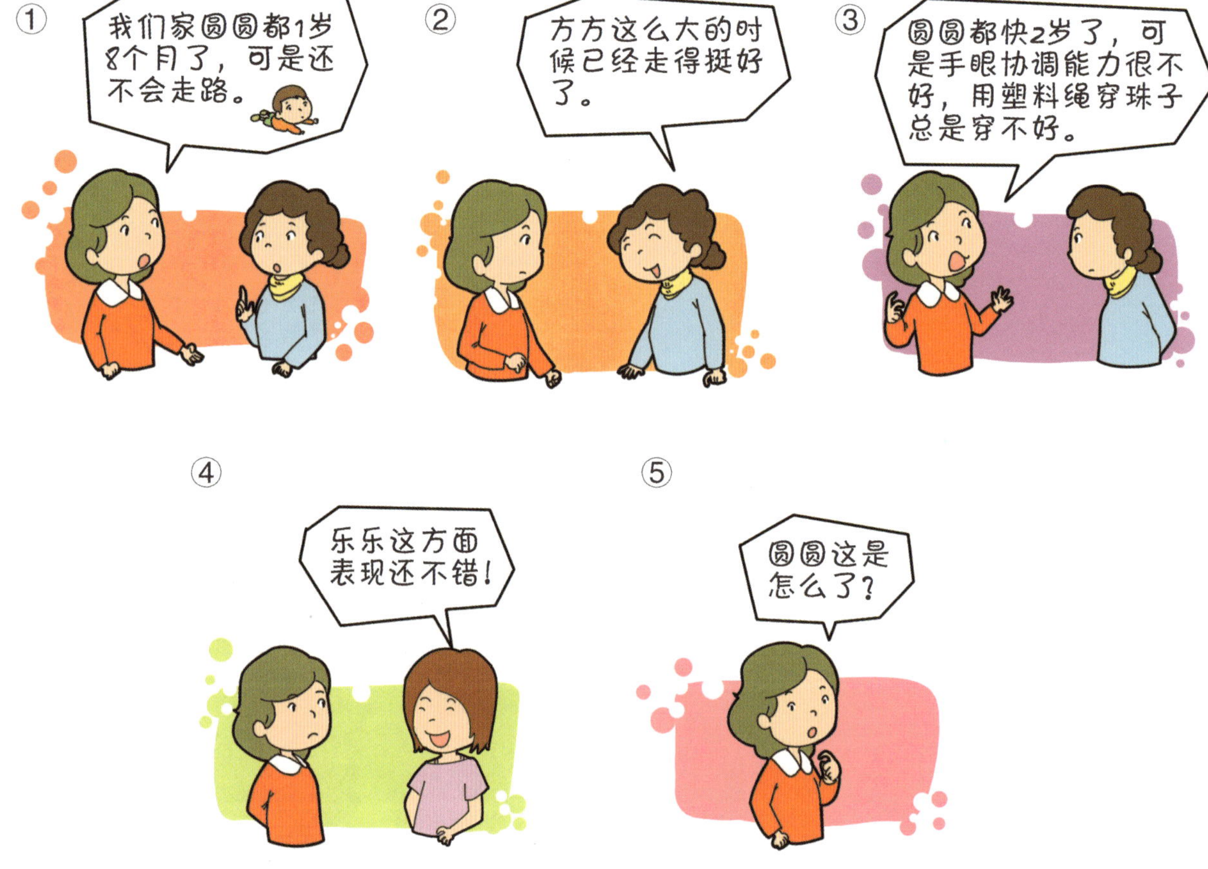

①
我们家圆圆都1岁8个月了，可是还不会走路。
②
方方这么大的时候已经走得挺好了。
③
圆圆都快2岁了，可是手眼协调能力很不好，用塑料绳穿珠子总是穿不好。
④
乐乐这方面表现还不错！
⑤
圆圆这是怎么了？

婴幼儿时期，人的动作是个体与外界环境互动的主要手段。动作发展的情况反映出婴儿生理、心理的发育水平，是思维发展的基础和表现。婴儿通过动作与外界互动，认识客观世界，与人交往；而动作的发展又促进其大脑的发育，促进情绪、社会交际、自信等心理品质的发展。婴幼儿手的活动与精细灵巧的动作可以刺激大脑皮层的运动中枢，同时运动中枢又能调节手指的活动，神经中枢和手指反复地相互作用能促进大脑的发育，对婴幼儿的认知、神经系统等多方面的发展具有重要的促进作用。

成长规律

规律 1 儿童的动作发展遵循头尾原则、远近原则和顺序原则

头尾原则是指动作从头部向下发展，头、颈、上身的动作发展先于下肢的发展，如儿童先能转头，后能翻身。

远近原则是指动作的发展从中心到四周，躯干和肩膀动作发展先于手和手指动作的发展，如儿童先能坐，后能站立行走。

顺序原则是指儿童动作发展表现出一定的顺序性。如：上部动作先于下部动作，大肌肉动作先于小肌肉动作等。

知识库

小肌肉动作

小肌肉动作也称精细动作，主要指手的活动，包括手眼协调，手腕转动，手指伸展，指尖捏、指、点、按等局部小动作。

儿童动作发展的具体先后顺序可参见表1和表2。

表1　大肌肉动作发展顺序表①

动作项目名称	年龄（月）	动作项目名称	年龄（月）
稍微抬头	2.1	从卧位坐起	9.3
头转动自如	2.6	独自能爬	9.4
抬头及肩	3.7	扶一手站	10.0
翻身90°	4.3	扶两手走	10.1
扶坐竖直	4.7	扶物能蹲	11.2
手肘支床胸离床面	4.8	扶一手走	11.3
仰卧翻身180°	5.5	独站片刻	12.4
独坐前倾	5.8	独站自如	15.4
扶腋下站	6.1	独走几步	15.6
独坐片刻	6.6	自蹲自如	16.5
蠕动打转	7.2	独走自如	16.9
扶双手站	7.2	扶物能过障碍棒	19.4
俯卧翻身	7.3	能跑不稳	20.5
独坐自如	7.3	双手扶栏上楼	23.0
给助力爬	8.1	双手扶栏下楼	23.2

① 林崇德主编：《发展心理学》，北京，人民教育出版社，1995，152页

续表

动作项目名称	年龄（月）	动作项目名称	年龄（月）
扶双手双脚跳稍微跳起	23.7	扶一手单足站不稳	26.9
扶一手双脚跳稍微跳起	24.2	扶一手双脚跳好	29.2
独自双脚跳稍微跳起	25.4	扶双手单足站好	29.3
能跑	25.7	独自双脚跳好	30.5
扶双手单足站不稳	25.8	扶双手单脚跳稍微跳起	30.6
一手扶栏下楼	25.8	手臂举起有抛掷姿势的抛掷	30.9
独自过障碍棒	26.0	扶一手单足站好	32.3
一手扶栏上楼	26.2	独自单足站不稳	34.1
扶双手双脚跳好	26.7	扶一手单脚跳稍微跳起	34.3

表2 小肌肉动作发展顺序表

16~18个月①	能把 4~6块积木搭在一起 会握住较粗的笔随意点 能模仿成人画线条 能双手把饼干掰开 会脱去样式简单的上衣 能一页一页地把图书翻开，但没有顺序 能用塑料细绳穿珠子
18~24个月②	愿意用积木搭建简单的物体， 如凳子、门、桥、房子等 喜欢尝试拼插的玩具 能连续地捏起、放下细小的东西，如小纸团、豆子等 尝试将纸撕成小块儿 喜欢拿笔在纸上随意地画
24~30个月③	能用双手把软纸团成团 会独自粘贴简单的图，如苹果、鸭梨等 会用笔画线条和随意涂抹 喜欢用彩色橡皮泥制作简单的物品，如面条、筷子、珠子等 喜欢拼插玩具，尝试拼插简单的物品，如手枪、高楼、火车等 会用纸折叠出简单的图形，如长方形、三角形等

① 张和平：《16~18个月宝宝动作发展评估标准表》，载《启蒙（0~3岁）》，2006（1）
② 张和平：《18~24个月宝宝动作发展评估标准表》，载《启蒙（0~3岁）》，2006（4）
③ 张和平：《24~30个月宝宝动作发展评估标准表》，载《启蒙（0~3岁）》，2006（7）

规律② 儿童动作的发展与其自身的生理成熟度有关

生理成熟是影响儿童动作发展的重要因素。全世界各民族儿童，无论其经济条件、文化水平、社会地位如何，动作发展基本上都按同样的顺序达到成熟。在20世纪二三十年代，格塞尔等研究者所进行的著名的“爬梯训练实验”揭示了生理成熟的作用。

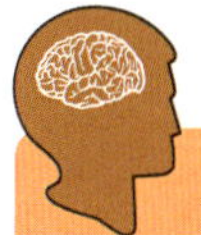

实验室

生理成熟很重要

——双生子爬楼梯实验

实验目的： 利用同卵双生子来证明成熟因素和学习因素究竟哪一个是儿童心理发展中的主要力量。

实验设计： 在实验中，阿诺德·格塞尔找了一对11个月大不会爬楼梯的孪生兄弟（同卵双生子）作为研究对象。在他们48周大的时候，研究者每天花10分钟的时间训练弟弟爬楼梯，而哥哥没有接受该训练。一个月后，弟弟能勉强爬楼梯，其爬楼梯水平明显高于哥哥。

当弟弟接受了五周的训练时，研究者开始对哥哥进行同样的训练，结果哥哥经过两周的训练就能灵活地爬梯子，并且与经过七周训练的弟弟达到了相同的爬梯水平。

实验结果： 哥哥能在时间较短、训练较少的情况下赶上弟弟的爬梯水平，体现了生理成熟的重要。生理成熟为动作的发展奠定了可能性，脱离生理成熟，仅靠学习和训练，并不能达到理想的效果。

规律③ 儿童动作的发展与其所处的环境有关

物质生活环境

良好的营养可以保证婴幼儿身体的发展，从而为动作的发展奠定基础。另外，提供恰当的训练工具（如玩具）也可以帮助婴儿更好地发展动作。

养育观念和方式

跨文化研究表明，不同地区不同民族儿童动作发展的差异，除了遗传因素外，抚养方式也是一个重要因素。赞比亚婴儿自出生起就由母亲用吊带背在身上到处走动，他们从小就接受了大量的视觉刺激、听觉刺激、触觉－动觉刺激。他们会坐以后就被单独留下自由活动，因而动作发展较快。而墨西哥的婴儿虽然也由母亲背着，但他们一直紧紧地被襁褓包裹着，头3个月脸部也被遮盖着，因而动作发展就较慢。这表明丰富的、适宜的环境刺激可促进婴儿动作的发展。

规律④ 运动不足是儿童感觉统合失调症发生的原因之一，该病症一般发生在五六岁至十一二岁的儿童身上，有4种表现，应注意防范

前庭平衡觉障碍：患儿好动、注意力不集中、动作不协调、身体平衡能力差、手脚笨拙易跌倒，而且左右不分、易迷失方向。其视觉很难跟踪移动的目标，也很难由一点移到另外一点，即眼球运动不平稳，常会以跳动方式寻找新目标。其肌肉张力不足，易疲劳，精力分散。部分患儿对高度反应迟钝，故喜爬高，不知惧怕，而有的则敏感过度，对任何高度均特别害怕。

本体感觉障碍：患儿生活自理能力差，不易学会系鞋带、骑车、跳绳、翻滚等技能，易晕车、晕船，大幅度运动时易头晕。

触觉障碍：患儿对环境变化反应过于敏感，对任何信息都急于反应，大脑动荡不安，因此注意力不能集中，学习信息很难传入大脑皮质，导致孤僻、胆小、怕黑。

学习能力发展不足：阅读、做算术有问题，阅读跳读、漏字，写字笔顺颠倒、偏旁部首错误等。

感觉统合失调

感觉统合由美国心理学家、南加州大学的简·爱尔丝博士于 1969 年提出。感觉统合失调是指外部的感觉刺激信号无法在儿童的大脑神经系统进行有效的组合，导致机体不能和谐地运作，久而久之形成各种障碍，最终影响身心健康。

养育策略

策略 1 父母应根据孩子的年龄特点、性格特点和发育特点对他们进行动作训练，孩子动作发育和常规标准有±2个月的差异，都属正常

由于每个孩子的遗传素质不同，大脑中枢神经发育的差异，以及家庭环境和教养方式的区别，因此，每个孩子的动作发展也有着早和晚、快和慢、笨拙和灵活等各种差别和个性差异。一般来说，孩子动作发育和常规标准会有±2个月的差异，这都属于正常范围，父母无须强求统一。

要根据孩子的年龄特点、性格特点和发育特点对他们进行动作训练，使他们的动作灵敏协调，动作得到充分健康的发展，从而促进婴儿生理和心理的发展。

策略 2 对于0~1岁的孩子，家长应为他们提供一个刺激丰富的环境，让他们自由地活动和尝试

布置丰富多彩的环境

孩子从刚出生到4个月左右时，可在其小床上方悬挂鲜艳的彩球、摇铃等，要经常变换悬挂的位置，以吸引孩子从各个方向注视玩具，发展孩子头部的动作。

4~6个月时，孩子对声音有了定向反应，视线也能有意识地追随活动的人与物，手的动作也开始有了目标与方向，此时选择的玩具不仅要色彩鲜艳、有声响，而且要便于孩子学习触摸与抓握，同时可以提供不易咬坏的无毒玩具，以促进孩子的感知觉能力的发展及牙齿的生长。

提供各种可操作的材料

6个月后，孩子的手眼协调能力有了发展，手的动作逐渐有了方向性与目的性，孩子非常乐于摆弄各种东西。父母应该为孩子提供各种材料，使孩子在摆弄材料的过程中逐渐感知物体的大小、形状、软硬、轻重、光滑度等各种属性。

创造爬行的环境

爬是一种极好的全身运动，能促进孩子眼、手、脚协调发展，同时对孩子的运动知觉、深度知觉、方位知觉的形成也有积极的作用。

父母要为孩子创造一个可以爬着玩的环境，如：干净的地板、大而平的硬床。家长可以将孩子最喜欢的玩具摆在他面前，吸引孩子向前爬行。

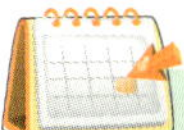

特别提示

爬行经验对孩子的发展至关重要。爬行需要大、小脑之间的密切配合，能锻炼孩子全身大肌肉活动的力量，尤其是四肢活动的协调性和灵活性，有助于视听觉、空间位置感觉、平衡感觉的发育，多爬能够丰富大、小脑之间的神经联系，促进身体的协调、脑的发育。

掌握学步的最佳时机

当孩子能够离开支撑物独立地蹲下、站起并保持身体平衡时，就到了学步的最佳时机。父母可以提供一些外力来帮助孩子学会独立行走，如手推车、沙发、凳子等。

策略 3 对于1~3岁的孩子，家长应为孩子提供练习动作的机会，满足孩子独立活动的愿望

给孩子提供练习动作的机会

1岁以后，宝宝的动作逐渐带有目的性，他们开始能有目的地走、跑、跳、爬、攀登、投掷等，这时家长可以为孩子准备一些头饰，如：戴上猫的头饰学猫轻轻地走，戴上小兔头饰学兔子蹦蹦跳，还可以带孩子去公园玩跷跷板、滑梯、转椅、秋千等，促进各种动作的发展。

另外，家长可以为孩子提供一些有利于小肌肉发展的玩具，如小积木、简单的拼图、串珠等，让他们在操作中发展精细动作。

满足孩子独立活动的愿望，培养独立性

在这一阶段，孩子独立活动的愿望是非常强烈的，父母要为孩子创造独立活动的机会，满足孩子自己吃饭、喝水、独自取放玩具的愿望，不要因为孩子年龄小、能力弱，就事事包办代替。

策略 4 通过一些动作训练来帮助孩子预防和治疗感觉统合失调症，如有需要应寻求专业帮助

前庭失衡训练

多带孩子参与骑木马、坐电动玩具、滑滑梯、荡秋千等活动，需要注意的是孩子在活动过程中要给予保护，并给予心理上的支持。

如：让孩子站立在跳跳床上，双脚并拢蹦跳，跳起时，膝盖弯曲，脚后跟踢臀部。这样可强化前庭刺激，提高动作的协调性，增强平衡能力。

触觉失调训练

- 多爱抚孩子，可促进触觉系统的发展。
- 提供干净、自由的游戏空间。让孩子能在地上自由地爬行及接触周围物品，别总让孩子待在学步车或婴儿车里，这样会丧失爬行及用手触摸环境的机会。
- 对触觉迟钝的孩子，父母可用软毛刷子挠孩子的手心、脚心、腿部等，以唤醒他们的触觉。

视觉运动与手、眼失调训练

让孩子拼、插组装物品（动物插件、几何插件、组装积木等）、绘画、走迷宫等。

测试吧

测测孩子的感觉统合能力

此量表由58个问题组成，由儿童的父母或知情人根据儿童最近1个月的情况认真填写。量表主要包含以下5方面的问题：前庭失衡（14条）、触觉功能不良（21条）、学习能力发展不足（8条）、本体感失调（12条）以及大年龄儿童的问题（3条）。量表的评分按“从不这样、很少这样、有时候、常常如此、总是如此”分别计“5、4、3、2、1”。判断结果时根据儿童的年龄分别将每一个方面的原始分加和，然后根据下面的转换表将加和得到的原始分换算成标准分进行评定（标准分和原始分的转换表已给出，见下文）。一般来说，凡标准分小于等于40者说明存在感觉统合失调现象，标准分在30~40之间为轻度，20~30为中度，20分以下为重度。

	从不这样	很少这样	有时候	常常如此	总是如此
一、前庭失衡					
1. 特别喜欢玩旋转的凳椅或游乐设施，而不会晕。	5	4	3	2	1
2. 喜欢旋转或绕圈子跑，而不会晕。	5	4	3	2	1
3. 虽然看到了，但仍然常常碰撞椅子、柱子、门、墙或他人。	5	4	3	2	1
4. 行动、吃饭、敲鼓、画画时双手协调不良，常常忘记另一边。	5	4	3	2	1
5. 手脚笨拙，容易摔倒，拉他时仍显得笨重。	5	4	3	2	1
6. 俯卧地板和床上，头、颈、胸无法抬高。	5	4	3	2	1
7. 爬上爬下，跑进跑出，不听劝阻。	5	4	3	2	1
8. 不安地乱动，东摸西扯，不听劝阻，处罚无效。	5	4	3	2	1
9. 喜欢惹人、捣蛋和恶作剧。	5	4	3	2	1
10. 经常自言自语，重复别人说的话，喜欢背诵广告语。	5	4	3	2	1
11. 表面左撇子，其实左右手都用，无固定使用哪只手。	5	4	3	2	1
12. 分不清左右方向，鞋子、衣服穿反。	5	4	3	2	1
13. 对陌生地方的电梯或楼梯，不敢坐或动作缓慢。	5	4	3	2	1
14. 组织力不佳，经常弄乱东西，不喜欢整理自己的环境。	5	4	3	2	1
二、触觉功能不良					
1. 对亲人特别暴躁，强词夺理，对陌生环境则害怕。	5	4	3	2	1
2. 害怕到新场合，不久便要求离开。	5	4	3	2	1
3. 偏食、挑食，不吃青菜或其他食品。	5	4	3	2	1
4. 害羞、不安、喜欢孤独，不爱和别人说话。	5	4	3	2	1

续表

	从不这样	很少这样	有时候	常常如此	总是如此
5. 容易黏妈妈或固定某个人，不喜欢到陌生环境，喜欢被搂抱。	5	4	3	2	1
6. 看电视或听故事，容易大受感动，大叫或大笑，害怕恐怖镜头。	5	4	3	2	1
7. 严重怕黑，不喜欢到空屋，到处要人陪。	5	4	3	2	1
8. 早上懒起床，晚上睡不着，上学前拒绝到学校，放学后又不想回家。	5	4	3	2	1
9. 容易生小病，生病后就不想上学，无缘无故拒绝上学。	5	4	3	2	1
10. 吮吸手指或咬指甲，不喜欢别人帮忙剪指甲。	5	4	3	2	1
11. 换床睡不着，不能换被子或睡衣，出外担心睡眠问题。	5	4	3	2	1
12. 独占性强，不许别人碰他的东西，会无缘无故发脾气。	5	4	3	2	1
13. 不喜欢和别人聊天、玩碰触游戏，视洗澡和洗脸为痛苦。	5	4	3	2	1
14. 过分保护自己的东西，尤其讨厌别人从后面接近他。	5	4	3	2	1
15. 怕玩沙土、水，有洁癖。	5	4	3	2	1
16. 不喜欢直接视觉接触，必须用手来表达其需要。	5	4	3	2	1
17. 对危险或疼痛反应迟钝或过于强烈。	5	4	3	2	1
18. 听而不见，过分安静，表情冷漠又无故嬉笑。	5	4	3	2	1
19. 喜欢咬人，并且咬固定伙伴，无故碰坏东西。	5	4	3	2	1
20. 内向、软弱、爱哭，喜欢触摸生殖器。	5	4	3	2	1
21. 过分安静或坚持奇怪玩法。	5	4	3	2	1
三、学习能力发展不足					
1. 看起来智力正常，但学习、阅读或算术特别困难。	5	4	3	2	1
2. 阅读跳字，抄写漏字、漏行，写字笔画颠倒。	5	4	3	2	1
3. 不专心、坐不住，上课左右看。	5	4	3	2	1
4. 用蜡笔着色或用笔写字做不好，写字慢且超出格子外。	5	4	3	2	1
5. 看书容易酸眼，特别害怕数学。	5	4	3	2	1
6. 认字能力虽好，但不知其意义，而且无法组成较长的语句。	5	4	3	2	1
7. 不容易看出或认出混淆背景中的特殊图形。	5	4	3	2	1
8. 对老师的要求及作业无法有效完成，有严重挫折感。	5	4	3	2	1

续表

	从不这样	很少这样	有时候	常常如此	总是如此
四、本体感失调					
1. 穿脱衣裤、扣纽扣、系拉链、系鞋带动作缓慢、笨拙。	5	4	3	2	1
2. 顽固、偏执、不合群、孤僻。	5	4	3	2	1
3. 吃饭时掉饭粒，口水控制不住。	5	4	3	2	1
4. 语言不清，发音不佳，语言能力发展缓慢。	5	4	3	2	1
5. 懒惰、行动慢、做事效率低。	5	4	3	2	1
6. 不喜欢翻跟头、打滚和爬高。	5	4	3	2	1
7. 上幼儿园仍不会洗手、擦脸、剪纸和自己擦屁股。	5	4	3	2	1
8. 上幼儿园（大、中班）仍无法用筷子，不会拿笔，不敢攀爬或荡秋千。	5	4	3	2	1
9. 对小伤特别敏感，过度依赖他人照顾。	5	4	3	2	1
10. 不善于玩积木、组合东西、排队和投球。	5	4	3	2	1
11. 怕爬高，拒走平衡木。	5	4	3	2	1
12. 到新的陌生环境容易迷失方向。	5	4	3	2	1
五、大年龄儿童的问题					
1. 使用工具能力差，对劳作或家务事均做不好。	5	4	3	2	1
2. 自己的桌子或周围无法保持干净，收拾起来很困难。	5	4	3	2	1
3. 对事情反应过于强烈，无法控制情绪，容易消极。	5	4	3	2	1

6岁以内儿童感觉统合能力评定量表原始分和标准分的转换表

标准分	原始分			
	前庭失衡	触觉功能不良	学习能力不足	本体感失调
10	31~37	50~59	13~17	26~32
20	38~43	60~69	18~22	33~38
30	44~50	70~79	23~28	39~45
40	51~57	80~89	29~32	46~51
50	58以上	90以上	33以上	52以上

知识库

儿童感觉统合能力发展评定量表

儿童感觉统合能力发展评定量表是由台湾的郑信雄根据爱尔丝的研究成果编制而成，北京医科大学精神卫生研究所于1994年进行修订，用于测查儿童感觉统合能力的发展水平。量表分5项内容：（1）前庭失衡，主要涉及身体的大运动能力；（2）触觉功能不良，主要对过分防御行为和情绪的稳定性进行评定；（3）本体感失调，主要涉及身体平衡协调能力；（4）学习能力发展不足，主要涉及由于感觉统合不良所造成的学习能力不足；（5）大年龄儿童的问题，包括对使用工具及做家务的评定，主要用于评定10岁以上的儿童。

说谎行为

儿童说谎是一个普遍现象，而且随着年龄的增长而增加。传统意义上，说谎是非常不好的行为。但是对于幼儿来说，说谎并不意味着未来就会成为骗子。我们应该正确认识与处理幼儿的说谎行为。

成长规律

规律 1 幼儿说谎是其心理发展的一种表现

幼儿说谎和欺骗的能力可以当成是幼儿获得“心理理论”的关键技能之一，对幼儿发展有十分重要的意义。幼儿的说谎行为以及对说谎认知的发展是儿童社会化的体现，与多种社会能力有关。

儿童会编造谎言时，说明他们已能站在他人的角度考虑问题，已能对自己的言行做出较为合理的解释，它是儿童认知发展的一个标志，是幼儿智力发育的明显进步。

2~3岁的儿童就能采用一种或两种行为方式来进行欺骗。但是，3岁或更小的儿童对说谎的认识是杂乱无章的，他们不能通过操控他人信念来进行说谎，也无法通过隐藏某种动机和意图来进行欺骗，更不能很好地假装无知，亦不能老练地说谎。

知识库

心理理论

所谓“心理理论”，就是指个体对自己和他人心理状态（如需要、信念、意图、感知、情绪等）的认识，并在此基础上对自己和他人的相应行为做出预测和解释的知识。

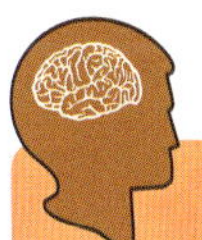

实验室

巧克力去哪儿找？

——儿童心理理论实验

海因茨·维默尔和约瑟夫·佩纳设计的错误信念任务。

实验目的：研究儿童何时能站在他人的角度思考问题，发展出一定的心理理论。

实验设计：实验者给儿童讲故事，故事中的男孩马克西将巧克力放在厨房的A碗柜中，然后离开了；马克西离开后，母亲把巧克力重新放到了B碗柜中。故事讲完后，实验者问儿童“马克西回厨房后，会到哪里找巧克力呢？”

实验结果：3岁儿童一般认为马克西会到B碗柜里找巧克力，而4岁儿童认为马克西会到A碗柜里找巧克力。当实验者问幼儿为什么这样想的时候，3岁的儿童认为巧克力在B碗柜中，因而马克西会去B碗柜中找。4岁的儿童认为尽管母亲将巧克力放在了B碗柜中，但是马克西并不知道放巧克力的地点已经发生改变，因而他还是会按照自己的信念到A碗柜里找。这说明3岁的儿童还未建立起良好的心理理论，未能站在他人的角度思考问题；而4岁的儿童已发展起一定的心理理论，能站在他人的角度思考问题。

规律2 幼儿不能区分现实和想象导致他们说谎，这是想象型说谎

小班幼儿（3岁左右）常把想象与现实相混淆。小班幼儿的比较、概括和抽象的能力都较弱，不能把实际存在的事物和自己内心想象的事物清楚地区分开来，常常把想象当做现实。有时幼儿会将非常渴望发生的事情以及经常在头脑里想象的事情当做真实的事情。在一定条件下，他们会说出来，这在大人看来就变成了谎言。随着儿童年龄的增长和思维的发展，到了中、大班，幼儿由于混淆想象与现实而撒谎的情况将逐渐减少。

如：幼儿看到别的小朋友拿着毛绒玩具玩，就说妈妈也给自己买了一个，但实际上妈妈根本没有买，这其实只是他内心的一种渴望，一种想象。

小班幼儿的想象，又常常脱离现实，主要表现为想象具有极强的夸张性。这是由于他们的思维发展水平较低，认识事物时往往抓不住本质，他们所描述的往往是在感知过程中事物给他们留下的深刻印象。

如："我姥姥家的狗长得可大了，有头牛那么大！"是大狗的头给幼儿留下了深刻印象，所以幼儿才会如此"撒谎"。

规律3 幼儿会由于虚荣而说谎，这是虚荣型谎言

幼儿期的心理特点之一便是喜欢听好话，渴望得到别人的赞扬。幼儿常常以自我为中心，有一种希望得到别人注意的心理需要。当这种情感需要长时间得不到满足时，有的幼儿就会向家长编造自己的"成绩"，以换取表扬或奖赏。这时，儿童会受虚荣心的驱使而撒谎。

幼儿之间经常攀比。有时也是因为大人的不小心，使说谎者反而占了便宜，无意之中怂恿了幼儿说谎。

一名犯人曾述说他儿时的一件小事：一天，妈妈拿来两个一大一小的橙子，准备给我和弟弟吃，我一眼就看见那个又大又黄的橙子，非常想要。妈妈把橙子放在桌上，问我和弟弟，你们想要哪一个。我刚想说，但弟弟抢先说要大的了。妈妈瞪了他一眼说，做人要懂得谦让，不能只想着自己，要学会把好东西让给别人。于是，我灵机一动，改口说，我想要那个小的，把大的留给弟弟吧。妈妈听了非常高兴，表扬我说，真懂事！然后就把大橙子给了我。撒谎使我得到了想要的东西，占了便宜，从此我就学会了撒谎，以后又学会了打架、偷窃、抢劫。为了得到想要的东西，我不择手段，直到被送进监狱。

规律4 幼儿为了逃避指责或惩罚而说谎，这是自卫型谎言

如果成人对儿童要求过于严格，做错事后对其横加指责，甚至棍棒相加，这会使他们内心产生强烈的恐惧感，出于自我保护，就用撒谎的办法逃避家长的惩罚。比如打碎了杯子说是"爸爸干的"、"妈妈干的"，总之，不论是谁干的，反正不是自己干的。实际上不论大人是否批评，幼儿在做错事情以后，心里总会产生压力。当他在权衡说真话与说谎话的过程中，会自然而然地选择对自己最有利的方式。当幼儿在说"别人干的"的时候，就说明他已经明白自己的错误，他在用这种方式表达自己的悔意，释放自己的压力。

养育策略

策略 1 放宽心态，平静对待，分析孩子撒谎的原因，不要轻易把幼儿的撒谎与道德品质联系起来

不要轻易给孩子的行为贴上“撒谎”的标签，也不要动不动就给孩子扣上“说谎的孩子”这样的帽子，更不要随便就把孩子的撒谎与道德品质联系起来。因为，在更多情况下，幼儿说谎并不是有意为之，也不是道德问题。他们只是偶尔会吹点小牛，搞点恶作剧。随着他们生活范围的扩大、生活经验的丰富、认知水平的提高，他们就能够逐渐分清“现实”与“想象”，对事物的描述将更忠实于事物的本质特征，记忆的准确性会逐渐提高，语言表达能力会逐渐增强。

父母需要做的事情就是分析说谎的原因，如果孩子说的是想象型谎言，需要耐心等待孩子的成长。

策略 2 父母应以身作则，不能当着孩子的面说谎

父母是孩子第一任老师。父母应以身作则，规范自己的行为，不能说谎。如：有的父母为了不给孩子买糖吃，便骗孩子说：“今天糖卖完了，明天再买。”有的父母不想接某个人的电话，就对家人说“说我不在，改天再打来吧”。这些看似无心的话语，却对孩子有较大的影响，孩子会模仿父母的做法，学会说谎。

策略 3 对于想象型谎言，父母不必担心，应该满足孩子想象的表现欲

对于想象型谎言，父母不必担心，更不可大惊小怪，一味地指责和训斥孩子，这会使孩子不知所措，而且还会影响其想象力和思维的发展。想象型谎言只是孩子身心发展到某一特定阶段的不成熟的产物，纯属无意撒谎。可以通过正确引导，帮助孩子认识到自己在哪些地方夸大、歪曲了事实真相，让他们分清“现实”与“想象”。

对于这种类型的谎言，父母应该满足孩子想象的表现欲。鼓励孩子自编故事、续编故事。经常与孩子玩“角色扮演游戏”，如排演童话剧，把家里的一些玩具作为道具，使孩子的想象力与创造力得到充分释放，并锻炼其语言表达能力。

策略 4 对于虚荣型谎言，父母要多加注意，及时引导

对这种类型的谎言，家长要引起重视。要在日常生活中多肯定孩子，不让孩子因为总得不到家长的肯定和表扬而去迎合家长获得表扬。

父母自己要有一颗坦荡自信的心，在孩子面前不要自我贬低、自怨自艾。应该教育孩子不要盲目攀比，引导孩子接纳自己，不要看不起自己，更不要把自尊建立在吹嘘的基础上，要鼓励孩子“不比阔气比志气，不比父母比自己”。

父母要有“火眼金睛”。不要为了占一点便宜，或者照顾自己的脸面，容忍孩子说谎，或者帮孩子说谎。例如，孩子不小心把幼儿园的玩具带回了家。第二天老师向家长调查，孩子刚要说实话，家长却抢着向老师谎称是自己帮孩子买的。这种做法实际上是很危险的，说不定从那

天起，孩子就学会了说谎，学会了随便拿别人东西。

大人也要学会从孩子的角度多考虑，不要违背孩子率真的本性，也不要提太过高远的行为目标，否则孩子一时做不到就会灰心丧气，或者只是敷衍家长，学会察言观色、见风使舵和表里不一。

策略⑤ 对于自卫型谎言，父母应正确对待孩子所犯的错误，做到惩罚适度

对于自卫型谎言，成人应纠正自己的教育方法，正确对待孩子所犯的错误，做到惩罚适度。帮孩子树立犯错误不可怕，可怕的是不敢承担责任、不改正的信念。另外，让他们懂得改错后更会赢得别人尊敬的道理。从而消除孩子犯错后怕惩罚的恐惧心理，引导他们勇于承认，勇于说真话。

心灵加油站

你知道，我也知道

国外的一位著名学者讲述了她小时候的一个故事，这件事令她至今不能忘怀。那一年，他们全家移民到了美国，父亲是一名鞋匠，靠着微薄的收入养家糊口，生活过得并不宽裕。尽管如此，当一个马戏团来到镇上演出时，父亲还是决定花一大笔钱带他们去看，这让他们姐弟三人足足兴奋了好几天。在排队买票时，她发现成人票是每人20美元，而12岁以下的儿童票则每人只要10美元，当时她15岁，两个弟弟分别是13岁和11岁，她担心父亲因为票价高而临时反悔。于是，她偷偷地跟父亲说："爸爸，我们都只比12岁大一点，个子又不高，你就只买一张成人票，买三张儿童票吧。"父亲点点头，没说什么。轮到他们买票时，她发现父亲还是买了三张成人票和一张儿童票，于是忍不住问道："爸爸，为什么还是买了三张成人票呀？明明可以省下20美元的呀。卖票的人根本不会在乎，也更不会有人知道的呀！"听了她的话，父亲深深地注视了她很久，然后说出了让她至今记忆犹新的话，"你知道，我也知道。"

欺负行为

①
你们家方方在幼儿园打小朋友。
②
方方啊，妈妈告诉你打人是很不对的，老师不喜欢打人的孩子。
③1个星期后
今天，方方又打小朋友了。
④
方方老是打人，该怎么办呢？

欺负行为是儿童之间经常发生的一种特殊类型的攻击性行为，是一种故意造成对方伤害的行为。当一个儿童在一段时间内反复遭受来自另外一个或多个儿童的消极行为时，这个儿童就是在受欺负。欺负行为既包括身体方面的欺负，如打、踢、推搡、抓、咬以及勒索、抢夺物品等行为，也包括言语方面的欺负，如威胁、戏弄、辱骂、奚落、嘲弄或起外号等行为。面对儿童的欺负行为，父母也许很不解：生活中，并没有谁教儿童打人的行为、骂人的语言，儿童为什么会有这种行为呢？要重视儿童的欺负行为，如果任其发展，会对孩子的成长产生非常不利的影响。

特别提示

有研究者进行了14年的追踪研究，发现幼儿期的攻击性行为与成人期的犯罪有密切关系，幼儿攻击性水平越高，犯罪的可能性也就越高。70%的少年犯在13岁就被认定具有攻击性行为，48%的少年犯在9岁就被认定具有攻击性行为。

成长规律

规律 1 儿童欺负行为的习得主要有两种途径：过去经验、观察模仿

欺负行为的发生频率与儿童过去的经验有关。

人们之所以会表现出某种行为是因为在过去发出这种行为后，受到正强化（如：给予表扬）或负强化（如：撤销原来存在的消极刺激），从而产生了愉快的体验；人们之所以不发出某种行为是因为过去的经验告知，发出这种行为会受到惩罚，即产生令人不愉快的结果。

如：有的家长告诉孩子：如果小朋友打你，你也打他，不要让他觉得你好欺负。有的家长甚至表示，打人并不是坏事，它能练就孩子勇敢的品质。家长的这种认识自觉不自觉地强化了孩子的欺负行为。

观察模仿是欺负行为的间接学习形式。

著名心理学家阿尔伯特·班杜拉认为，大多数人的欺负行为都是通过有意或无意的观察而获得的。由于观察了他人的欺负行为，人们获得了这种行为的观念和表象。当人们在以后生活中碰到类似的场合时，记忆中的欺负行为观念和表象就成为这个人行为的指导。

班杜拉的“目睹攻击行为”的实验验证了观察模仿对儿童攻击行为的作用。

知识库

正强化和负强化

正强化：个体做到某种反应或行为，随后或同时得到某种奖励，从而使行为或反应强度、概率或速度增加的过程。

负强化：个体做到某种反应或行为，随后或同时撤销或削弱原来存在的消极刺激或条件，从而使这种反应或行为的强度、概率或速度增加的过程。

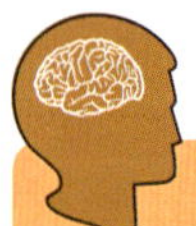

实验室

哪组儿童更具攻击性？

——儿童攻击性实验

实验目的：弄清楚儿童在什么情况下更具攻击性。

实验设计：实验者让一组儿童观看成人对塑料娃娃的攻击行为（拳打、脚踢、辱骂、摔打），然后让他们单独玩这些娃娃，以观察其行为表现。

实验者让另一组儿童观察成人平静地玩同样的娃娃，毫无攻击行为，然后也让他们单独玩这些娃娃，以观察其行为表现。

实验结果：那些观看攻击行为模式的儿童比那些观看平静行为模式的儿童在后续的单独活动中表现出更多的攻击行为。其中，动作攻击多出10倍，言语攻击多出20多倍。

规律 ② 儿童欺负行为受大脑的协同功能发展程度、自我控制能力、社交能力等自身因素的影响

大脑的协同功能发展

行为是受大脑控制的，欺负行为也不例外。欺负行为很可能是由于大脑两半球处在非均衡和变异状态下而产生的行为。

关于有攻击行为的儿童大脑两半球的认知活动特点的研究表明，有攻击行为的儿童相比正常儿童，他们的大脑两半球均衡性发展较低，并且左半球抗干扰能力较差，右半球完形认知能力较弱。

自我控制能力

自我控制能力强的儿童，在遇到问题、冲突时，倾向于控制自己的冲动的行为，从而减少了其自身的攻击行为。

有研究发现，当用特定的实验条件使个人的自我意识和控制水平下降时，攻击性行为就会明显增加。

社交技能水平

与受欢迎的同学相比，有攻击性行为的儿童对冲突性社会情境的解决办法较少，并且，他们解决社会性争端的办法往往比攻击性较低的儿童所提出的办法更不可取，效果更差。而那些经常采用问题解决策略来处理人际冲突的儿童则较少卷入攻击性行为问题。

规律 ③ 有欺负行为的儿童大多来源于“绝对权威”和“过度溺爱”类型的家庭

“绝对权威”型的父母往往过于控制儿童的自主性，易使儿童产生逆反心理和对抗的情绪。这种缺乏温暖的家庭，以及对儿童缺乏明确的行为指导和活动监督的行为，都可能造成儿童以后的高攻击性。

对儿童而言，父母的情感支持行为会减轻他们的社交退缩、违纪和攻击行为；而父母过分严厉的惩罚、发脾气、打孩子等极端行为会导致他们攻击性强、固执粗暴等。

“过度溺爱”型父母溺爱甚至纵容儿童，放弃对儿童的限制，使儿童的利己主义思想滋长，一旦他们某种需要得不到满足，就会大哭大闹，以反抗来达到目的，表现出任性、蛮横、不讲理，逐渐发展为欺负他人。

如：有的孩子由祖辈带，而老人带孩子容易产生“隔代亲”：当孩子受到一点委屈时，老人便会责怪让孩子受到委屈的人或物，比如孩子磕到桌子了，老人便会对孩子说：“都是桌子不好，奶奶打它。”孩子往往听了这个就不再大哭大闹，但这种方式让孩子形成了一种错误的认识：凡事都是别人的错，自己从来没有错，可以通过“武力”来解决问题。

规律 ④ 大众传媒中的暴力传播会增加孩子的欺负行为

如今，复杂的社会环境对儿童的影响越来越大。随着时代的发展，电视、电脑几乎已经进入每一个家庭，而儿童每天用于看电视、电脑的时间很多。电影、电视和电脑等媒介中多含有暴力情节，情节描述也越来越细致，使儿童由单纯模仿发展到有意攻击、侵犯他人。

养育策略

策略 1 对待孩子的欺负行为，父母应表明态度、注意自身的言行

明确态度

家长对待孩子欺负人的行为需要持明确的反对态度。不应给孩子“欺负人是对的”的暗示。

注意言行

生活中，有些家庭夫妻争吵，相互谩骂，甚至大打出手，这些都是孩子最直接的负面教材。

有的家长习惯于用暴力的方式惩罚孩子，这会让孩子模仿大人，认为打人是一种权力的象征，一种解决问题的好途径。

策略 2 培养孩子的自我控制能力

父母应让孩子对自己欺负他人的行为感到不安，同时培养他们的同情心，把自己置于受害者的地位，设身处地体会被欺负者的苦痛，认识到欺负他人的行为所带来的不良影响，学会对这种行为进行自我反省和自我控制，从而有效地减少孩子欺负他人的行为。

在游戏活动中培养孩子的自控能力。孩子是在社会互动过程中获得行为准则和社会技能的，而游戏正可以为他们提供一个良性的社会互动环境，使孩子在游戏中学会遵守规则，学会站在他人角度看问题，学会建立和维护秩序，学会等待、轮流、合作、自律等社会技能。

游戏名称：老狼老狼几点钟

游戏目的：培养孩子的自我控制能力。

具体游戏：一个孩子扮老狼，其余孩子扮小羊，老狼距小羊大约5米，老狼在前，小羊在后，游戏开始前小羊待在“家里”。游戏开始后，小羊开始问：“老狼老狼几点啦？”老狼回答：“×点了。”小羊和老狼连续问答。老狼和小羊应边问答边向前走，不能停留。当老狼回答“天黑了”时，老狼转身开始追小羊。小羊跑回“家”就不可以再追。被捉的羊做狼，重新游戏。

策略 3 家长应为孩子挑选有利于孩子身心健康的节目

对待大众传媒，父母应一分为二，不能简单地让孩子一点都不接触电视、游戏。在现在这样的信息世界里，孩子也不可能生活在真空里，完全不受大众传媒的影响。父母一方面应认识到电视、电脑可给孩子带来视觉上、精神上的享受，丰富他们的生活，开拓他们的视野；另一方面父母应为孩子们挑选有利于他们身心健康的节目和游戏让孩子观看、参与，切忌让孩子观看暴力倾向过于严重的节目。

另外，孩子在观看电视或参与游戏时，父母可恰当地解释和评价他们所看到的节目和游戏中的人物形象，以此减轻节目的负面影响。家庭成员在看电视时可以经常互相交流，帮助孩子分清是非，学会将行动与后果联系起来，强化节目的正面影响，减少负面影响。

策略 4 利用“剥夺法”减少孩子的欺负行为

当孩子表现出欺负行为时，可因此取消其获得正强化的机会，以达到减少孩子欺负行为的目的。

如：孩子玩玩具时，如果出现了抢夺玩具的行为，家长可让该孩子暂时停止玩玩具，坐在一旁看其他小朋友玩。待孩子向家长表示再不抢玩

具了，再让他和大家一起玩。

对欺负行为较为严重的孩子，可让他一个人待在一间安静的房子里，而且应让孩子明白他是因攻击性行为而被隔离的。

使用此方法时应注意以下几点：

- 不要当着外人的面禁闭孩子，以免挫伤其自尊心；
- 年龄很小的孩子出现欺负行为，如果只是偶然的，不宜采用此方法；
- 时间不宜过长，一般为十几秒至几分钟；
- 不宜经常采用。

策略⑤ 利用“正强化法”减少孩子的欺负行为

使用剥夺法对孩子欺负行为进行矫治时，最好与正强化法结合使用。家长要及时鼓励、表扬孩子其他的亲善行为。这种对其他亲善行为的正强化可以更加突出剥夺法的作用，进而达到减少和消除孩子欺负行为的目的。

在一项研究中，心理学家让托儿所教师奖励那些亲善行为，如分享玩具、合作等。两周之内，这种方法有效地减少了儿童之间的身体攻击和言语攻击行为，几周后的继续实施又进一步降低了攻击性。

有时对孩子的欺负行为“视而不见”，而对他们的正确行为大加赞赏，可以避免使用惩罚方法而带来的消极影响，同时可以有效降低孩子的攻击性，减少欺负行为的发生。

策略⑥ 利用“冷处理法”减少孩子的欺负行为

对有些孩子来说，他欺负别人的目的是为了引起成人对他的关注。如果大人们对他的欺负行为大声训斥，反而正中他的下怀，起到了强化作用。

家长可以对弱小一方表示明显的关心、同情，对欺负者则不予理睬，使他的表现欲望无法得到满足。这对有欺负行为的幼儿也是一种特别敏感的惩罚方式。

策略⑦ 利用“榜样示范法”减少孩子的欺负行为

研究表明，一部分有欺负行为的儿童之所以更多地运用欺负的行为方式，是因为他们没有其他解决冲突的方法。所以，把有欺负行为的儿童放在团结友爱、文明礼貌的同伴群体之中，当儿童看到榜样采取非攻击的方式能妥善解决冲突时，将有利于纠正他们对欺负行为的认识。

在采用示范法期间，应特别注意防止他们接触有欺负行为倾向的同伴，也就是减少他们对欺负行为进行学习的机会。同时，家长还应注意关心孩子，启发他们思考，观察他们的行为变化，并及时鼓励他们的进步。

策略⑧ 家长也要特别关注经常受欺负的孩子，分析孩子受欺负的原因，妥善处理

在关注欺负行为的同时，要关注那些受欺负的孩子。心理学研究表明，如果一个孩子长期受欺负，会对孩子人际交往、个性培养造成影响。因此家长也要关注孩子有没有受欺负。

分析清楚孩子受欺负的原因是妥善解决这一问题的开始。有些孩子受欺负的原因可能是个性比较软弱、比较胆小，有时是在一个群体里有特别霸道的孩子。如果是孩子的问题，家长要反思自己的教育方式和方法，是不是太强势或对孩子过度保护了，要在日常生活中培养孩子勇敢的个性。

家长不能直接批评受欺负的孩子：“你真笨，他打你，你就不知道打他！”这样会造成更严重的后果。说不定你的这个孩子也会变成有欺负行为的孩子。有一类孩子一方面受别人欺负，同时也欺负比他更弱小的孩子，这些孩子的行为与家长的教育不无关系。

边博士直播间

我家孩子今年4岁了，有一天哭着从幼儿园回来。当我问他原因时，孩子说，幼儿园有一个男生总是欺负他，经常推他、抢他的玩具。我看着孩子满脸的眼泪，很是心疼，但又不知道怎么处理。请问我该怎么办？

首先，家长在面对这一事件时要冷静，不要因为心疼孩子而失去理智，要知道你的态度不能改变孩子已经受欺负的事实，而你过于担心的态度会使问题的处理更加复杂化，甚至对孩子以后的发展造成影响。家长必须认识到孩子在成长过程中与他人发生冲突是难免的，父母如果能正确地引导，不仅可以帮助孩子处理好与他人的关系，而且对孩子良好性格的养成也大有裨益。

其次，家长要找到发生这一事件的原因。等孩子情绪平复之后，可向孩子了解事情的来龙去脉，是孩子之间无意的冲突还是因为欺负人的那个小朋友太飞扬跋扈，是孩子不懂得如何与小朋友相处而被他们讨厌甚至被他们欺负还是自己的孩子太懦弱了。如果只是孩子间无意的冲突，也没有造成严重的后果，就不要太较真，也没必要兴师动众，但可以和孩子探讨如何与小朋友相处，在平时也可以培养孩子与人交往的能力。如果是对方孩子太霸道，可向老师求助，共同商量解决问题的办法。另外，如果在接送孩子的路上碰到对方家长，也可以直接与对方家长沟通这一事件，但态度一定要心平气和，要用商讨或询问的口气，把事实客观地告诉对方的家长，不要一味指责对方。

发现孩子被欺负最忌讳的是：家长直接插手去惩罚欺负孩子的人；家长拉着孩子到幼儿园去大吵大闹；背地里唆使孩子用严厉的手段去报复对方。

最重要的是，如果孩子太胆小、不够勇敢，家长一定要引起重视。不能对孩子过分溺爱和呵护，有的家长容忍不了孩子受一点点委曲，孩子摔跟头，哭了，赶紧跑过去，又哄又揉，这样长大的孩子肯定胆小、经不起事。同时，家长要让孩子在家里受到尊重，要让孩子在家里学会大声说话，勇于表达个人意愿。要让孩子有各种尝试和探索的机会，并在日常生活中培养广泛的兴趣、独立的个性、开朗的性格、宽阔的胸怀、勇敢的意志。

分享行为

①圆圆3岁多，在圆圆家的客厅里

这是我的玩具，就不给你玩！

②

讨厌你！

③在乐乐家的客厅里

这个玩具是我的！

④

孩子怎么这么自私，不愿和别人分享呢？

分享是亲社会行为的一种表现，是把属于自己的东西慷慨地分给别人，与别人共享，包括自己的财物、智慧、思想和情感等。分享是儿童社会性发展的一个重要组成部分，对儿童道德判断、社会价值的获得、社会能力的培养以及健康人格的发展，均具有无法替代的作用。

成长规律

规律 1 2~4岁是分享行为的萌芽期，5~6岁是分享行为的飞跃发展期

2~4岁的儿童开始出现分享行为的萌芽，但此时儿童的认知水平还很低，自我中心主义还占主导地位，在与他人交往过程中还不能准确地理解他人的情感、态度，为别人考虑得少，当看到自己喜欢的玩具，容易站在自己的角度，不经同伴同意直接拿过来玩耍。

5~6岁时，儿童的“慷慨”行为飞跃发展。通常，对于一个4岁以下的儿童来说，分享是个很难达到的发展任务，因为它意味着要去理解别人的需要，延迟满足甚至牺牲自己的需要。

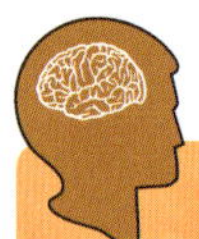

实验室

多余的果子要给谁？

——儿童分享行为实验

实验目的：研究儿童分享行为的发展特点。

实验设计：有研究者在土耳其做过一项研究，他让一名儿童与另一名儿童分享9个硬壳果，一人一个地分，最后多出来的一个该怎么办？有三种可能：（a）把多余的留给自己；（b）丢弃多余的，让两人分得的硬壳果数相等；（c）把多余的分给别人。

实验结果：“吝啬的”人数百分比4岁时最高，随年龄的增长而下降，“慷慨的”倾向在5~6岁时出现飞跃并逐年增加，至7~8岁，“公平分享”倾向缓缓渐进，11~12岁时达到高峰。

规律 2 儿童的观点采择能力影响其分享行为

观点采择能力是影响儿童分享行为发展的一个重要因素。研究者对美国孤儿院儿童的研究表明，由于观点采择能力发展迟缓，这些儿童往往缺乏分享行为。

与没有接受角色采择（基于某个角色的观点采择）技能训练的同龄伙伴相比，受过角色采择技能训练的儿童和青少年随后会更富有宽恕心，更具有合作性，也更关心他人的需要。

知识库

观点采择

观点采择是指儿童推断别人内部心理活动的能力，即个体能设身处地理解别人的思想、愿望、情感等，是心理理论发展的表现形式之一。经常被形象地比喻为“从他人的眼中看世界”或者是“站在他人的角度看问题”。一般来说，观点采择被分为三种类型：（1）知觉的观点采择，即理解他人书面的、可视的观点；（2）认知的观点采择，即预见并理解他人的思想、动机、意图和行为；（3）情感的观点采择，即推断他人的体验和情感反应。

规律 3 儿童对社会规范的认知影响其分享行为

知识库

儿童对社会规范的认知

儿童对社会规范的认知分为社会责任规范认知、相互性规范认知和应得性规范认知。社会责任规范指应该帮助那些需要帮助的人；相互性规范指要帮助那些帮助过自己的人；应得性规范指帮助那些应该得到帮助的人。

儿童愿意去帮助那些需要帮助的人，帮助过自己的人和应该得到帮助的人。有研究表明，4岁儿童更乐意跟那些以前在分享糖果时对他们慷慨的儿童分享彩笔。

儿童更倾向于帮助那些自愿帮助自己而不是在实验者监督下才帮助自己的人。

在儿童参加任务得到了多余的报酬时，如果告诉他们应该把自己的所得分给其他没有参加任务的儿童，这些儿童将慷慨地与其他儿童分享自己的所得。

规律 4 榜样能有效地引导儿童的分享行为

年幼的儿童如果以经常做慈善或助人的人为榜样，他们自己一般会表现出更多的亲社会行为。如果他们认识和尊敬这个榜样，并和这个榜样建立了友好的关系，那么他们更容易表现出亲社会行为。另外，榜样的影响也是长久的，那些以做慈善的人为榜样的儿童，比那些经常接触自私榜样的儿童，在之后表现得更慷慨。

一些29~36个月大的儿童，如果自己没有玩具时接受过同伴让与的玩具，那么，当他们自己有多个玩具、同伴一个也没有时，他们就能以相同的友好行为回报同伴。但是，如果之前同伴曾拒绝分享玩具，那么轮到这些儿童控制玩具的时候，他们也几乎无一例外地拒绝分享。

心灵加油站

如果你把快乐告诉别人，你就有了两份快乐；如果你把烦恼告诉别人，你的烦恼就减少了一半。

——弗朗西斯 · 培根

养育策略

策略 1 角色扮演法培养孩子的分享行为

家长可创设丰富生动的角色扮演情境，如：可请几位孩子扮演到野外采集松子的小松鼠，一位孩子扮演生病的小松鼠，家长扮演松鼠妈妈。经过一天的辛勤劳作，在松鼠妈妈的带领下，小松鼠们有了不小的收获，但它们都不舍得把自己的食物与生病的小松鼠分享。此时松鼠妈妈开始引导小松鼠们，教导它们理解小松鼠的处境，万一有一天自己生病了，是不是也希望得到别的小松鼠的帮助。通过角色扮演逐步培养他们的分享意识。

知识库

角色扮演法

角色扮演法是一种使人暂时置身于他人的社会位置，并按这一位置所要求的方式和态度行事，以增进对他人社会角色及自身原有角色的理解，从而更有效地履行自己角色的心理学方法。角色扮演使人们能够亲身体验他人的角色，从而能更好地理解他人的处境和需要。由于幼儿理解能力、认知水平较低，而这种方式更强调具体的、直接的、真实情感的参与，因此该方法很适合幼儿。

策略2 榜样示范法培养孩子的分享行为

采用榜样示范的办法可增加孩子们的分享行为。

父母首先应端正态度、做好榜样。如：吃东西时，与孩子共享，打消他们独占的念头；在工作中获得成就或遇到挫折时，也可告诉孩子，让他们分享欢乐与忧愁；让孩子分担力所能及的家务等。

家长可把经常有分享行为的孩子作为榜样，并采取奖励小红花或其他物品的方式来强化孩子的行为，以此来激励孩子，从而逐步培养起他们的分享行为。当孩子由于分享而受到家长的表扬和鼓励之后，他们会逐渐发展起一种相应的内在自我奖励倾向，如“给小朋友玩我的小熊，我是个乖孩子”，当他们再与人分享时，自己会认为这样做是好的，这会使他们持久地表现出类似的行为。

策略3 移情训练法培养孩子的分享行为

移情训练是训练孩子设身处地、推己及人地觉知或意识到他人所处的状况，对他人的情绪体验有所觉知，从而产生分享行为。

家长应鼓励孩子们关心别人正在体验的痛苦，目的是培养孩子的敏感性，当一个孩子能够敏感地体察到另一个孩子因为未能从别人那里分享到东西而感到难受时，以后如果他遇到类似的分享情境，就会做出分享行为。

如：孩子会说，“××是我的好朋友，我要把汽车给他玩。”“你不是我的好朋友，我不能给你玩。”出现这样的问题，家长可和孩子一起讨论：是不是好东西只给自己的好朋友？别人想要，怎么办？当别人把自己的玩具给你玩时，你是不是很高兴？如果别人不给你玩，你是不是很难过？让孩子通过情感的换位来体会、感受别人的心理，并学会站在他人的角度来思考问题。

策略4 帮孩子建立分享的规则

有的孩子只愿与自己要好的同伴一起分享；有的孩子害怕自己的物品被他人玩过后就弄坏了；还有的孩子想要和别人一起分享某件东西时，却不知道怎样表达，因此常常使用抢的办法或使用强硬的态度要求别人。因此，家长可帮孩子建立如下的分享规则。

- 文明分享。告诉孩子要爱护别的小朋友的玩具等物品，不能随意毁坏。若是毁坏了，就应该承担责任。
- 礼貌分享。当孩子想和别人一起分享某事物时，引导孩子使用礼貌性的话语向拥有者表示请求。比如：“我能和你一起玩这个吗?”用完之后，应该说“谢谢”。
- 平等分享。对于那些只愿与要好的同伴一起分享的孩子来说，应该让他们学会对其他的同伴也要做到共同分享。
- 轮流分享。当几个孩子同时对一件物品发生兴趣时，要让他们学会一个一个按次序来。告诉孩子要遵守规则，懂得谦让。

心灵加油站

怎么吃桃不浪费

联合国秘书长潘基文曾在不同的场合讲起“桃子的故事”。他说，小的时候，父亲曾问他们弟兄三人说：“如果有两筐容易腐烂的桃子，该如何吃才能使一个桃子都不浪费掉呢？”大哥说：“先挑熟透的吃，因为那些容易烂掉。”父亲立刻反驳道：“等你吃完那些，其余的桃子也要开始腐烂了。”二哥说：“应先吃刚好熟的，先拣好的吃呗！”“如果那样的话，熟透的桃子会很快烂掉。”父亲把目光转移到他的身上，问道：“你有什么好办法吗？”他思考片刻说：“我把这些桃子分给邻居们一些，让他们帮着我吃，这样就会很快吃完而不会浪费一个桃子。”父亲听了他的回答十分满意，不住地点头。

其实，在我们与别人分享的同时自然也会得到别人的回馈，只有那些被用于分享的桃子才会永久保鲜。

害羞行为

①
②
今天早晨妈妈给我吃好吃的啦！
我妈妈也是！
他们聊得真开心，可是我就是不敢和他们说话。
③
孩子害羞会不会影响她今后的发展呢？

害羞是一种情感，是一种在人际交往中不舒服的心理感受。快到2岁或2岁之后，儿童开始表现出复杂的情绪，也包括害羞。约15%的儿童天生就带有容易害羞的倾向。害羞在儿童行为中表现出来的就是其人际交往行为受到抑制，与他人的互动较少。

成长规律

规律1 害羞不一定是一种缺陷

不要认为害羞的儿童都有行为问题或精神问题的危险，要正确看待爱害羞的儿童。害羞的儿童在智商上与不害羞的同龄儿童相比，没什么差别。甚至害羞的儿童有时更认真仔细，勤于思考，内心世界比较丰富，能获得他人的信任，长大后可能在学习上取得好成绩，在学术方面取得成功。

当然，害羞者身上的缺点也是显而易见的。有研究表明，爱害羞会使儿童更内向、胆小、缺乏自信、不善言辞，以后受同伴侵害的可能性更大，社会退缩行为也越多。在儿童性格形成的关键期，害羞对孩子成长的影响更为明显。因此，需要科学地看待和引导爱害羞的孩子。

在早期，许多儿童在陌生人面前都会表现出害羞，但随着年龄的增长，许多儿童变得不再害羞。只有当害羞状态持续到儿童中期（6~12岁）才可能预示他们会存在某些问题，如低自尊、孤独和焦虑等。因此，家长只要注意引导，没必要过早忧心忡忡。

规律2 天生敏感、内向的儿童容易害羞

大约20%的婴儿生来具有所谓“抑制性格”。到了2个月大的时候，这些宝宝会对陌生人和高分贝的声音十分敏感。当看到陌生人的时候，他们会焦虑，心脏跳动加快，大声地哭。对新奇的信息，害羞儿童在生理上的反应比其他儿童强烈，在情绪上更易受影响，这就导致他们往往为了保护自己而更愿待在比较熟悉安全的环境中。

内向的儿童比外向的儿童更容易害羞，因为内向的儿童不喜欢与陌生人接触，不喜欢出现在有陌生人的场合等。

规律3 父母对孩子要求过高、管教过严、约束过多容易使孩子害羞

父母常常给儿童提出很高的要求，或者拿自己孩子的短处和别人的长处相比，会让儿童觉得父母的要求是可望不可及，总觉得自己不行，做不到，长此以往导致了害羞、退缩的性格。

有的儿童喜欢东摸摸、西看看，他们正是在这种探索过程中了解周围的事物和规则。如果

测试吧

测测孩子是否过于害羞

怎么知道孩子是不是过于害羞呢？来看看下面的描述，选出符合孩子表现的选项，数目越多，说明孩子越害羞。

（ ）孩子难以正视面前的人。

（ ）孩子在跟不太熟悉的人在一起时，感到紧张。

（ ）孩子需要用很长的时间来克服在新环境里的羞怯。

（ ）孩子与陌生人在一起时，很难表现得自然。

（ ）孩子在与异性小朋友相处时，更加羞怯。

儿童总是听到“不准”、“不许”，那么可能就不敢自主地做什么事了，因为他们做的事总是“错的”，是被禁止的。

规律 4　父母对孩子过于溺爱，剥夺孩子独立尝试的机会，孩子缺乏与他人的交往，容易使孩子害羞

溺爱让儿童缺乏独立的机会，容易导致儿童害羞。父母往往担心孩子磕着、碰着，而不让他随便玩；有时担心孩子被其他小朋友欺负而不让他出去玩；有时担心孩子累着了，或者做得不好被其他人嘲笑，而帮他把一切事都做好了。父母越是这样，孩子越是走不出父母的怀抱，越是不知道怎么和别人相处、怎么做事。当进入幼儿园或遇到需要自己独立面对的情境时，由于孩子之前没有锻炼，很容易害怕，渐渐地造成孩子的害羞。

缺乏与他人交往的机会，容易导致儿童害羞。父母忙完一天回来，往往没有力气再陪孩子玩，有时都不能陪孩子聊天。孩子只能一个人和玩具玩。长期的沉默让孩子不知道怎么开口。当面对陌生人时，他们就更难大方、自信地和他人交往了。

养育策略

策略 1　接受害羞的孩子，给予他们适当的自由和信任

接受和鼓励害羞的孩子

接受孩子的气质和特点，尊重孩子并试着去理解孩子。有时候，害羞的孩子需要先去看、去听，然后才能融入环境，给予孩子足够的时间去适应新的环境。

给予孩子适当的自由和信任

家长应该给予孩子充分的自由。过多的保护和束缚会减少孩子探索世界的勇气。孩子在自由安全的环境中玩耍，才能建立对外界的信任。

例如，任由孩子把玩各种安全的物品，任由他在屋里爬行。对外界有信任感和自信心的孩子能更好地克服婴儿期产生的害羞心理。

策略 2　不要随便给孩子贴“害羞”的标签

当家长带孩子外出，碰到长辈或熟人时，虽然家长提醒孩子要打招呼，可是有些孩子表现为紧低着头，或把脸扭向一边，要么干脆躲到家长的身后，于是一些家长便埋怨说：“这孩子就是害羞，不太爱说话，见到客人总是别别扭扭的。”这是十分不妥的做法，这只会加深孩子对他人的恐惧，只会使孩子更加害羞。因为孩子听了父母的评价后，会认为自己的确就是一个性格内向、好害羞的人，他以后就会经常以“我是一个害羞的人”来暗示自己，并以此来作为自己退缩行为的理由和借口，使自己更加害羞。

策略 3　在让孩子参与交往活动前告知孩子，让孩子事先有充分的准备

无论在什么场合，如果孩子事先已经做好了各种准备，知道会出现什么样的情况，他就不会那么紧张、焦虑和不安，害羞的情绪也会减少许多。

如：带孩子参加聚会，父母应该事先告诉他要到哪里去、要去干什么，最好能先让孩子认识一下要见的人。

如：如果老师要求孩子公开发言或演讲，父母可以事先在家里对孩子多加辅导和演练，让孩子熟悉整个程序，做好充分的准备以减少临场的慌乱与失误。

策略④ 为孩子创造条件，扩大社交范围

害羞的孩子更喜欢玩一些安静的、独自玩的游戏，如画画、拼图、搭积木等。家长可以鼓励孩子多参加集体活动，如过家家、合作型体育活动等。让孩子尝试与同龄人交流和互动，从而降低对社交的敏感和不舒服感，克服害羞心理。

害羞的孩子不爱说话，家长可多给孩子说话的机会。如：在商店，让孩子自己和售货员说喜欢哪种玩具；在公园找不到路时，让孩子去问陌生人怎么走；当客人来到家里的时候，让孩子帮忙给客人送点心；让孩子帮忙接电话、传口信；让孩子给家里人、亲戚、邻居等表演，还可以邀请小朋友到家里来玩。

策略⑤ 为孩子树立良好的榜样，适当教给孩子一些社交技巧

父母的一言一行都会对孩子产生影响。热情大方的父母，孩子也能在潜移默化中受到其待人接物方式的影响。平时，也可以让孩子主动与邻居、亲戚打招呼，适时教导孩子一些社交技巧和社交语言。

如：让孩子学会微笑。告诉孩子向同伴问候时，先微笑，它的效果胜于漂亮的言辞；想获得同伴的赞同时，也可先微笑，这有可能获得更多同伴的支持。

又如：引导孩子耐心倾听别人说话，并在适当的时候发表自己的意见。父母需要给孩子发言的机会，当家长与别人交谈时，不可冷落孩子，应该让孩子也有说话的机会。

气质与
情绪发展

气质是儿童发展的底板

①
我们家方方是人来疯，家里来人的时候，孩子特别兴奋，不断地在大人面前转，还爱插话。
②
我们家乐乐都3岁了，可是一遇到困难就大声哭叫，而且平时睡觉、吃饭也没什么规律。
③
我们家圆圆平时干事情总是慢吞吞的，但脾气不错，比较温和。
④
针对不同性格的孩子，该如何因材施教呢？

气质是个体与生俱来的、独特的一种行为表现方式，既有一定的稳定性又有一定的可塑性。如：案例中的方方就活泼好动，而圆圆则乖巧、安静，这是两个孩子不一样的独特行为表现，而且这种“独特性”具有一定程度的稳定性，如：方方不仅在托儿所活泼好动，在家也表现出精力旺盛、活动性强等特点；而圆圆，则是在哪儿都是慢条斯理，是难得“发火”的宝宝。气质可在后天生活环境、生活经历、社会交往、教育等因素的影响下，逐渐发生改变。

成长规律

规律1 儿童的气质类型大致可分为易养型、难养型和发动缓慢型三种

20世纪50年代，美国心理学家亚力山大·托马斯和史黛拉·翟斯做过一个大型的婴儿群体研究，即纽约纵向研究，该研究开创了儿童气质研究和应用领域的先河。根据他们的研究，把婴幼儿的气质类型分为三种：易养型、难养型和发动缓慢型。

易养型的儿童，生活规律，性情开朗，容易适应环境，容易接受新事物和不熟悉的人，对事情的反应比较积极、愉快，做事有恒心、有毅力。但气质易养型的儿童也有消极的一面，他们有时过于活泼，有时做事比较“较真”。

难养型的儿童，在饮食、睡眠等生理机能活动方面缺乏规律性，动作多，频率较快，精力特别旺盛，对新刺激畏缩，接受变化难，情绪不佳、烦躁易怒、爱发脾气，且不易安抚。他们经常处于消极情绪下，在娱乐活动中积极情绪也较少表现。

发动缓慢型的儿童，活动水平很低，行为反应强度弱、速度慢，总是不愉快，情绪经常处于消极状态下，但不会像难养型儿童那样总是大声哭闹，而是常常安静地退缩，情绪低落，逃避新刺激、新事物，对外界环境和事物适应缓慢。这类儿童在参加活动之前，总喜欢有一段观察时间。当他们适应后，会逐渐活跃起来，积极地参加到活动中去。

规律2 母亲孕期的工作环境、工作紧张程度及母亲在孕期是否有精神创伤对婴儿的气质类型有影响

如果母亲在孕期受到精神创伤、经常生气、孕期工作紧张、环境吵闹，那么儿童的气质类型可能是难养型。母亲在孕期的这些异常情绪可能改变机体内环境，使体内肾上腺皮质激素水平上升，并通过血液、胎盘影响胎儿。

若母亲孕期被动抽烟，那么儿童的气质类型可能是难养型。胎儿对外界环境的物理性或生理性变化反应敏感，母亲被动吸入的烟雾有可能直接影响胎儿，也可能导致母亲的情绪变化，从而对胎儿产生间接作用。

若母亲孕期接受外界刺激过少，那么儿童的气质类型更可能是发动缓慢型。在胎儿期接受外界刺激少，可能使孩子对外界刺激反应的强度、速度和灵活性偏低，逐渐形成了发动缓慢型的气质特点。

特别提示

母亲在怀孕期及分娩后应注意调节自己的情绪，做好孕期保健，给婴儿创造一个良好的胎生环境和生后环境，促进其身心健康。

规律3 家庭结构会改变儿童的气质类型

三代同堂家庭可能会使儿童的气质类型变为难养型。这可能是因为在这种家庭中，儿童大多是受到父母及祖父母或外祖父母的双重关怀，祖父母和外祖父母对第三代一般是较为溺爱的，而

且他们对第三代的养育方式常与父母不一致，有时甚至会干涉父母对自己孩子的系统管教，使儿童处于矛盾的抚育方式中，这不利于儿童正常生活规律的形成以及适应能力和积极情绪的培养。

单亲家庭可能会使儿童的气质类型变为难养型。这可能是由于父亲或母亲的生活负担较重，没有足够的时间和耐心照顾儿童，养育过程中易产生焦虑、烦躁情绪。

核心家庭更容易使儿童的气质类型变为易养型。这可能是由于核心家庭的家务及生活负担由夫妻两人分担，有较多时间耐心教育子女，并可为儿童制订系统的教育计划，有利于儿童养成良好的习惯和规律的生活方式。

规律④ 父母的个性特点会改变孩子的气质类型

如果父母自身容易焦虑、情绪较为消极，社交退缩，生理和心理敏感，那么儿童的气质类型更可能是难养型或发动缓慢型。

如果父母自身个性较为积极，那么孩子的气质类型更可能是易养型。

规律⑤ 儿童的气质与父母教养因素间相互作用

如果儿童的气质类型属于易养型，那么父母就更容易采取温暖、民主的教养方式，反之亦然。

如：如果儿童积极乐观，活泼可爱，很少吵闹，做事能够坚持到底，即使碰到困难，也有信心做下去，容易和周围各种环境形成和谐关系，那么就会更多地得到母亲的赞许、表扬、信任、支持，使得父母更易做“温暖型的父母”，而“温暖型的父母”更易使儿童养成积极主动、自尊、自信、自制、独立创新的良好个性品质。

如果儿童的气质类型属于难养型或发动缓慢型，那么父母就更容易采取或专制或放任的教养方式，反之亦然。

如：如果有的儿童特别好动，显得很淘气，妈妈批评他，能够老实一会儿，过后又大闹起来，使母亲感到麻烦。有的儿童适应环境的速度慢，母亲因教育无效而丧失信心，无可奈何。这些容易引发母亲采取放任型教养方式。

养育策略

策略① 对于难养型的孩子，家长一方面要理解包容，另一方面要采取积极的应对策略

做好思想准备

难养型的孩子比较难带，家长首先要接受这个现实，应有充分的思想准备，这一点非常重要。气质大部分来自遗传，孩子身上都带有父母的影子，不应因孩子难养而迁怒于孩子。

培养孩子的积极情绪

这种类型的孩子负面情绪较多，不要因此影响家长的情绪。孩子的情绪常常低落，家人应用笑脸去相对。多用积极的情绪去影响孩子、带动孩子、感染孩子。

帮助孩子尝试新事物，适应新环境

难养型孩子遇到新环境、新食物、新事物及陌生人容易表现为退缩、不接受，且较长时间也不能适应。家长要有心理准备，应多鼓励孩子接触、接纳新的环境、新的东西，不要试几次孩子还未接受就放弃或因不耐烦而训斥孩子。家长还应带动孩子一起去接触、接纳新事物。

冷处理法

遇到孩子大发脾气时，家长的情绪不要因此受影响，更不要针尖对麦芒地与孩子对着来。可以先冷处理，不要搭理孩子。

事后再与孩子讲道理

采用冷处理法后家长一定要让孩子明白：爸爸妈妈是爱孩子的，只是不喜欢他乱发脾气。

策略2 对于发动缓慢型的孩子，家长一方面要顺其自然，另一方面应适当鼓励他们适应环境

对于发动缓慢型的孩子，家长应该给予理解，让他们按照自己的速度和特点去适应环境，如果给他们施加压力以催促其尽快适应环境，则只会强化或诱导其本能的反应倾向——回避。

如：对6个月~2岁的孩子，家长可为他们创造坐、站、爬等运动的机会与条件。比如，给他们买带栏杆的小车、小床，练爬需要的地毯、地垫。

如：对幼儿期的孩子，家长一定要带动孩子一起运动，如走、快走、快爬、跑、跳等，逐渐提高孩子的运动速度、运动反应速度及灵活性。

如：孩子语言发育到一定程度，家长可带孩子一起阅读故事，并逐渐加快阅读速度，以提高孩子的语速及思维反应速度。

家长也应适当地鼓励孩子去尝试新经验、适应新环境，同时在他们尝试、适应的过程中给予热情的帮助和具体的指导。

如：增加适宜刺激，逗孩子玩乐，多与孩子对话，让孩子听振奋性音乐，观看有动感而美丽的图片，培养他们的兴趣和良好的心境。

如：创造更多的机会让他们与小伙伴进行社交活动，引导和鼓励孩子与其他孩子交换玩具或物品，让孩子体会交换的乐趣。

策略3 对于易养型的孩子，家长无须太费心，但也要关注孩子的不良行为

对于太过活泼的孩子，家长可多安排一些需要他们坐下来操作的项目，如看图书、搭积木、拼图等。时间可由短到长，使孩子容易接受并保持兴趣。

如：家长可只拿一个或一套玩具给孩子玩，并鼓励他较长时间玩这个玩具。等下次或孩子玩腻了再换别的玩具。孩子坚持得好应给予奖励，如给孩子爱吃的食品或仅仅是一个拥抱、一个亲吻，都会收到好的效果。

对于“认死理”的孩子，家长应引导孩子用多种方法解决问题。

如：孩子搭积木总是失败但又坚持不懈时，家长可引导孩子找出别的方法，并告诉孩子做事情、解决问题可以有多种方法，当试用一种方法效果不好时可换个角度考虑问题，找其他的方法来解决。

依恋发展

①圆圆要效仿妈妈做每一件事情
妈妈不洗手，我也不洗。妈妈不吃的，我也不吃。妈妈不睡，我也不睡。
②当妈妈要出门时
妈妈，别走！
③当妈妈刚进家门时
妈妈，妈妈!
④
圆圆为什么总是黏着我呢？这样正常吗？

依恋指婴儿与成人（父母或其他看护人）之间形成的强烈情感联结。心理学家认为儿童与母亲或其他监护人之间建立的依恋关系将影响儿童与其他成人、同伴的社会关系。母婴依恋的类型对儿童今后人际关系、人格发展、情绪和认知等方面的发展都有着重要的影响。

成长规律

规律 1 儿童的依恋可分为三种类型：安全型依恋、回避型依恋、抵抗型依恋

安全型依恋

这类儿童与母亲在一起时能愉快地做游戏，自信地探索环境，能与母亲进行近距离或远距离交往，不总是注意母亲是否在场，在紧张情境下，能迅速回到母亲身旁，寻求保护和安慰。他们对陌生人的反应比较积极，在母亲鼓励下能顺利地与陌生人交往。当母亲离开时，探索的行为会受到影响，有的会哭泣，不哭泣的儿童也会表现出苦恼的状态，但总体来说没有明显的分离焦虑。当母亲又回来时，他们会立即寻求与母亲的亲近和安抚，并能很快地与母亲一起做游戏。

回避型依恋

这类儿童与母亲在一起时，很少关注母亲的行为，母亲在场或不在场影响不大。在活动中与母亲的身体接触很少，也很少与母亲主动交谈，与母亲的分享行为少。对陌生的人和事物，表现得胆子大、不退缩，能进行自主探究活动。母亲离开时不哭泣，悲伤程度小，未表现出分离焦虑。对母亲的归来不积极欢迎，也无明显的喜悦。

抵抗型依恋

这类儿童似乎离不开母亲，喜欢缠在母亲身边，和母亲的身体接触比较频繁，探索活动不积极；对陌生的人和事物拘谨、退缩；母亲离开时极端痛苦，表现出反抗、哭泣，悲伤的程度高，但母亲返回时又表现出矛盾心理——既想与母亲接触，又在母亲亲近时生气地拒绝反抗，不容易平静下来。

测试吧

测测孩子的依恋类型

下面是一份测试孩子依恋类型的小问卷，可测试6个月以上的孩子到底属于哪种依恋类型。每个题目均有“是”、“否”两个答案，“是”计1分，“否”计0分。如果孩子的主要抚养者不是妈妈，而为其他人，如爷爷奶奶时，问卷中的“妈妈”应换作“爷爷”、“奶奶”。将三组题目的得分各自相加，哪组得分最高即代表孩子属于哪种依恋类型。

安全型依恋

1. 妈妈在场时，孩子可与妈妈一起愉快地玩耍、做游戏等。
2. 与妈妈分离时，会表现出哭泣或苦恼，但很快会恢复平静。
3. 当妈妈又回来时，会立即寻求与妈妈的亲近，可很快地与妈妈一起玩耍、做游戏。
4. 伤心时，在妈妈的安慰下可很快安静下来。
5. 遇到陌生人，起初可能比较拘谨，但在妈妈的鼓励下能积极地与陌生人交往。
6. 在妈妈的鼓励下，可在陌生人面前大方地表演节目。

回避型依恋

1. 和妈妈在一起玩耍时很少关注妈妈的行为。
2. 和妈妈在一起时，孩子很少和妈妈主动交谈。
3. 和妈妈在一起时，孩子很少表现出高兴的神情。

4. 与陌生人接触时，孩子表现得胆子大，不退缩。
5. 妈妈离开时，孩子不哭泣，悲伤程度小。
6. 妈妈回来时，孩子并无明显的喜悦。

抵抗型依恋

1. 喜欢黏着妈妈，不愿意自己一个人待着。
2. 遇到陌生的人或者情境时，容易拘谨、害羞。
3. 即使在家中，孩子遇到陌生人依旧很拘束。
4. 当妈妈离开时，表现得特别痛苦，大声哭闹，久久不能平复。
5. 妈妈回来时，既表现得特别黏人，又在妈妈接近时，表现出生气、踢打妈妈的行为。
6. 哭闹时，妈妈要花很长的时间才能让孩子平静。

规律2 依恋的类型对儿童一生的发展有着深刻而持久的影响

有研究发现，早期属于安全型依恋的幼儿，4岁时更容易被幼儿园老师评定为自尊心强、交际能力强、受欢迎、富有同情心、更自信、更合作、更友好、更热情与更有好奇心；而不安全依恋儿童则更容易被评定为孤独、与他人无联系、不团结、易发脾气。

回避型依恋和抵抗型依恋都是不安全依恋。早期不安全依恋的儿童在面对压力时表现出更多的焦虑症状。

在1岁时被划分为安全型依恋的儿童，和不安全依恋儿童相比，能在今后的社会能力和认知，如自我认知、社交能力、好奇心、问题解决的坚持性等方面获得更好的发展。

规律3 依恋的发展一般经历四个阶段

依恋的发展一般经历4个阶段：前依恋阶段、依恋开始形成阶段、依恋形成阶段、互惠关系形成阶段。

依恋发展阶段及表现

阶段	表现
前依恋阶段（从出生至6周）	婴儿刚生下来就有一种有助于依恋情结发展的内在行为，如以哭、笑等情绪反应来吸引母亲注意而让母亲待在他们身旁。婴儿也会用手抓大人，凝视母亲的脸庞，一旦母亲做出反应，就能使母婴的关系更亲近。这一阶段的婴儿已经能认识母亲的微笑和声音。
依恋开始形成阶段（6 周至 6~8个月）	婴儿开始能对熟人和陌生人分别做出不同的反应，对父母做出依偎亲近的反应，对陌生人显示警觉的神情，但母亲离开时不会“抗议”，表明依恋尚未形成。
依恋形成阶段（6~8个月至18个月）	婴儿对熟人产生依恋，并表现出分离焦虑。分离焦虑是一种具有普遍性的心理现象，一般来说，在6~8个月开始出现，到15个月时达到顶峰。对母亲的离开表示强烈抗议，想办法让母亲留下来，如哭闹、跟随着母亲、抱着母亲不让离开等。如果把婴儿带到公共环境中，婴儿把母亲看成“安全基地”，离开几步，又回头看看母亲，或者跑回到母亲身边，对环境的探究活动要取得母亲情感上的支持。
互惠关系形成阶段（18个月至2岁及2岁以后）	儿童约2岁的时候，由于语言和表征能力的迅速发展使他们开始理解母亲离开的原因，并能预测她会回来，因此，抗议减少了，婴儿开始使用谈判策略。他不会跟随母亲及不让母亲离开，而是讲条件，提要求，在条件满足之后，允许母亲离开。

养育策略

策略 1 做高敏感性的母亲

母亲是婴儿的主要抚养者，母亲对婴儿的教养方式会影响到整个母子互动过程，从而影响母子依恋的类型。

有研究者发现高敏感性的母亲能使1岁儿童形成安全型依恋，而低反应敏感性母亲喂养的儿童大多形成回避型依恋和抵抗型依恋。

什么样的母亲是高敏感性的呢？高敏感性指母亲对儿童发出的需求能敏锐地观察，并给予恰当、及时的满足。母亲在日常的抚养中更多地与孩子在一起，始终保持对孩子的关注，了解孩子的生理和心理需要，及时地给予反应和满足，并且多给孩子以社会性刺激，多和他们微笑、说话，多与孩子有身体接触等，这些都有利于孩子形成安全的依恋。

在孩子安全型依恋关系建立的过程中，父母也需要让孩子正确面对分离。当依恋对象要离开的时候，婴儿可能会表示抗议或呈现出分离焦虑。这时如果父母让孩子了解自己的去向，孩子便会认为父母的离开是暂时的而不是抛弃，就会形成安全的依恋。

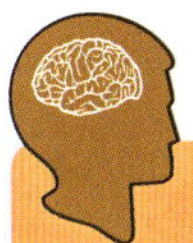

实验室

猴子也不是有奶就是娘

——恒河猴依恋实验

美国心理学家哈利·哈罗于1930年在威斯康辛麦迪逊大学做的关于恒河猴（94%的基因与人类相同）的依恋实验是比较著名的亲子依恋实验之一。

实验目的：通过观察和研究幼猴对铁丝母猴和布母猴的依恋活动与关系，探究婴儿与母亲之间的亲密接触和依恋情绪及其对婴儿成长的意义。

实验一：

实验设计：哈罗及其助手设计了两只不同的代理母猴，一只是铁丝母猴，它的身体由铁丝网编成，胸前装了一个奶瓶，能够给幼猴哺乳。它的体内还装了一个灯泡提供热量。另一只是布母猴，它的身体由木头制成，身上裹着厚厚的海绵和毛织物，体内装了一个供暖灯泡，它能为幼猴提供一个温暖舒适的环境。它的胸前同样也装了一个奶瓶，能给幼猴哺乳。

在实验中，哈罗将8只幼猴随机分成两组，一组由铁丝母猴喂养，另一组由布母猴喂养。幼猴和代理母猴放在相通的房间里。哈罗花了5个月的时间来观察和记录幼猴与两位代理妈妈相处的时间。

实验结果：幼猴与布母猴相处的时间远远超过了铁丝母猴。即便是铁丝母猴喂养的幼猴也是如此，只有吃奶的时候才迫不得已离开布母猴。

后续实验：

实验设计：在接下来的实验中，哈罗在笼子里放置了一些令幼猴害怕的东西，如玩具熊等，看幼猴做何反应。幼猴看到那些令它害怕的东西后飞快地跑向布母猴，紧紧地拽着她，寻求安慰和保护。

在陌生环境的实验阶段，哈罗又将幼猴放置在一间陌生的小房间里，里面放了许多物品。哈罗分别安排了三种不同的情境，观察幼猴的反应。一是布母猴在房间里，二是铁丝母猴在房间里，三是两者都不在。

实验结果：哈罗发现，当布母猴在场时，幼猴会立马扑到猴妈妈的身上，用身体蹭它。过一会儿，它开始尝试触碰这些物品，然后又迅速返回猴妈妈身边，如此循环往复。但是，当铁丝妈妈在场或是两者都不在时，幼猴就变得焦躁不安，非常害怕和恐惧。与布母猴在场时形成了鲜明的对比。

研究启示：对于幼猴来说，虽然铁丝母猴与布母猴一样能够喂养它们，但却无法提供幼猴成长所需要的安全、温暖的环境，无法给予幼猴触摸与安抚。当幼猴紧张、害怕时，它会第一时间扑向布母猴寻求保护，在陌生的环境里，它也会把布母猴当成安全的基地，以它为中心向外探索陌生的世界，然后再回到母亲的怀抱。可见，对幼猴来说，接触安慰才是依恋形成的主要因素。

策略2 创造与孩子气质特点相协调的抚养环境

有研究认为，父母提供的抚养环境要与儿童的气质特点相协调，才能有助于孩子形成安全型依恋。

孩子的气质特点可分为易养型、难养型、发动缓慢型。对于易养型的孩子要适时满足他们的要求。难养型的孩子要了解他们的特点，耐心地对待，努力调整自己的行为来符合孩子的要求。耐心对待发动缓慢型的孩子，创设轻松愉快的环境，用积极的情绪和行动唤起孩子的反应。这就要求父母首先了解孩子的气质特点，针对孩子的特点提出合理的要求。

策略3 根据孩子的不同依恋类型，进行有针对性的教导

对于回避型依恋的孩子

对于这类孩子，由于他们适应环境能力较差，妈妈要多给予鼓励、帮助，不能认为这些孩子“没出息”。妈妈可设法让他们逐步适应新的环境，不必强求他们快速达到父母所要求的目标。如第一次到一个新环境，孩子往往会躲在妈妈怀里或身后，有的甚至会哭起来。这时妈妈就应紧紧搂着孩子，不断地说：“孩子别怕，看大家玩得多开心，你也去参加好吗？”

对于抵抗型依恋的孩子

这样的孩子不易转移依恋对象，对这类孩子，要帮助他们逐渐适应新的人物和环境。而且妈妈要特别有耐心和爱心。妈妈可以带着孩子一起适应环境，比如一起跟其他小朋友玩，让孩子逐渐找到朋友，从而一定程度上转移他对母亲的过度依恋。

边博士直播间

我是一个1岁多孩子的妈妈，最近宝宝总是黏着我，我走到哪里他就跟到哪里，有时连上厕所都会跟着。我真不知道该怎么办了。不让他跟吧，怕影响跟孩子的关系，也怕他闹；让他跟吧，又怕惯坏孩子，不能很好地培养他的独立性。请问我应该如何处理呢?

A 这个时期的孩子是容易产生不安的，他们时刻需要跟能给他们安全感的人在一起，而母亲正是可以给孩子足够安全感、能保护孩子的人，所以孩子愿意黏着母亲。如果此时母亲很严厉地说：“你别跟着我，你要是总跟着妈妈，就不是一个听话的好孩子。”孩子听了就会很伤心，觉得母亲不喜欢他、不爱他、抛弃他了，这样母子间很难建立良好的依恋关系。母亲要知道，孩子黏人是其成长过程中的一个特殊时期，过了这个阶段，孩子便会逐渐独立起来。当孩子处于黏人这个阶段时，母亲应满足孩子的愿望，多陪伴孩子，让他有足够的安全感、自信心，并让孩子有自由探索的空间，这样孩子便会一方面依赖母亲，一方面逐渐地自立起来。孩子一般到3岁左右就能逐渐自立起来了。

分离焦虑

分离焦虑是指婴幼儿因与亲人分离而引起的焦虑、不安或不愉快的情绪反应，又称离别焦虑。幼儿园是儿童表现出分离焦虑最常见的场合。

成长规律

规律 1 初入幼儿园，出现分离焦虑是幼儿成长过程中的一种正常的心理现象

心理学研究表明，6~24个月是婴幼儿建立社会性情感联结的阶段，他们大多已对最亲近的人产生了依恋，对依恋对象的存在和离去都已经非常敏感。如果要较长时间与亲人分开就会产生分离焦虑。

幼儿通常在2~3岁入园，此时社会性情感联结已经建立，但儿童的认识还属于“自我中心化思维”，他们还不能从他人的角度去思考和判断，再加上自控和自理能力比较差，入园初期自然会遇到很多困难，需要经历一个从不适应到基本适应的过程。这一时期出现分离焦虑是幼儿成长过程中的一种正常心理现象。

规律 2 儿童的分离焦虑的发展一般有四个阶段

幼儿实现从家庭向幼儿园过渡所经历的阶段

阶段	表现
强烈反应阶段	进入幼儿园的最初一段时间里，幼儿通常会表现出较多的适应障碍，如：哭闹比较厉害，情绪很不稳定，难以正常进食和午休，拒绝活动和交往等。这样的情况大约会持续一个星期，但每个幼儿之间存在着个体差异。
调整波动阶段	大多数幼儿渐渐解除对幼儿园的排斥心理，在成人的帮助下努力调整自己以适应幼儿园的生活，但是由于年龄小、稳定性差，适应过程中会出现一些反复，在这个阶段，幼儿的适应情况都可能出现一天好、一天差的现象。

续表

阶段	表现
基本适应阶段	幼儿大多能够轻松入园、积极活动、顺利进餐、安稳午休、主动饮水、亲近老师、主动交往。
二次适应阶段	幼儿在经历了长假之后，主要生活地点又从家庭转到了幼儿园，从家人的怀抱回到了同伴和教师这个小集体，他们需要再次调节自己以适应变化。

规律 3 父母如果注重培养儿童的独立精神、主动精神，则有利于儿童度过分离焦虑

采用权威型教养方式的父母，他们把儿童当做独立的主体，注意培养儿童的主动精神，培养他们的自理、自制能力，与儿童交流，尊重儿童的要求、意见，及时纠正自己的错误，采用说理的方式引导儿童。这使得儿童感觉自己受到了父母的尊重，认识到了自己的价值，从而增强自信心。

权威型教养方式下的儿童对周围环境有安全感，当他们在幼儿园这个陌生的环境中也会逐渐对幼儿园、教师及其他的小朋友产生信赖感，因而情绪相对比较稳定。儿童有很强的模仿能力，他们很可能用父母对待自己的方式来对待老师和同伴，所以，民主性程度较高的儿童更易受到同伴的欢迎和接纳。

规律④ 父母如果过分满足孩子的需要，过分迁就孩子，则会造成他们入园适应困难

父母过分满足孩子的需要，过分迁就孩子，同时还包办孩子的一切生活琐事，造成孩子自理能力差，遇事不知所措，不能有效处理自己要面对的事情。所以，这样的儿童在刚入园时，面对幼儿园这个新环境，没有了父母的照顾就会手足无措，产生分离焦虑，不容易融入新的人际关系中，不被同伴支持和接纳，造成对幼儿园的适应困难。

规律⑤ 父母对孩子放任不管，“听之任之”，不利于孩子的入园适应

父母给予孩子至上的权力，盲目听从孩子的意见，却不对他提任何要求，甚至采取“听之任之”的态度，这样的儿童在考虑事情时常常以自我为中心，造成人际交往能力差，同伴接纳程度低。这类儿童在幼儿园这个新环境中，常常会采取逃避的态度。

规律⑥ 父母对孩子严加管教、扮演绝对权威，无益于孩子度过分离焦虑

父母在孩子面前是一个具有绝对权威的长辈，要求孩子绝对地服从自己，亲子间的关系是不平等的，是一种“管”与“被管”的关系。专制型教养行为下的儿童，有不信任、不满足之感，而且由于害怕惩罚而顺从，长期如此会造成其表面顺从而内心反抗。儿童刚入园时，这对矛盾的激化就有可能打破其内在的心理平衡，从而产生情绪不稳定的问题。

规律⑦ 父母采取不一致型教养方式，不利于孩子适应幼儿园生活

不一致型教养方式的主要特点是父母对幼儿的态度因时间、地点以及心情的不同而不同。这样容易造成儿童的无所适从，在做事情时会感到犹豫不定，所以在进入幼儿园这个新环境时，紧张、害怕，造成情绪上的不稳定，面对规则时也会感到无法适应。

养育策略

策略① 带孩子参观幼儿园，初步体验幼儿园的生活

当人们来到陌生环境时，会产生恐惧与排斥感。儿童年龄小，接触外界生活有限，对父母的依恋感强，初到陌生环境，更充满了恐惧。

消除恐惧的最好办法就是让孩子熟悉环境。要让孩子感觉到，幼儿园是美好的地方。让孩子知道小朋友在幼儿园中做什么，逐步建立起对幼儿园的概念，在建立暂时兴趣的基础上，不断深化孩子对幼儿园的认识，让孩子对幼儿园产生持久的兴趣，借以培养孩子喜欢幼儿园的积极情感。

策略② 对待分离焦虑问题，家长要有正确的认识，要学会控制自己的情绪

家长首先要减少自身的“分离焦虑”。孩子入园不仅孩子存在分离焦虑，家长自身也存在分离焦虑，总是担心孩子在幼儿园哭闹没人管、吃

不饱、会摔倒，老师会不关心自己的孩子等。其实父母应该相信孩子的适应能力，选择一个自己信任的幼儿园和老师，充分地相信他们，多和孩子的老师沟通，了解孩子在园表现，做好家园合作，轻松对待孩子入园，不要让自己的心态影响到孩子。往往家长越紧张，孩子的焦虑程度越高。家长要用自己好的心态去给孩子示范并潜移默化地影响孩子。

如：许多妈妈在送孩子入园之初，孩子哭，妈妈也掉泪。有的妈妈离开孩子之后不放心，又重新回到幼儿园，或在门口、窗外窥看。这时，孩子本来已经被游戏所吸引，不再哭了，可是，妈妈刚一探头，孩子又马上哭闹起来。家长的这些做法加强了孩子的分离焦虑，对孩子和家长都没有好处。

策略③ 调整孩子生活习惯，培养孩子的独立意识和生活自理能力

孩子入园前应该使其生活具有一定的规律性，不要由着他的性子，饮食方面一日三餐争取做到荤素搭配，从小就让孩子接触各种食物。

帮助孩子适应幼儿园集体生活的种种要求，主动配合幼儿园，培养新的生活习惯，如晚上按时停止游戏或停止看电视、按时洗漱、按时睡觉、早上按时起床等。

平时生活中每天让孩子有一定的独处时间。在家中，让孩子拥有一块属于孩子自己的、不在家长视线范围内的活动空间。这个空间应能保证孩子的安全，同时家长也可以悄悄地观察到。让孩子每天在这个空间里单独游戏玩耍，以培养其独立性。

给孩子更多的自我锻炼与自我服务的机会，减少孩子对父母的依赖，让孩子学会自己吃饭、盥洗、穿脱衣服、上厕所、叠被子等。

策略④ 经常带孩子外出接触人和新事物，有意识地培养孩子的交往能力

孩子如果平时较少接触家庭成员以外的人，较少参与外界的活动和接触外界的事物，在面对陌生人、陌生的环境时就更容易产生分离焦虑。所以，在孩子入园前，家长应有意识地扩大孩子活动的空间和交往的范围，经常带孩子外出接触陌生的人和事，使孩子初步建立人与人之间的信任感和交往的安全感。

可帮助孩子找玩伴，让孩子之间多接触。若父母能作暂短回避更好，这样会使孩子逐渐适应短期分离，有利于克服分离焦虑。另外，每天可抽空让孩子和年龄相近的邻居孩子、朋友家孩子多相处，互相到家里做客，家长之间也要多交往，以帮助孩子建立良好的人际关系与社会关系。在入幼儿园时，如有熟识的伙伴同去，就会减少焦虑感。

策略⑤ 父母应根据孩子所处的不同分离焦虑阶段给予特定的指导

在孩子刚入园的第一阶段，父母需要理解孩子出现的适应问题，适当的安抚是十分必要的。父母应耐心地和孩子讲道理，适当给予孩子鼓励、奖励等。

孩子的入园适应期进入第二阶段后，稳定他已经适应的部分、避免造成反复，成为家长需要关注的重点。家长要多和孩子沟通，倾听他们讲述幼儿园的生活，努力帮助他们解决在幼儿园中遇到的困难。

放假之后再上幼儿园，孩子进入二次适应阶段，多数孩子能较快地完成适应，但也有个别孩子反复情况严重，家长要特别关照，并认识到婴幼儿入园适应的个体差异性。要多与幼儿园老师沟通，让老师给予特别关照，比如让孩子带依恋物入园等。

知识库

依恋物

依恋物是指2~6岁的孩子依赖于某个物品，孩子会对这个物品有一种特殊的情感，通过与这个熟悉物品的接触产生愉快的感受。

边博士直播间

我是一个刚入幼儿园孩子的妈妈，我听说孩子从家中带毛毛熊、布娃娃等去幼儿园，可以减轻孩子的焦虑，可又听说，如果孩子长时间依恋这些东西，会影响孩子和其他小朋友的交往。我该怎么办呢?

A 孩子刚刚入园，如果不能适应幼儿园的生活，可以同意孩子带依恋物入园。在这段时间里，家长可早点来幼儿园接孩子，离开幼儿园前也可让孩子与别的幼儿一起玩园内的各种设施，让孩子逐渐感到幼儿园也是个很好玩的地方。另外，要告诉孩子，幼儿园的老师是能像父母一样照顾他们的，当孩子对幼儿园有一定的好感，对老师产生一定的信任感后，父母可以试着让孩子暂时离开依恋物。可以这样开导孩子：“宝宝，你带着布娃娃做游戏、滑滑梯、骑小车多不方便呀，放学之后我们再和布娃娃玩吧。”当孩子对老师产生了信任并基本适应集体环境后，他们便不再需要借助依恋物来寻求安全感了。

情绪调节能力发展

①方方3岁了
方方常常会因为芝麻大的一点小事大发脾气。
②
是呀，你说这么小的孩子脾气就这么大，长大了可怎么办？
③
孩子简直是无理取闹，是不是被惯坏了？

情绪调节对于儿童的成长具有重要意义，具有较高情绪调节能力的儿童能在遇到挫折时维持正性的情绪，控制并避免负性的情绪，具有较好的同伴关系、亲子关系和师生关系，有利于身心的健康成长。

成长规律

规律① 早期的情绪调节能力可在一定程度上预测儿童未来的社交能力

有研究者经观察证实，社会交往能力受到情绪调节能力的影响，情绪调节能力强的儿童，其社会交往能力和任务坚持性也强。

一项追踪研究证明，儿童的社会行为受到个体活动水平和情绪调节能力的共同影响。

根据儿童活动水平的强弱与情绪调节能力的强弱把儿童分成四类。第一类是活动性低、情绪调节能力也差的儿童，这类儿童很可能会出现退缩、焦虑等行为问题；第二类是活动性低、但情绪调节能力强的儿童，这类儿童可能表现出的仅仅是安静，而不存在社会焦虑和退缩性行为；第三类是在社会交往中非常活跃，且情绪和行为调节能力强的儿童，他们的社会性情绪发展好，同伴接受水平高，亲社会行为也较多；第四类是那些活跃但情绪和行为调节能力差的儿童，他们很难保持与他人的良好交往。

规律② 3岁前的儿童发脾气往往是生理和心理发展不成熟造成的

3岁前的儿童受脑发育的制约，仍无法有效地对自己的情绪进行调节。

有研究者发现，大脑皮质抑制机能是实施情绪调控的生理前提，神经系统的发育直接影响着调控能力的形成和发展，受大脑发育的制约，3岁前的儿童并未具备控制自己情绪的能力，他们很难控制自己的欲望和情感。

规律③ 3~6岁是培养儿童情绪调节能力的重要时期

大脑的不断发育，特别是大脑中杏仁核与前额叶的发育，为3~6岁儿童的情绪调节能力的发展奠定了基础。杏仁核是产生情绪、识别情绪和调节情绪的脑区，而前额叶是控制情绪冲动的脑区，它从2~3岁开始发育，一直持续到6岁达到高峰，之后发育趋缓。

3~6岁儿童的口头言语不断发展，能更加清晰地表达自己。当儿童情绪不好的时候，他们可以借助言语向他人寻求支持，以此来缓解消极情绪引发的心理紧张。同时，这一时期儿童的自我控制能力也开始萌芽并发展。随着年龄的增长，3~4岁以后，儿童逐渐发展出自我控制和自我调节能力，但仍不明显。5~6岁的儿童大多具有一定的情绪控制能力。当然这个阶段的儿童虽有一定的情绪调节能力，但仍需成人的指导，才能逐步学会情绪调节的策略。

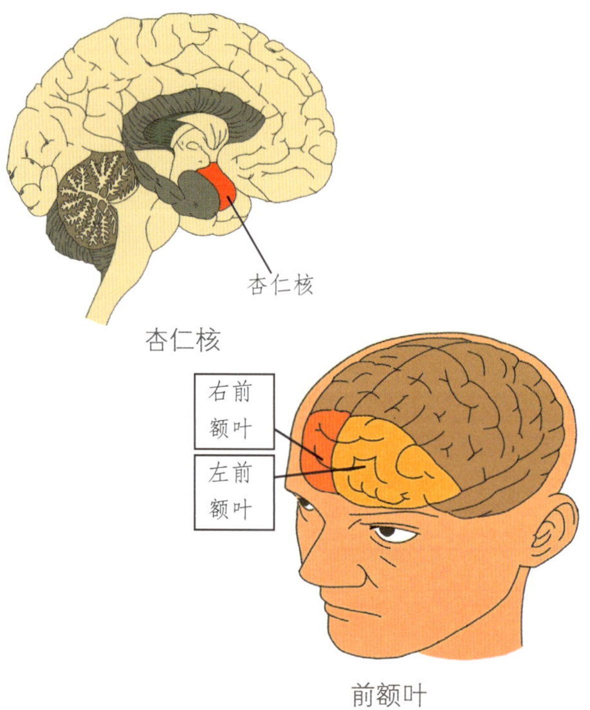

杏仁核

前额叶

规律 4 父母积极回应孩子发出的情绪信号并及时给予疏导，有利于孩子情绪调节能力的发展

父母对孩子发出的情绪信号能否做出及时的、积极的反应，对孩子情绪调节能力的发展和情绪调节策略的运用有着重要的影响。

在亲子互动中，如果父母面无表情，孩子会感到困惑，表现出的积极情绪反应少，消极、冷漠的情绪反应多。

如果父母对孩子的情绪反应方式是积极的，如对孩子情绪反应敏感、热情、关注，会培养孩子对自身情绪的意识和注意。

父母对孩子情绪表达的指导方式不同也会对孩子情绪调节能力的发展产生重要的影响。

如果父母对孩子情绪表达的控制过于严格，习惯于让孩子以一种隐忍的方式隐藏或压抑他们的情绪，会导致孩子隐藏消极情绪，表现出较低的情绪调节能力。

如果父母鼓励孩子表达情绪、帮助孩子疏导不良情绪，鼓励孩子采用直接的问题解决或寻求他人的帮助等应对策略，那么孩子就能逐渐学会积极的情绪调节策略。

规律 5 与父母建立起安全型依恋的孩子，其情绪调节能力发展水平较高

在应对消极情绪时，安全依恋型的儿童更倾向于采用积极的情绪调节策略。安全依恋型的儿童较容易得到母亲及亲人的同情和帮助，面对负性情绪时，无须采用回避和拒绝的策略，因此儿童逐渐学会承受挫折和失败，也能学会用适应性的应对方法来解决问题。

非安全型依恋的儿童，即回避型依恋和矛盾型依恋的儿童，倾向于采用消极的、适应不良的调节策略。由于他们缺乏养育者及时的帮助，易产生恐惧等消极情绪，导致回避行为，最终学会的是消极情绪以及对消极情绪的压抑，这样会使儿童经常处于持续的紧张和痛苦的压抑之中。

养育策略

策略 1 父母应以身作则，调节好自己的情绪

父母在生活、工作中遇到不顺心的事时，不应在家里大动干戈，如：摔盘子、摔凳子或相互指责、攻击对方、迁怒对方，而应自由地表达自己的喜怒哀乐，但又不迁怒于人、物。

如：在工作中取得成绩了，很高兴，可以直接告诉孩子，“妈妈/爸爸今天很高兴。”不要为了维护自己在孩子面前的“威严”而不苟言笑。

如：工作遇到挫折了，也可以在家庭成员之间诉说，然后唱唱歌、说说笑话，让孩子在潜移默化中逐渐明白，每个人都有喜怒哀乐，都可以以恰当的方式表达情感、宣泄情绪。

策略 2 父母对于孩子的情绪变化要足够敏感、细微察觉并采取适宜的回应方式

孩子情绪的变化经常是无常和微妙的，正如俗话所说“六月的天，孩子的脸”。面对情绪多变的孩子，我们对他们的情绪反应应该是积极的，对他们的情绪应表示理解，而不要过分地指责，应采取适宜的回应方式，多和孩子交流，走进孩子的心。

如，孩子在听妈妈讲一个关于怪兽的神话故事，听着听着孩子开始啜泣：“妈妈，我害怕。”这时妈妈应当马上放下书本，抱抱孩子以示安慰并对孩子的感受进行回应，告诉孩子妈妈知道他感到害怕了。

策略3 帮助孩子进行“认知重建”，让孩子更为积极地看待事情，调节自己的情绪

引导孩子正确认识、分析所处情境，能有效地帮助孩子学会调适自己的情绪。对于大一些的孩子，可引导他们用换位思考的方法调整自己的认识。

如：妈妈要去参加聚会，孩子很生气，他希望妈妈能陪自己玩，这时妈妈可引导孩子，并对他说：“你是不是很喜欢和自己的好朋友一起玩呀，如果你的朋友离开了，你会不会想他呀？妈妈和自己的朋友很久没见面了，现在他们来了，你说妈妈该不该去呢？”这样让孩子站在妈妈的角度想一想，理解妈妈的同时，自己也不再生气。

知识库

认知重建

认知重建是指人们努力从一个更为积极的角度看待消极事件。有时候，并不是事情本身具有消极意义，而是看问题的人主观上产生了认识偏差，或者是问题本身具有两重性或多重性，而个体只看到了消极的一面。因此，改变认知，消除偏见，把对人和事情的理解重新整理、重新组织，能使个体的思维更开阔、情绪更积极。

策略4 帮助孩子学会转移注意力，调节自己的情绪

引导孩子进行替代活动，即引导孩子把注意从引发负性情绪的情境和刺激中转移开，并且积极主动地投入到其他活动中，从而达到间接分心、调节情绪的目的。

如：孩子想吃糖，但妈妈不让孩子拿，因为已经吃得太多了，这引发了孩子的消极情绪。此时，妈妈可引导孩子把注意力转移到其他事物上，如玩其他玩具，与其他儿童说话，唱歌，或者引导孩子想一些其他的事情。

品质发展

道德的发展

①方方今年4岁，乐乐今年9岁
一个叫约翰的小男孩在他的房间里看书，家人叫他去吃饭，他走进餐厅。但在门背后有一把椅子，椅子上有一个放着15个杯子的托盘。约翰并不知道门背后有这些东西。他推门进去，门撞倒了托盘，结果15个杯子都撞碎了。
从前有一个叫亨利的小男孩。一天，他妈妈外出了，他想从碗橱里拿妈妈藏着的果酱吃。他爬到一把椅子上，并伸手去拿。由于放果酱的地方太高，他的手臂够不着。在试图取果酱时，他碰倒了一个杯子，结果杯子掉下来打碎了。
②
方方，你觉得约翰和亨利哪一个小朋友更应该受到惩罚？
当然是约翰，他打碎了15个杯子呢。
③
乐乐，你觉得约翰和亨利哪一个小朋友更应该受到惩罚？
是亨利，虽然约翰打碎了15个杯子，可他并不知情，但亨利是为了偷吃果酱才打破杯子的。

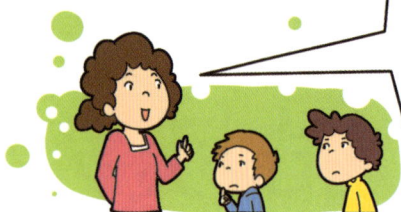

道德是一个人品行的重要体现，一个人未来是否能取得巨大的成就与这个人的道德水平密切相关。较高的道德水平也是帮助儿童更好地融入社会的手段。

成长规律

规律① 幼儿期道德认知的发展经历了一个由无律向他律的发展过程

2岁左右的儿童处于道德的“无律”阶段，他们尚不能将自身与外界区分开来，还不具备认识规则、接受规则的条件，他们还不能对行为做出一定的判断，不知道什么是对，什么是错。

2岁的孩子做错了一件事，成人非常生气，大声批评孩子后，孩子吓得大哭，成人问：“你这样做对吗？”孩子含泪点点头，成人更生气了，说：“你还对了？”孩子又连忙含泪摇摇头。这说明此时的孩子根本不知道何为对错。

3岁左右是儿童品德的萌芽和产生时期，这个年龄阶段儿童的道德是一种水平较低的最初道德，但是儿童并没有在这个阶段上止步，而是仍在积极发展。

4~5岁是儿童道德总体发展最为迅速的时期，不过，此时儿童的品德发展继续保持从他性的特点，即此时的儿童遵守道德规则不是出于内心对道德规则的理解和心悦诚服，而是出于对某种外在权威或制约力量的服从。他们完全依据他人、权威对自己行为的约束来行动。我们经常听到儿童对行为解释的理由是“老师说的”，不愿犯错误的原因是“那样妈妈会骂我的”，而并不是错事本身不该做。

5~6岁的儿童认为凡是规则都得遵守，行为的标准就是不能破坏规则。虽然他们仍处于道德的他律期，但一些道德的标准已开始逐渐内化。

规律② 儿童道德情感的发展趋势是道德情感的范围由近及远，逐步扩大，且由极度不稳定和肤浅到相对稳定和比较深刻

道德情感的范围由近及远，逐步扩大。如他们往往先爱自己的亲人，然后爱幼儿园的老师和同伴，再爱家乡，最后才扩展到爱祖国。

儿童的道德情感最初是与自然情感（主要是由于某种强烈的情境刺激的感知而引起的情感体验）分不开的，如：两三岁的孩子经常会因为小朋友不小心弄坏了他的玩具而十分生气，进而动手打小朋友。但随着年龄的增长和教育的影响，儿童的道德情感逐步与自然情感分开，逐渐由肤浅、不稳定过渡到比较深刻、相对稳定。

儿童接受社会规范，能说出不能乱扔垃圾、要爱护环境等语言，但这一时期他们的社会规范水平是不稳定的，如果外部压力和监控消失，相应的社会规范行为就有可能动摇或改变。

规律③ 儿童道德行为最大的特点是言行不一

儿童的言行常常受到愿望、需要和情感的影响，他们说的会和实际做的情况不一致，因为有时他们会把想到的当成是现实发生的；他们做的可能是他们认为不对的，但是他们在做的时候可不会考虑这么多。

如：有时他们从道理上能理解行为的准则，但行动上却意识不到，无意识地做出了不道德的行为；有时是因为将认识付诸于实践时意志力差，而造成言行不一的现象。

也有心理学研究指出，儿童言行不一是因为

他们从口头上掌握合乎准则的行为方式比在真实生活中掌握更容易、更快。

随着儿童各方面的发展和完善，言行不一这种现象到幼儿晚期会有所改善。

规律④ 3~4岁的儿童，对道德的理解依靠外部行为和具体事件，并以行为的结果判断对错

由于受思维发展的影响，儿童对道德的理解总是从一个个小事情中发展出来的，他们很难将这些经验推广到一般性的情境中。另外，他们在判断某种行为时往往根据行为的结果而不考虑行为者的意图。

如，该阶段的儿童还不能理解“善意的谎言”，他们认为撒谎就是不好的，不会从行为者的意图方面去判断。

如果行为的结果得到成人的认可、赞赏，那么儿童就会认为此事是好的；如果行为的结果受到成人的批评，那么儿童就会认为此行为是不好的。

规律⑤ 4~5岁的儿童，可以逐渐地理解行为的道德意义，但仍处于“他律”阶段

此时的儿童开始渐渐发现可能同一行为背后的原因是不一样的，有人是故意的，有人是无意的。因此，他们认为行为不仅有对错，还存在程度的不同，存在性质的不同。对于无意的行为，我们应该谅解。也就是说此时的儿童能在某些情境中以行为者的意图判断对错。

此时的儿童的道德表现出他律的倾向，即以成人、权威的要求作为标准，他们常常把“爸爸说的”、“老师说的”挂在嘴边，作为他们行为的规范。

规律⑥ 5~6岁的儿童，能从多角度认识道德问题，并对一些道德语词有一定的理解

随着儿童认知能力的发展以及生活经历的丰富，有时候他们会像小大人一样进行分析、思考、选择，他们对道德、行为有了自己的思考。

此时儿童的道德标准仍表现为以他律为主，但是已经渐渐开始稳定，他们用这些标准要求自己，也要求别人，力求形成统一。

处于这个阶段的儿童不仅开始从不同的角度思考问题，他们还尝试从行为者意图、后果的严重程度、是否有补偿行为等，进行更综合的分析和判断。

五六岁的儿童对很多道德词语都有了一定的理解，比如团结友爱、诚实、自私自利等，他们能用自己的话来诠释对这些道德词语的理解。比如，他们认为诚实就是不撒谎，不骗人，实事求是地讲述一件事情；自私就是只考虑自己的利益，不会站在他人的角度思考问题。随着儿童认知的发展以及接触的词语的增多，他们对道德理解得更加全面和深入。

养育策略

策略① 不要对幼儿的道德水平贴标签

儿童的道德尽管在幼儿初期水平较低，但是却在不断发展的过程中，因此不应该因为儿童做了某些行为（如不懂得分享）便对孩子贴上“不道德”的标签，而应该进行合理的教育。

3岁左右的孩子出现自我中心的倾向，突出地表现为他们有了“我的”的概念，逐渐了解了归属权的意义。如：他们常常以自我中心来看待不公平这件事，他们认为“得到我想要的”才是公平的。自我中心的倾向是孩子心理发展的自然过程，与孩子的认知水平等方面的发展密切相关，与成人认为的自私自利不同，因此不能随意地给孩子贴“自私自利”的标签。

此时孩子常常会出现言行不一致的行为，家长不要急躁，不要认为孩子这么小就会骗人，就会说一套做一套，而应理解孩子，在此基础上再逐渐对他进行引导、教育。

策略② 对孩子进行道德教育应该具体，从身边的小事开始

道德教育要具体

可以用“爱妈妈、爱老人”来取代“爱祖国、爱人民”的目标指向，使其更易细化和可操作。爱妈妈、爱老人首先必须从身边小事着手，这样也能激发儿童的兴趣来积极参与。

道德教育要从身边开始

对儿童进行爱国主义教育等高级情感和道德品质教育，也应首先从儿童自身的家庭、生活的社区和自己的幼儿园出发，从儿童每天的生活开始，来唤起幼儿的亲身体验，来逐步树立爱国的意识，从而为以后的爱国主义教育奠定基础。

策略③ 帮助孩子建立规则，做孩子的榜样

幼儿的道德始终处于他律阶段，他们根据外部的规则和成人的要求来行事，因此给孩子建立规则，做孩子的榜样是很重要的。

在孩子的道德学习和行为养成过程中，很多父母常常抱怨孩子不听话。这可能与父母对孩子的要求不够明确、具体有关。父母不妨试试在孩子每次活动前提醒他具体的规则，并和孩子一起去做。记得规则要由少到多，而且千万别只是事后说教。

父母应注意自身的行为，因为孩子在时刻关注并模仿着父母。父母应成为孩子道德学习的榜样，这样才能帮助孩子成为有道德的人。在道德形成的过程中孩子总是在关注着父母是怎么做的。在道德内化的过程中，父母的榜样作用更是必不可少的。不管在有没有外人的时候，父母都要尽量做出符合道德的行为，和孩子共同成长。

策略④ 根据不同年龄阶段孩子道德发展水平的不同，采取相应的教育办法

对3~4岁的孩子而言

父母可给孩子讲一些发生在生活中的有关道德的事件以及一些故事书中的道德故事，这些都是他们学习的素材。父母可以通过和孩子一起讨论这些事件和故事，一起分析事件中人物的所做、所想，来激发孩子的道德情感，也可借机为他们的行为提供榜样。

父母应帮助孩子理解他人的感受。父母可以和孩子一起玩表情游戏，帮助孩子学会观察别人的喜怒哀乐；和孩子一起讨论，当别人难过时可

以为别人做什么。

对4~5岁的孩子而言

应逐步引导孩子理解他人行为的原因，即为什么别人会这么做。此时的孩子虽然开始考虑行为者的意图，但是受到思维和经验的影响，常常不得其法。父母可以请孩子谈论自己行为的意图，由此及彼；也可以和孩子一起观察身边发生的事件，引导孩子进行猜测和分析。

对5~6岁的孩子而言

适当给孩子制造一些认知冲突的情景：只有一个苹果时是给爷爷吃还是给自己吃？车上只有一个空座，是自己坐呢还是给抱孩子的阿姨坐？只有一台电视机，自己想看动画片，爸爸想看足球，到底该怎么办？让孩子们来思考，促使他们提出解决问题的办法。等孩子得出正确的结论后，应及时给予肯定和表扬，并让他们付诸行动，使之留下深刻的印象。

给孩子讲道理，以理服人。此时的孩子已能听懂道理，当他们犯错时，父母切不可以暴制暴，用打骂来教训他、强迫他，而应该和孩子一起进行分析、讨论，让他明白自己的问题，并一起寻找解决的途径。

知识库

社会认知冲突理论

社会认知冲突理论认为，人与人相互作用时由于动作或观点不同而产生争论，导致社会认知上的冲突。而在解决冲突的过程中，不仅要考虑自己，而且还得考虑他人的动作、观点。这样，冲突解决的过程实质上就是导致认知结构改变的过程，也是去自我中心化的过程。

心灵加油站

把德性教给你的孩子，使人幸福的是德性而非金钱。

——路德维希·凡·贝多芬

独立性的发展

①圆圆今年3岁了
妈妈，妈妈，快来给我穿衣服。
②圆圆今年4岁了
圆圆别跑，快自己来吃饭，别总让妈妈喂。
③
圆圆依赖性比较强，自己照顾自己的能力比较差。
④
该怎么培养孩子的独立性呢？

独立性也称自主性，是指在没有外界指导和要求的情况下，自己有能力做出决定和执行这些决定，并愿意对自己的行为所产生的结果负责。精神分析学家埃里克森认为，从儿童出生1年以后至6岁之前的主要任务是发展儿童自主性和主动感。大量心理学研究也表明：独立性（自主性）是儿童重要的心理品质，对儿童的发展具有重要意义。

成长规律

规律 1 儿童独立性的发展是其社会适应能力的重要体现，与其未来创造性的发展密不可分

独立性与社会适应性密切相关

社会适应性主要体现出四个方面的特征：社会能力、解决问题技能、目的感和独立性。独立性是社会适应的重要内容。

有研究表明，幼儿独立性的缺乏是青少年违法行为产生的重要原因之一。

独立性与创造性的发展密不可分

一些心理学家对富有创造性的数学家、作家、建筑家等的个性特征进行了研究，结果一致认为，“独立自主、自信心强、不求人、热情而勤勉、有决断、能自治和自制”等特征，是高层次创造性人才个性品质中最基本的因素。

知识库

1~2岁儿童独立性培养的内容①

1. 不用别人教，就会自己玩。

2. 开始学用勺或用手（拿着自己吃）吃食物；会端着小杯喝水。

3. 懂得吃饭规矩，能专心吃饭。不是只顾玩耍不顾吃饭，或吃一口玩一会儿。

4. 能找到自己便盆所放的位置，需要时能及时找到。

5. 渐渐能听懂父母对自己大小便的提醒，渐渐形成自己大小便的规律。尤其能形成在固定时间和地点排便的习惯。

6. 大小便时不玩玩具、看图书等。

7. 按作息时间有序生活，能按规定时间上床，睡前不过度兴奋，不吃零食。

规律 2 1~2岁主要培养儿童独立饮食和排便的习惯

1~2岁的儿童，身体机能发育尚不完善，身体动作灵活性较差，心理发育尚处萌芽状态。因此，这个时期独立能力培养以养成独立饮食和排便习惯为主。良好的排便习惯不仅能保持卫生清洁，还能使儿童消化系统、排泄系统的活动更有规律。

规律 3 3~4岁是儿童行为独立性发展的关键时期

此阶段儿童已经可以自己处理一些简单的事情，幼儿园的自理训练和一日生活使儿童有很大一部分时间脱离父母的照顾与呵护，他们必须学会自己照顾自己，从而大大促进了其行为独立性的发展。

4岁以后，大多数儿童已经具备了一些最基本的处理个人事务的技能，因此行为独立性发展速度减缓。

3~4岁时儿童行为独立性的快速发展，为今后其情感独立性和认知独立性的发展奠定了基础。

① 李东：《幼儿独立能力培养系列（六） 幼儿独立性的45条评价标准》，载《家庭教育（幼儿家长）》，2008（12）

知识库

3~4岁儿童独立性培养的内容①

1. 能穿脱简单的衣服和鞋子，如套头衫、运动裤等。在父母的帮助下，能按次序穿脱衣服、鞋袜。
2. 逐步学会饭前便后及从外面回家时洗手，用毛巾擦手。
3. 自己吃饭，饭后擦嘴、漱口。
4. 入睡时不吵闹，睡眠姿势正确。
5. 在父母的帮助下，使用卫生间如厕；有每天大便和晚上入睡前清洗下身的习惯。
6. 会用手绢、餐巾纸擦鼻涕。
7. 在父母指导下早晚自己洗漱。
8. 能从头到尾做完一件事。
9. 会帮家里做力所能及的家务事，如拿报纸、放碗筷等。

规律4 4~5岁是儿童情感独立性发展的重要时期

情感独立性获得的过程是儿童逐渐消除对父母依赖的过程，情感独立性的发展一般晚于行为独立性的发展。

3~4岁的儿童，由于自我控制能力不够强，不能控制和调节自己爆发的情绪，导致他们情感独立性发展比较缓慢。

到了4~5岁，随着道德感和自我评价能力的发展，儿童逐渐明白了随意发脾气等行为是不正确的，这就促进了儿童对自己情绪的调节和自控。此时儿童逐渐适应了幼儿园的集体生活，有了自己的同伴和感兴趣的活动，对父母的依赖性越来越弱，因此情感独立性水平显著提高。

特别提示

独立性是一切能力发展的基础条件，因为独立才能使孩子充分地、自由地发展，才能保证人才的多样性和创造的多样性。

知识库

4~5岁儿童独立性培养的内容②

1. 在接受别人的批评时能控制自己的情绪。
2. 在意外受轻伤时能控制自己的情绪。
3. 能清楚表达自己的愿望、需要。
4. 乐意与同伴友好相处。
5. 当他人做游戏、学习时，不随便打扰别人。

规律5 儿童的认知独立性随着年龄的增加逐步发展

认知独立性是指一种个体不需要寻求他人同意就可以自己做决定的主观感觉。

3~5岁儿童的认知独立水平一直在提高，他们开始凭借事物的具体形象或表象来进行思考，使得儿童在认知方面有了自己的见解和主张。总的说来，儿童的独立性在3~5岁经历了一个迅速发展的时期。

---

① 李东：《幼儿独立能力培养系列（六） 幼儿独立性的45条评价标准》，载《家庭教育（幼儿家长）》，2008（12）

② 李东：《幼儿独立能力培养系列（六） 幼儿独立性的45条评价标准》，载《家庭教育（幼儿家长）》，2008（12）

知识库

5~6岁儿童独立性培养的内容[①]

1. 自己会做的事自己做，不依赖他人。
2. 遇到困难会自己想办法解决。
3. 能独立选择自己喜欢玩的游戏。
4. 独立选择和组合游戏伙伴。
5. 独立决定玩什么玩具。
6. 会根据需要独立地增减衣服。
7. 独自整理用过的用具、玩具、图书等。

规律6 父母的教养方式影响儿童独立性的发展

对儿童独立性形成有不良影响的家庭教养方式可以归纳为三种。

娇惯溺爱型，其典型特征是包办代替和无原则的迁就满足。这种教养方式下培养的儿童过分依赖，缺乏自我依靠的愿望和能力，缺乏主动性，同时也害怕失败带来的结果，因此，行为表现多为退缩。

严厉斥责型，其典型特征是以责备、批评为主。这种教养方式下培养的儿童最明显的特点是缺乏自信，害怕受到责备和批评，缺乏自我决定的能力。

过分赏识型，其典型特征是单纯地表扬、欣赏。而这种过度的赏识导致儿童做事情的时候过于顾及他人的评价，因此导致自我决定水平的降低。

对那些独立性发展较好的儿童进行研究可以得出这样的结论，家长在教养方式方面显示出惊人的一致性，就是都采取权威型的教养方式。这种教养方式的特征是把鼓励、支持和适当的要求与限制相结合，使儿童做事依靠自己，能按外界要求调整和控制自己的行为，在遇到外来影响时能够坚持自己的观点，表现出较高的独立性水平。

养育策略

策略1 创立宽松的环境氛围，让孩子做力所能及的事情

有一个宽松的环境气氛，孩子才能比较主动大胆，才能够达到自我选择前提下的自我控制。因此家长应该给予儿童一定的自由活动和自由交往的时间和空间。这种自由的时间和空间能够降低孩子的紧张感，让孩子愉快地玩耍，自由地交流，从而产生愉快的情绪体验。如：当两岁左右的孩子有“我自己来”的要求时，父母要根据孩子的兴趣和能力因势利导，给他们创造宽松的环境。

如：教孩子学习自己吃饭，教给他们吃饭的方法，不要怕孩子把饭弄撒，也不要觉得浪费时间。

在和孩子进行沟通时尽量避免使用“不行”、“不许”、“不能动”等指令性话语，应尽量满足孩子“自己来”的愿望。尽可能地放手让孩子去做，并及时给予鼓励、支持和肯定，让孩子体验成功的喜悦。

策略2 初步培养孩子动脑筋想问题的能力

父母不仅要鼓励孩子独立动手做事情，还要鼓励孩子独立动脑筋想问题，凡是孩子自己能够

① 邢保华等编著：《幼儿独立性发展水平评价手册（教师用书）》，昆明，云南科技出版社，2007，35页

想的就应该让他自己去想，培养孩子独立思考的习惯和能力。父母一方面应鼓励孩子问问题，另一方面在给孩子讲知识或者回答孩子的问题时，父母也要给孩子提出问题，让他思考，鼓励他动脑筋。

如：孩子问家长，为什么立交桥上没有红绿灯，你可以不回答他，而是让他想一想马路的十字路口为什么有红绿灯，红绿灯的作用是什么。孩子通过思考，自己找到了答案。这样做就很好，不是有问必答，而是启发孩子自己思考，自己解决问题。

策略 3 培养孩子自己做主的能力

培养孩子自己做主的能力是独立性发展的较高层次，它常常表现为“不人云亦云，不随大流，有自己的主张，有创新意识”。我们过去常常教导孩子要听话顺从，认为孩子有自己的主意不好。家长不给孩子自己决定的机会和权利。如今有不少家长已经注意到这个问题，开始培养孩子自己做决定的能力，这值得充分肯定。

如：与孩子一起决定节假日到哪儿玩，让孩子作为平等的一员参与讨论，如果可行就采纳。

在孩子的房间里，可以给孩子设置一个独立的活动区，区域内物品的摆放、在区域中玩什么游戏由孩子自己决定，让孩子在自己的区域内活动，成人应少加干涉。

策略 4 运用游戏培养孩子的独立性

孩子在游戏中可以自主地选择，自主地交往，自主地解决困难，是培养孩子独立性的良好途径之一。

如：父母可引导孩子利用他穿小的衣服练习给娃娃穿脱衣服；利用废布头制作沙球、沙袋；玩七巧板、给物品分类等游戏。这些游戏既锻炼了孩子的独立动手能力又培养了他们的独立思考能力。

如：父母和孩子一起玩一些比赛形式的游戏，如穿脱衣服比赛、叠小毛巾比赛、整理物品比赛等。

心灵加油站

狐狸爸爸带孩子

日本电影《狐狸的故事》中有这样一个意味深长的场景。在一个冰雪交加的冬天里，两只狐狸走到了一起，并且生下了5只小狐狸，从此他们建立起了幸福美满的家庭。狐狸爸爸和狐狸妈妈为了孩子们能够顺利地成长，每天辛苦地觅食。然而祸从天降，狐狸妈妈在一次觅食中被夹子夹中，死去了。抚养孩子的重任就落在了狐狸爸爸的身上，他一改之前对于孩子的百般呵护，开始让他们独立生活。在教给他们捕捉食物以及逃避危险的方法后，在一个风雪交加的夜晚，狐狸爸爸把小狐狸们全部赶到了洞外，尽管小狐狸们还不够强健，一次次地想要回到洞中，眼中满是委屈和可怜，狐狸爸爸还是义无反顾地把小狐狸们都叼了出去。因为狐狸爸爸知道，没有谁能养他们一辈子，他们能够依靠的只有自己。当狐狸爸爸再一次见到自己的孩子时，他们已经是能够独立生存的强者。

其实何止狐狸，培养独立生存的能力对我们人来讲同样重要，甚至更重要。父母不可能让孩子依靠一生，如果不能早日让孩子学会独立，他们永远不能超越父母，闯出自己的一片天，而当他们必须去独立面对这个世界时，更会感到不知所措。

坚持性的发展

①圆圆今年4岁半
老师批评我了，我不想学画画了。
②
圆圆喜欢新鲜事物，学画画、学英语、学书法，刚开始兴趣十足，但总是半途而废。
唉，可不是嘛，方方也是三天打鱼两天晒网。

坚持性是指在某种困难情境中，为达到某一目的而坚持不懈地克服困难的心理品质。心理学研究表明：儿童坚持性的发展不仅对其健康人格的形成具有重要意义，而且对于发展其认知能力也具有十分重要的意义。

成长规律

特别提示

20世纪末，美国有一项针对中产阶级家庭背景幼儿的纵向研究，结果发现，幼儿坚持性能力发展与小学低年级时的学习成绩和社会交往能力有密切的关系。具体表现为早期坚持性能力发展好的幼儿更容易与同伴形成或保持友谊，更喜欢上学，老师对他们的坚持性和抵制分心能力的打分也较高。

规律① 1.5~2岁儿童的坚持性开始萌芽，但3岁之前坚持性水平较低

儿童在1.5~2岁时已经出现坚持性的萌芽，其注意力和动作的发展可以支持儿童在短时间内坚持进行某种感兴趣的活动。

儿童到3岁时，其坚持性发展的水平仍然较低，他们在某些条件下虽然能够开始有意识地控制自己的行为，其行动过程仍然不完全受行动目的的制约，他们时常违背成人的语言指示，或者难以使自己的行动服从成人的指示。他们坚持的时间极短，如果遇到小小的困难，或者任务比较单调枯燥，一般会失去坚持完成任务的愿望和行动。

规律② 3~5岁对培养儿童的坚持性非常重要，5~6岁的孩子坚持性进一步提高

3~5岁对培养儿童的坚持性非常重要。此时的儿童开始能按照一定的道德标准和日常规则来做事情，初步控制自己的情绪和行为，但也会出现“反抗”行为，如天冷不愿意起床。

5~6岁的儿童已经能主动地克服困难，有时会坚持把事情做完。如坚持画完一幅画再去玩玩具，坚持自己穿脱衣服等。他们开始具有一定程度的自控能力，拒绝某些诱惑和干扰。同时也积累了一些抗挫折的经验与能力，逐渐能接受心理暗示，从而加强坚持性。

规律③ 儿童的坚持性行为大致存在着兴趣型、服从型和成就型三种类型

属于兴趣型的儿童，其坚持性行为主要受活动兴趣的支配，他们往往只在兴趣性强的活动中才能较长时间地坚持完成任务，而在兴趣性弱的活动中只能坚持很短的时间。他们往往把自己不能坚持的原因归结为活动“不好玩”。

属于服从型的儿童，其坚持性行为主要是为了顺从成人的要求，他们在活动中显得被动，没有愉快的表情，不管是对感兴趣还是不感兴趣的活动都默默地坚持完成任务。他们认为凡是大人叫他做的事就应该做好。

属于成就型的儿童，其坚持行为主要是靠成就动机来维持的。他们接受任务很干脆，在活动中显得积极主动，碰到难题能积极想办法解决。他们较自信，成就欲望高，他们表示自己能完成任务，而且一定要完成。当最终没能完成任务时，他们更多地把原因归结于自己，并要求再让他试一次。

养育策略

策略 1 父母在与孩子交往时，应有积极的情感投入

传统的教育树立了家长绝对权威的形象，形成了在孩子眼里家长主宰一切的局面。久而久之，孩子便不再勇于表达自己的想法，完全听从家长的意见，丧失坚持做事的积极意愿。事实上，幼儿已经具有一定的自我意识和思维能力，因而对家长给予的任务往往有自己的想法和态度，只是由于外界的压力而没有明确表现出来。

因此，在教育中，家长应该善于运用积极的情感与孩子交往。和蔼可亲的态度、笑容可掬的表情是鼓励孩子表达自己的态度和想法的良好途径。此外，家长还应该善于发现不利于孩子坚持性发展的消极情绪，因势利导。

策略 2 父母在与孩子的接触中，应注意培养他们的任务意识

家长可以适当给予孩子一些他们力所能及的任务。在孩子执行任务前，家长要明确任务的重要性及其目的，使其明白任务是自己应该且必须完成的，鼓励他们坚持完成自己所承担的任务，从而培养其任务意识。

家长可以适当创设一些有一定困难的任务，当幼儿在困难中产生退缩行为时，家长及时给予幼儿指导和帮助，让孩子懂得在完成任务时难免会遇到这样或那样的困难，要以正确的态度面对困难，积极想出解决困难的办法，从而培养幼儿做事有始有终、坚持到底完成任务的良好习惯。

策略 3 不要打断孩子正在进行的活动

家长会出于关心，不分时间、场合经常打断正在专心做事的儿童，这也是使他做事不能有始有终的原因之一。当孩子正在看故事书，妈妈不时地问他“要不要喝水”，奶奶走过来说：“宝宝，吃个梨吧。”在看书的过程中，儿童不断被打断，读书的兴趣自然会受到影响。儿童的思维活动需要连续性，经常受到干扰，他的心就静不下来，长此以往，他的坚持性就无法养成了。因此，当孩子正在一心一意做事时，父母一定不要打扰他，给他一个沉下心来全心全意做事的氛围，长此以往，孩子的坚持性便会有提高。

策略 4 利用不同的游戏，培养孩子的坚持性

在角色扮演的游戏中促进孩子坚持性的发展。通过这种游戏可促使孩子履行好角色的职责，提高他们对游戏的专注性和坚持性，从而培养他们的坚持性。

如：圆圆在和别的小朋友一起玩“过家家”游戏时，有的小朋友在切菜，有的在用小勺给娃娃喂饭，有的在洗衣服……而圆圆本来是在家里照顾娃娃的，但她玩了几分钟就去做其他的事情了。这时，父母可通过角色扮演来约束圆圆，告诉圆圆，宝宝（布娃娃）一个人在家里不安全，她会害怕的！父母的提醒，可使孩子的角色意识有所加强，明白自己“要照顾好宝宝（布娃娃）”，从而增强孩子的坚持性。

安排孩子感兴趣的体育活动，告诉他们人人

都要坚持遵守游戏规则，要不然就要接受惩罚，通过这样的方式来促进儿童坚持性的养成。

游戏目的：在体育游戏中培养孩子的坚持性，以“小目标”促进“大目标”。

具体游戏：家长今天给孩子的任务是能绕着院子跑2~3圈，对完成的儿童加以表扬。一星期后给孩子的任务是能绕着院子跑4~5圈，就这样一天天坚持，久而久之，便能达成“大目标”。

策略⑤ 针对不同坚持性类型的孩子，父母采取不同的教养策略

兴趣型的孩子，其坚持性的强弱取决于对活动的兴趣，他们往往在自己感兴趣的活动中坚持较长时间。针对这类孩子，应根据其兴趣的浓淡、投入的程度来培养孩子的坚持性。家长不仅要在孩子感兴趣的活动中培养其坚持性，也要适当安排他们参加不那么感兴趣的活动，如看书，要求并鼓励他们坚持把事情做完，以培养他们克服困难的习惯和能力，提高他们的坚持性。

服从型的孩子，其坚持性受制于成人的要求，他们的观念是凡是成人吩咐要完成的事就需要坚持完成，在活动中往往是被动的。父母应根据孩子完成任务的好坏、速度、快慢来表扬、奖励孩子，培养孩子的坚持性。也可故意设置障碍情境，增强孩子的心理承受能力，从而增强其坚持性。另外应鼓励孩子敢闯敢干，帮助孩子找到克服困难的方法，养成胜不骄败不馁的良好心理品质，从而提高孩子的坚持性。

成就型的孩子，其坚持性主要依靠成就动机来维持，他们渴望成功，能在活动中积极主动地克服困难。对于这类孩子，我们要帮助他确立成就目标，提出超出他本人水平，但经过努力能够达到的目标，即“跳一跳，能够到”的目标。这样儿童既有信心又有能力去完成任务。对能坚持完成任务的儿童，家长应及时给予积极的反馈。

心灵加油站

养花的故事

海拉蒂今年4岁半了，正在读幼儿园，最近她在学习有关植物方面的知识。她迷上了植物，恳求爸爸给她买一盆鲜花。爸爸同意了海拉蒂的请求，但给海拉蒂提出了要求，由她负责照顾鲜花，给花每天浇水。

最初几天，海拉蒂非常兴奋，确实每天耐心地给小花浇水。可是，没过多久，海拉蒂的父亲发现，海拉蒂给花浇水的次数越来越少了，甚至好多天都不给小花浇水，她似乎把养花的事给忘了。结果，小花慢慢枯萎了，叶子也开始泛黄，生长的速度减慢了。

吃过晚饭，爸爸把海拉蒂叫到阳台，说：“你给花浇水了吗？”海拉蒂低着头说：“没有。”“为什么没有？”“我……”“我们在买这盆花的时候，是怎么说的？由谁负责给这盆花浇水？”海拉蒂沉默不语。“你看，这盆花多么伤心、悲哀！她失去了美丽的叶子而变得枯黄，而这都是因为你。”以后的日子里，海拉蒂每天坚持给花浇水，小花不久又恢复了以往漂亮的颜色。

测试吧

测测孩子的坚持性

自制力、注意力、耐受力是坚持性所包含的基本要素，如果孩子在这三个方面的表现均为“是”，则说明孩子的坚持性不错。

坚持性的三方面	让孩子完成任务，观察孩子的表现	孩子是否能达到
自制力	给孩子一个他最喜欢的玩具，并告之，如果能等到明天再玩，孩子便可得到另一个玩具或者得到另一个想要很久的东西，看孩子是否能等到明天。	是○否○
注意力	要求孩子把散落的玩具收好，这时妈妈在旁边吃孩子平时很喜欢的吃的食物，看孩子是否能坚持到收拾完再来吃好吃的食物。	是○否○
耐受力	和孩子一起玩搭积木游戏，孩子要特别努力才能把积木搭高搭好，父母要鼓励孩子去做，看他是否能完成。	是○否○

心灵加油站

古之立大事者，不惟有超世之才，亦必有坚忍不拔之志。

——苏轼

责任心的发展

①圆圆5岁了
昨天让你做的家务，做完了没有？
啊，我忘了！
②
圆圆在幼儿园中，总是不能主动自觉地完成自己该做的事情，责任意识比较差。
③
这孩子这么没有责任心，该怎么办呢？

责任心是个体对人或事明确自己的责任并努力尽责的一种心理品质。有责任心的人，会认真履行自己的责任，并在此过程中尽力克服困难，犯错误时勇于承担，当自己已经尽责时产生愉悦的体验，当自己尽责不够时则会内疚和有羞耻感。责任心在儿童心理发展中具有重要的作用，它是儿童人格、社会性品质的重要组成部分。

成长规律

规律① 幼儿责任心的发展处在强制性水平阶段

幼儿责任心的发展处在强制性水平阶段。此时幼儿把某一任务的责任看成是毫无疑问必须完成的，对规范的必要性缺乏认识，甚至有抵触的认识和情绪，但迫于外部情境的压力而采取既不违背也不反抗的被动接受的态度，他们并不理解责任的意义，只重视成人的外在要求和标准，如“老师让我们这样做的”。

虽然随着年龄的增长，他们的责任意识有所增强，在一定程度上开始理解责任的意义，开始逐渐摆脱成人权威的约束，但这种认识还不深刻，还没成为自身的一种信念。不仅估计不到不负责任的后果，而且也不会考虑不负责任的间接、长远的影响。

规律② 对幼儿来讲，应主要培养他对自己、对家庭和对班集体的责任心

要让幼儿学会对自己负责，管理好自己的东西，做好自己该做的事情，积极主动地完成任务。

要让幼儿学会尊重父母、关心父母，明白自己在家庭中的角色，珍惜父母的劳动，有帮助父母、服务家庭的愿望，能够做一些力所能及的家务。

要让幼儿热爱老师、关心老师、关心班级的其他成员，积极主动地参与班级的共同活动，爱护幼儿园的公共财产，维护班集体、幼儿园的共同利益，遵守幼儿园的各项规定。

规律③ 权威型父母教养方式有利于幼儿责任心的发展

这类父母把孩子当做独立的个体，注重培养他们的自理能力、主动精神以及让孩子为自己的行为负责的精神；对孩子的期望、要求及奖励、惩罚比较恰当；经常与孩子交流，并尊重孩子的要求、意见。这一教养方式下的孩子有着强烈的“我自己能做”的愿望和要求，并且主动性强，不需要成人的时刻提醒。

规律④ 父母过分满足孩子的需要对孩子责任心的发展有消极影响

有一类父母过分满足孩子的需要，孩子的一切包括他们力所能及的事情全部由父母代劳，这对培养孩子的责任心是非常不利的。长此以往，孩子就会认为父母所做的一切都是应该的，甚至连吃饭、洗手、刷牙等事都认为是在替父母做，与自己无关。渐渐地，孩子便不知道应该对自己负责，要学会关心爱护自己，且这种关心爱护是别人无法代替的。另外，这种教养方式容易使孩子以自我为中心，不利于责任心的发展，尤其是集体责任心的发展。

规律⑤ 父母对孩子放任不管，给孩子绝对的自由，不利于幼儿责任心的发展

采取放任型教养方式的父母对孩子冷淡，给予孩子绝对的自由，对孩子没有具体的规定和要求，很少奖励或惩罚。由于父母总是放任孩子，

很容易使孩子对幼儿园、家庭中的规则熟视无睹。如此下去，父母在无形中为孩子提供了违反规则的便利条件，孩子不能形成内在规则，也就不会有责任心。

规律 6 父母对孩子过分专制、过分干预孩子行为，幼儿往往没有勇气承担责任

采取专制型教养方式的父母压制孩子的独立性、创造性，过分干预孩子的行为，过分压制使孩子服从，孩子没有发言权，要求孩子言听计从，稍有违背就会加以训斥和惩罚，这些父母始终在以一种挑剔的目光审视着孩子，很少考虑孩子自身的愿望和要求，苛刻地要求孩子无条件遵循各项规则，但又缺少对规则的解释。这种教养方式下的幼儿大多爱撒谎，没有勇气去承担责任，以免遭到惩罚。

规律 7 父母采取不一致型教养方式，不利于幼儿责任心的发展

采取不一致型教养方式的父母在处理与孩子有关的事情时，会因为时间、地点、自己的心情不同而采取不同的教养方式。父母有时对孩子不闻不问，有时又严加管制，有时父亲与母亲对孩子的责任行为要求不一致，使孩子不能预期自己对责任行为所做的反应会得到惩罚还是鼓励。孩子无所适从，对责任做出的反应更多采取保守行为，即使有了正确的责任认知也不会付诸相应的责任行为。长此下去，幼儿逐渐漠视他人及集体甚至自己的承诺，其责任心自然得不到发展。

养育策略

策略 1 父母创造实践机会，培养孩子的责任行为

由于幼儿责任心的发展处在强制性水平阶段，他们对责任的意义并不理解，只是根据成人的外在要求和标准做出相应的责任行为，因此在这一阶段，家长应重点培养孩子的行为习惯，同时可以充分利用此时孩子爱模仿的特点，用榜样的力量来培养孩子的责任心。

如：家长发现自己的孩子和其他小朋友一起玩时，同伴摔倒了，而自己的孩子没有去扶他，家长应有目的地提醒孩子，“××小朋友摔倒了，我们一起去把他扶起来。他一定摔疼了，我们来为他揉揉吧！”当孩子顺利地完成了家长交代的任务后，家长应给予及时的鼓励，那样孩子就会在表扬中产生满足和愉快的感觉，进而使责任行为再次发生。

需要注意的是，这时的孩子由于抽象思维水平还不高，难以理解一些比较笼统的词汇，因此应该让要求清晰，易于理解。

如：“把玩具收拾好”对3岁的孩子来说就比较笼统，妈妈可以把要求具体化为“汽车该回车库了”，这样的要求很具体，也很有趣。

策略 2 父母应通过讲故事等手段培养孩子对责任的认知能力

4~5岁是培养幼儿责任心的关键年龄，应重点培养幼儿对责任的认知能力，引导孩子逐渐将责任感内化为自己的信念。

如：家长可利用绘本来给孩子讲故事，让孩子懂得有责任心的人是受人喜欢的。如有一个故事叫《宝宝的一天》，是一个名叫宝宝的幼儿答应小朋友们在幼儿园和她一起过生日，结果那天

小朋友们都来了，并且带了礼物，可宝宝却忘了她的承诺，没有去，小朋友们很难过。第二天，宝宝来了，大家问她为什么没有来，宝宝的脸红了。讲完故事后，父母可先就故事情节提问，如：你觉得宝宝这样做对吗？引导孩子认识到故事中的宝宝这样做是不对的，因为她答应小朋友的事没有做到，小朋友们会很伤心，以后，宝宝再说什么话，小朋友们也不会相信了。引导孩子认识到：要为自己说的话负责，这样才能赢得别人的信任。

策略③ 父母可通过和孩子一起做游戏，逐渐培养他们的责任心

父母可通过和孩子做游戏，逐渐培养他们的责任心。在进行一系列活动的过程中，父母应及时恰当地对孩子进行评价、交流，让孩子享受成功的喜悦，让孩子在日常生活中当家庭的小主人，潜移默化地形成强烈的责任心。

如：在“过家家”游戏中，让幼儿扮演妈妈，扮演妈妈的幼儿必须承担爱护孩子的责任。孩子在游戏中享受到“妈妈”的爱，懂得关心他人，感受爱护他人的情感，这样有利于幼儿责任心的养成。

策略④ 树立榜样，逐渐让孩子形成责任心

家长要率先示范，做个有高度责任感的人。在家庭中，家长要教育孩子关心家人、帮助邻居、爱护财物等。这样，孩子在我们成人潜移默化的影响下，会不知不觉地形成强烈的责任感。

父母让孩子学会自我服务，父母应引导孩子自己干一些力所能及的事情，如取牛奶、买馒头、倒垃圾。长辈病了，鼓励孩子为长辈送饭、送水、送水果，并予以鼓励和表扬，这不仅强化了孩子的责任感，而且培养起关心他人的品德。

心灵加油站

为自己的行为负责

在法国的一所城市，5岁的小杰克在自家花园里玩足球。正玩得开心的时候，小杰克不小心把足球踢到邻居的花园里，而且打烂了一盆花。杰克害怕了，就去告诉了父亲罗伯特，并希望父亲帮他把球捡回来。可罗伯特不但要求孩子自己去捡球，还让孩子向邻居家道歉并拿一盆同样的花作为赔偿，因为孩子要“为自己所犯的错误负责”。杰克迫不得已捧着花盆，很不情愿地敲开了邻居家的大门。邻居是一位70多岁的老人，看着小杰克泪水盈盈的样子，老人非但没有责备孩子，也没有留下花，还从屋里拿了一包巧克力送给杰克，老人告诉他说：“能够为自己的行为负责任，这是对你的奖励。”

同情心的发展

同情心是一种对他人的不幸遭遇和痛苦情绪状态产生共鸣及由此诱发的“助人为乐”、“伸张正义”的动机和行为。儿童的同情心是构成健全个性、良好品德的要素之一。

成长规律

规律❶ 儿童的同情心发展经历四个阶段

随着儿童年龄的增长，其认知能力不断提高，情绪不断丰富，同情心水平也不断发展。研究者把0~6岁儿童同情心的发展划分为四个阶段。

第一阶段：新生儿反应性哭泣

处于该阶段的婴儿听到别的婴儿哭泣，自己也会哭泣。不过，这种反应性哭泣仅限于出生之后的几个月内，大概到婴儿6个月时消失。因为这个时候，婴儿渐渐开始区分自己和他人了。

第二阶段：自我中心的移情式悲伤

该阶段的婴儿会通过伤心表情、撅起嘴唇和哭泣来对同伴的悲伤做出反应，同时还会静静地看着同伴。

如：一个10个月大的女孩看见她的小伙伴摔倒哭了，她看着小伙伴，开始哭，就好像自己也受了伤一样。这是因为这些儿童的自我意识开始发展，但是要完全区分自我和他人还需要很长时间，这个时候的移情式悲伤虽是以自我中心为动机的，但它是由别人的悲伤引发的，具有一定的利他性质。

第三阶段：半自我中心的移情式悲伤

1岁多的儿童开始出现对他人痛苦的安慰反应。但这时的儿童受认知限制，仍不能充分地把自己与他人的内部状态区分开来，会把别人的混淆为自己的，在安慰他人时犹如安慰自己一般，其采取的方式可能是不适宜的。

如：一个14个月大的儿童，当他看到有点悲伤的成人时，会把他心爱的洋娃娃送给成人，或者在小朋友哭泣时，会把自己的妈妈而不是那个小朋友的妈妈拉来安慰他，尽管那个小朋友的妈妈也在场。

第四阶段：真正的同情式悲伤

从学步期开始，儿童开始慢慢理解情绪的原因、结果和关系，他们开始意识到同样的事件对不同的人可能产生不同的情感，他们能够通过判断一个人在某种特殊情境中的感受来考虑这个人的愿望。

规律❷ 儿童同情心的发展与其认知发展程度有关

儿童同情心发展的最主要原因是他们的认知能力在不断发展，认知发展促进了儿童体验他人情感能力的发展，使儿童能够站在他人的立场上认识他人的情绪，并且由此诱发帮助他人和安慰他人等同情动机和行为。

儿童同情心的水平差异能够反映他们社会认知水平的差异，特别是区分自我和他人以及自我和他人情感状态能力的差异。当儿童理解他人情绪的能力得到发展后，对他人痛苦经历的反应能力也会相应提高。

规律❸ 儿童同情心的发展与父母所采取的教养方式以及父母的榜样作用有关

父母教养方式

当父母对子女表现出较高水平的支持性、情感性和敏感性时，儿童在环境中会感到安全、信任，从而减少其自我关注，转而考虑他人情感并对他人情感做出反应，从而有利于促进儿童的同情心的发展。

如：父母可鼓励儿童体验和表达情绪，满足

孩子自己的情感需要，阻止他们过分的自我中心；给孩子提供观察和参与别人情绪的机会等。

父母榜样作用

父母的同情心会影响孩子同情心的发展。孩子可以从父母富有同情心的谈话和行为中，感受并学习父母的这种优良品质。有研究表明儿子的同情心与父亲的同情心关系密切，女儿的同情心与母亲的同情心关系密切。

如：母亲既要料理家务，又要照顾孩子，非常辛苦，做父亲的就应以各种方式对她表示体贴和感谢。父亲在外辛勤工作了一天，疲惫不堪地回到家中，做母亲的也应关心、体贴，并用语言很好地表达出来。

当他人遇到不幸遭遇时，父母不仅表示同情，同时还尽力相帮。如此日积月累，孩子耳濡目染，便会产生同情心。

养育策略

策略1 要让孩子感知父母的难处，先学会关心父母

要让孩子学会关心父母，并由父母延伸到长辈及玩伴。生活中，如果父母生病，应告诉孩子，爸爸/妈妈感觉很难受，让孩子学着体会生病的感觉，然后孩子才会慢慢地去感知这种痛楚，去心疼，并逐渐去思考应该怎样做才会减轻他人的痛苦。经过这样不断的、有意识的教育，孩子自然而然就会产生同情心。

如：可让孩子给父母倒开水，拿药，还可让孩子陪父母说说话，让他明白你对他的需要。

如：其他小朋友生病了，父母可让孩子去看望他，表达对小朋友的同情和关心。

策略2 父母要做孩子的榜样

父母对人、对事的态度都直接或间接地为孩子树立着榜样。应注意的是父母为孩子做榜样时应利用具体的形象的事情，这样去影响、教育孩子会收到较好的效果，这是因为孩子的思维主要还处于具体形象阶段，对一些抽象的东西还很难理解。

如：父母与左邻右舍和睦相处、互相帮助；在生活中对弱者的同情，对蛮横无礼者的愤慨等，从这些小事中孩子都可产生一种与人友好相处、同情关心他人的情怀。

策略3 让孩子学会承担责任

父母过分宠爱与保护孩子会助长孩子的娇气，使他们错误地认为，父母为自己服务是理所当然的，也就不可能产生同情心。

父母应该让孩子承担责任，如帮忙洗餐具、外出买东西等。这些劳动不仅可以培养孩子的耐心、责任感等品质，还能让他们理解父母的工作，并感受到做了有益于他人的事而带来的喜悦。让孩子适当地分担一些家务劳动是培养孩子同情心的重要途径之一。

策略4 让孩子体验各种生活

遇到令人愉快的事会产生喜悦的心情，有过不幸的遭遇就知道悲伤的滋味。这种喜悦和悲伤的体验最能培养孩子理解别人、体谅别人的同情心。父母可以有意识地让孩子在各种情境中体验生活，如与孩子在一起做某项工作，让他获得依靠大家的力量完成一项工作的体验。

父母还可带孩子一起参加社会公益劳动，这是让孩子体验社会生活的好方法。在活动中，孩

子得以接触父母以外的亲属以及其他各种年龄层次的人，受到在幼儿园、家庭中得不到的教育和文化影响。

策略⑤ 培养孩子丰富的情感

稳定的情绪、丰富的情感有助于孩子感受他人心灵的痛苦、紧张和不安。这是培养孩子同情心的必要条件之一。

培养丰富情感的最佳方法是让孩子参加饲养小动物、栽培植物之类的活动。这类活动能使孩子感受到生命的活力，对具有生命的东西赋予同情心和爱心。

此外，还可经常给孩子施加一些能够引起共鸣的刺激，如让孩子阅读画报和观看影视中救护、援助、服务、合作等方面的报道，欣赏一些表现亲人之爱、人间之爱的世界名作，以激发他们的同情心。

策略⑥ 在角色扮演游戏中，激发和培养孩子的同情心

在角色扮演游戏中，孩子可将自己对生活的体验创造性地反映出来，模仿着生活中人与人的交往、态度及行为习惯等。他们可以在短时间内接触多种角色，体验不同人物的内心世界，了解他人的思想感情，逐渐学会辨别、分析别人的情绪情感，站在他人的立场上并对其做出相应的情感反应。

如：进行角色扮演游戏。父母可将自己的孩子和他的小伙伴分成两组，分别进行如下比赛：（1）盲人和正常人比走路，看谁先到终点（给孩子蒙上眼布）。（2）跛腿人和正常人走路，看谁先到终点（给孩子腿上绑上沙袋）。（3）老人和正常人走路，看谁先到终点（给孩子戴上老人头饰，要求弯腰走路）。游戏结束后，请孩子们说出自己扮演的角色的感受，体会残疾人和老人的不便和痛苦，使孩子产生同情体验。

自信心的发展

①圆圆今年5岁半
圆圆有点不自信，上课总是不敢回答问题，总说自己不会，其实经我观察，她大部分时候是会的。
②
为什么不敢回答老师提的问题呀？
③
我说话总结巴，总说不好，我怕说错，怕老师、小朋友笑话我。
④
我该怎么做才能让她充满自信呢？

自信是一个人对自己的积极感受，即坚信自己的力量，相信能实现自己的理想。大量心理学研究均表明，拥有自信是一个人取得成功的重要保证，是创造力中不可或缺的个性心理品质之一，而且自信与其他人格因素存在着密切的关系。

成长规律

规律 1 拥有自信是一个人取得成功的重要保证

有研究者研究了中外53名学者（包括科学家、发明家、理论家）和47名艺术家（包括诗人、文学家、画家）的传记后发现，除卓越的智慧外，他们还有一些共同的人格特征，其中最重要的一点就是：坚信自己的事业一定成功。

另一项对成绩优良和成绩差的学生的研究发现，成绩优良的51名学生中充满自信的有28人，占55%；而成绩差的40名学生中，只有4人有自信，占10%，有90%的学生缺乏学习自信心。

研究发现，要想有突出的创造性表现，就需要个体对自己有信心，对别人的误解有勇气去承受。有创造性的人做事情时，自信心非常强。例如，有一项研究考察了人们愿意附和大众的程度。结果发现，被同行评为有高创造性的人比低创造性的人较少去附和大多数人的意见。也就是说，有创造性的人不会去随便附和大众，他们对自己的判断力比较有信心。

知识库[①]

自信心较强和较弱儿童的表现

自信心较强的儿童通常表现为：

情绪愉快，行动积极，比较活泼。

喜欢合作游戏，深信自己会玩，且别的小朋友也喜欢和自己一起玩。

在各项活动中，有自己的见解、主张，有分歧时能据理力争，参加活动一般都是善始善终，并能对活动的结果做出正确的评价。

上课时认真听讲，思维敏捷，积极发言，对学习有浓厚的兴趣。

在游戏中愿意担当重要的角色。

自信心较弱的儿童通常表现为：

情绪不太稳定，有时沉闷、冷淡，害怕困难。

不喜欢和小朋友交往，总是自己单独游戏。

极少提出自己的意见、建议。有分歧争论时，较易退缩、让步，喜欢顺从与模仿别人，没有自己的观点。

上课时精力不集中，思维迟钝，发言不积极。

在自选活动中，对任何事情都没有兴趣，害怕承担任务，在活动中总是挑选最容易完成的任务。

① 高兰慧：《对学前幼儿自信心培养的策略》，载《延边教育学院学报》，2009（4）

规律❷ 儿童自信心的发展经历了从萌芽状态到依从于他人的评价再到形成稳定的自我评价三个阶段

自信不是天生的

自信并非与生俱来的，它是人们在不断的生活实践中逐步形成的，形成之后也不是一成不变的。

生理成熟带来自信的萌芽

随着婴儿生理不断成熟，体能不断地增强，他们渐渐能进行各种偶然的无意动作，如伸手、抓握。这些动作一旦产生了效果，如可以推移物体、踢动摇篮，就带来了婴儿自信心的最初萌芽。

他人评价影响自我评价

随着自我意识的出现，儿童开始有了自我评价，有了自信与自卑感。但这时的自信往往是暂时、易变的，受制于他人的评价和外部因素。此时儿童对自身的认识与评价很大程度上取决于周围人对他的评价（特别是集体或群体评价），内化他人的积极评价成为这一时期自信形成的基本机制。

稳定自我评价的形成

随着儿童的成长，儿童逐步有了稳定内化的自我评价标准，逐渐累积内化个体的自信，这时的自信较为稳定。

随着生理和心理的成熟，儿童开始将现在自我与过去自我加以比较，将自己的追求与成就加以比较，将自己与他人加以比较，进而形成了个体稳固的自信心。

规律❸ 4岁左右是促进儿童自信心发展的重要时期

有研究者发现，3~5岁儿童自信心发展水平随年龄的增长呈上升的趋势，此期间儿童自信心发展极为迅速。

儿童自信心在3~4岁之间较之4~5岁之间发展更为迅速。4岁和7岁可能是儿童自信心发展的转折年龄，4岁是培养儿童自信心的关键时期。

规律❹ 父母对孩子过多照顾、过度保护是造成孩子不自信的原因之一

著名的心理学家阿尔弗雷德·阿德勒曾指出，成人的过分呵护是造成儿童自卑心理的重要原因。

每个孩子在生命之初都有表现自己能力的欲望，但父母往往将他们看作是柔弱的，怕他们受一点点伤害，总是竭尽全力照顾和包办代替。当孩子怀着一份求知的渴望去探索周围的世界时，父母施加给孩子过多的保护实际上是一种限制，剥夺了他锻炼与发展的机会，扼杀了孩子求证自己能力和开始走向独立生活的愿望，这会给孩子带来一种不信任感，长此以往，其幼小的心灵中便投下自卑的影子，怀疑自己的能力。

另外，过度保护致使幼儿不仅缺乏必要的生活自理能力，而且缺乏独立活动与解决问题的能力，事事依赖他人，一旦遇到困难便不知所措，因而更易遭受挫折、失败，如此恶性循环，形成自卑心理。

规律❺ 父母对孩子过高期望、过多否定是造成孩子不自信的原因之一

阿德勒指出成人的期望值过高也是造成幼儿自卑心理的重要原因。

有的父母对孩子提出过高的期望与要求，而孩子由于知识经验和各方面能力所限，常常难以达到这些过高要求，这会使他产生持续失败的挫折感，积累“我不行”的消极情感体验，从而由经常自我怀疑进而走向自卑。

有的家长总希望自己的孩子处处强过别人，拿自己孩子的缺点与其他孩子的优点相比，使孩

子产生“自己不如别人”的感觉，怀疑自己的能力，认为自己脑子笨、能力差，从而影响他们积极自我形象的建立与自信心的形成。

特别提示

家长莫让自己的高期望扼杀孩子的自信心。允许孩子多尝试，通过体验成功、挑战自我，帮助孩子树立自信心。

规律⑥ 父母对孩子过多灌输，孩子缺乏探索的机会是造成孩子不自信的原因之一

在教育儿童方面，父母常常高估孩子的学习能力，对他灌输过多。灌输使儿童不仅缺乏动手操作、实践的机会，而且缺乏动脑思索、猜想的机会，而儿童的思维具有直觉行动性和具体形象性，不经过亲自思考、操作和实践，是不可能内化为自己的认识的；另一方面，灌输使儿童无从锻炼和发展自己的能力，无从感受到自己的能力、体验到成功的快乐，不利于自信心的形成。

养育策略

策略① 父母应充分肯定孩子的优点，给予孩子恰当的评价

父母首先应善于抓住孩子身上的闪光点，对于孩子的点滴进步和成功，给予及时、切实的赞赏和鼓励，引导他们看到自己的点滴进步，认识到自己的优点和长处，从而累积起“我也行”的积极的情感体验，充满信心地面对自己，努力进步，并将自己优势领域的特点迁移到弱势领域中去。

其次，父母应给予孩子恰当的评价。每个儿童的成长方向、速度和进程各不相同，要求孩子尽善尽美处处强过别人，这是不切实际的。因此，父母应根据孩子的特点和能力，确立适当的评价标准，对孩子做出公正、客观和发展性的评价。

另外，父母应更多关注和及时肯定孩子所付出的努力，而不是事情的结果。当孩子失败时，要就事论事，帮孩子分析原因，不要给出“你真笨”这样笼统的负性评价，应让孩子感觉到自己可以通过再努力取得成功，在实践中树立起自信心。

策略② 父母应注重培养孩子的自我认知与评价能力

积极客观的自我认知与评价是自信的基础与核心。只有具备了较强的自我认知与评价能力，才能避免评价不当引起的自卑与自负两种偏向，才能增加自信。

多给孩子自我评价的机会。孩子只有在不断的自我评价尝试中才能获得自我评价的能力。父母可以让孩子学会从评价自己的某一个方面过渡到评价自己的全部。

策略③ 父母应教给孩子正确的归因方式

一般说来，人们将失败归因于能力、运气、任务难度及努力程度四大因素。

自信的人往往将失败归于自己努力不足或运气不佳而非自己能力不足，因此经得起挫折和失败，愿意不断尝试，最终取得成功。

不自信的人则将失败归因于自身能力不足或任务难度太大，容易自暴自弃、一蹶不振。因此，对儿童正确归因的引导也是培养自信的重要方面。

知识库

归因

归因，即归结行为的原因，指个体对取得的结果进行理由解释。

美国心理学家韦纳对行为结果的归因进行了系统探讨，并把归因分为三个维度：内部归因和外部归因（内外源），稳定性归因和非稳定性归因（稳定性），可控制归因和不可控制归因（可控性）。

如能力和努力程度是个体的内部因素，如果人们把成功或失败归因于这二者，则是内部归因；运气、任务难度是外部因素，如果人们把成功或失败归因于这二者，则是外部归因。能力是稳定而不可控因素，努力是不稳定和可控制因素，难度对个体而言是稳定而不可控制因素，运气是不稳定和不可控因素……一般而言，一个自信的人常常将自己的成功归因于内部因素，将失败归为不稳定的、可控的因素。

一个人的归因倾向可以训练，通过训练一个人的归因倾向可以提高自信心。当孩子取得好成绩的时候，家长要说“你真能干”；孩子的成绩不好的时候，家长却不应该说“你为啥这么笨，看别人都能考那么好”，这种归因会让孩子觉得自己无可救药了。相反，这时家长要说：“你这次没有努力准备，下次好好准备一下，你这么聪明一定会考得很好的。”

策略 4 父母应增加孩子体验成功、挑战自我的机会

儿童行为的结果直接影响着他们自信心的建立和发展。成功的经验有助于增强自信，失败的结果则会使自信削弱或丧失。所以应不断增加孩子体验成功的机会，逐步培养和稳固他们的自信心。

当孩子喜欢接受具有挑战性的任务，想尝试不太容易完成的事时，父母应给予支持。因为对孩子来说无论学习或做事，经过自己花了很大努力而取得的成绩，所获得的满足感会更大。当孩子想做某种尝试的时候，成人即使知道他不可能成功，也要让他去闯，然后再和他分析不成功的原因，鼓励他自己跨过这些障碍。孩子一旦取得成功，他就会因此感到特别的自豪。这样孩子会逐渐形成向困难挑战的能力、信心和勇气。

策略 5 父母应相信孩子，让他们做力所能及的事情

孩子虽然年龄小，却具有巨大的学习与发展的潜力，父母可以营造较宽松的心理环境，允许孩子自己尝试和犯错；采取“君子动口不动手”式的指导，多提建设性的意见，少给孩子不必要的帮助，每天给孩子简单的任务让他独立完成。父母可从日常生活入手，适宜地提出孩子力所能及或稍克服困难就能获得成功的要求，给予孩子独立锻炼的机会，这样才能让孩子体验成功的快乐，建立真正的自信心。

成人要有意识地创造机会，使幼儿能更多地与伙伴交往和合作，发展其对伙伴群体的归属感，培养其合群性和合作性，树立人际交往的自信心。当孩子感到自己在某方面不如别人时，父母最主要的任务就是帮助其寻求一种补偿，鼓励孩子发展其他方面的能力，从中重新发现自己的价值，找回失落的自信。

心灵加油站

自信的力量

杰克·韦尔奇是美国通用电气公司前首席执行官，在任职的20年中，他将公司从全美上市公司排名第10位发展成盈利能力位列全球第一的世界级大公司，因此也被誉为“全球第一CEO”。

韦尔奇有句名言：“所有的管理都是围绕自信展开的。”正是凭借着自信，他一步一步地走向了成功之路。而这种自信源于韦尔奇良好的家庭教育。

韦尔奇身材矮小，还带点口吃，因此他小时候很自卑。是母亲的不断鼓励和表扬，才使他重获自信，勇于表现和挑战自己。

韦尔奇酷爱体育运动，但个子不高。当他把想报名参加校篮球队这个想法告诉母亲时，母亲没有因为他个子小而劝阻他，反而鼓励他说:“你想做什么就尽管去做好了，你一定会成功的！”于是，韦尔奇参加了篮球队，虽然当时他的个头几乎只有其他队员的四分之三。而韦尔奇的母亲始终是他最热情的拉拉队队长，她经常会把她儿子的故事与自己的亲戚、朋友和邻居分享，而且说她为自己的儿子感到骄傲。

针对韦尔奇的口吃症，母亲想方设法培养儿子的自信，将这个缺陷转变为对他的激励。她常对韦尔奇说：“这是因为你大脑聪明，没有任何一个人的舌头可以跟得上你这样聪明的脑袋。”在母亲的鼓励下，韦尔奇再也不以口吃为耻，并且正确看待自己的缺陷。最终，口吃的毛病并没有阻碍韦尔奇学业与事业的发展，反而让人们对他产生了敬意，因为他竟能克服这个缺陷，在商界出类拔萃。就连美国全国广播公司新闻部总裁迈克尔都对韦尔奇十分敬佩，他甚至开玩笑说：“杰克真有力量，真有效率，我恨不得自己也口吃。”

韦尔奇的成功离不开母亲对他自信心的培养，母亲经常对韦尔奇说：“人生是一次没有终点的奋斗历程，无须对成败过于在意，但是你要充满自信。”

抗挫能力的发展

挫折是人们在日常生活中遇到了无法克服或者自以为无法克服的一些障碍和干扰。处于幼儿期的孩子虽阅历尚浅，但也会遇到挫折。如果我们在儿童年幼时就对他们进行积极的挫折教育，那么在他们以后遇到困难和挫折时，就能够经受挫折的考验；如果儿童在幼年时期缺乏这方面的教育，长大后一旦遭遇挫折、失败，就容易轻言放弃。因此，抗挫折能力要从小培养。

成长规律

规律 1 婴幼儿期是儿童经历挫折的高峰期，而3~4岁是培养抗挫能力的重要时期

研究者认为婴幼儿期是儿童经历挫折的高峰期，这一时期他们发现有许多事情想去做但又做不成，就会产生压力和不愉快的感觉，通常以发脾气的形式表达他们的挫折感受。上幼儿园后，他们又有了同伴比较、新的期望等挫折来源，有时也会体会到挫折感。

有研究表明，幼儿抗挫折能力的发展并不是匀速的，呈现出先快后慢的特点。儿童在3~4岁期间，其抗挫折能力发展速度最快，这一时期可能是培养儿童抗挫折能力的重要时期。

规律 2 儿童的抗挫折能力与其自身的身体素质有关

身体比较健壮的幼儿无论是面对生活领域的挫折，还是学习和交往领域的挫折，都能够以较积极、乐观的态度和行为去应对。

身体比较虚弱、经常生病的幼儿在面临挫折时往往表现出更多的逃避和退缩行为。

规律 3 儿童的抗挫折能力与其已有的经验有关

已往的失败经验会导致两种不良的结果，一种结果是幼儿的自信心会减弱，另一种结果是幼儿对该事物的兴趣会下降。无论是在自信心不足的情况下，还是在缺乏兴趣的情况下，幼儿的抗挫折能力都是比较弱的。所以，失败经验所导致的这两种结果都不利于幼儿抗挫折能力的发展。

已往的成功经验会帮助幼儿顺利解决现在的问题，从而让他体验到成功的喜悦，最终可以增强他的自信心，他的兴趣自然也会提高。当他有过克服困难的经验后，再次面临挫折情境的时候，其挫折感就不会很强烈。

规律 4 儿童的抗挫折能力与其自信心有关

自信心是指个体在对自己的行为能力进行自我认识和评估的基础上所产生的一种体验。自信心较强的儿童在别人否定自己时，仍然肯定自己、相信自己。当自己遇到挫折和困难时，会采取积极的措施去和教师或者同伴协商解决，从而化解难题。

如：别人说自己歌唱得不好时，自信心强的孩子仍坚信自己唱的是好的，并不感到沮丧或消沉，或者仍然继续唱歌，相信自己，不放弃，不中断；或反驳对方，与他人争论，为自己辩护。

自信心不足的儿童听到他人对自己的否定性评价时的反应通常是否定自己，怀疑自己的能力，不能很好地调节自己的情绪。

规律 5 儿童的抗挫折能力与自身的安全感有关

安全感是对自己及周围环境的安全状态的主观体验，包括生理安全和心理安全。安全感较强的幼儿面临挫折情境时其消极情绪反应的强度较低，对挫折的排解能力更强。如果孩子遇到困难时能感受到父母的鼓励与宽容，孩子往往会表现出更多的探索行为，尝试克服挫折的愿望也较为强烈。

缺乏安全感的幼儿比较敏感、脆弱，对日常生活有更多消极的体验，面临挫折时常常表现出畏惧退缩的行为。当孩子遇到困难时，如果他们怕失去成人的喜欢或担心成人的批评与不满而紧张不安，缩手缩脚，就不利于克服困难。

规律⑥ 如果父母对孩子溺爱或忽视不管，都不利于孩子抗挫能力的发展

如今的孩子多数是独生子女，大多受到家人与亲戚朋友的全方位宠爱，孩子从出生的那一刻起，就被“爱”包裹着。这种教育方式使孩子从小不知道困难是何物，挫折是怎么回事。当他们有一天面临挫折时，当然会过度地依赖或逃避。

家庭不和睦、家长照看孩子的时间少和动辄对孩子打骂都会让孩子感到心理受挫。一项访谈研究表明：得到父母关心较少，或者感到父母对自己不够重视的儿童，在面临挫折情境时，内心缺乏勇气，不敢面对挫折。

养育策略

策略① 帮助和引导孩子认识到：人人都会遇到挫折，挫折未必总是坏的

家长应首先认识到，挫折在给人带来痛苦的同时，也会给人以教益和磨炼。

教孩子正确地认识挫折。当孩子在挫折面前产生“逃避”的念头时，父母应首先帮助他们正确认识挫折，在情感和认识上让孩子初步懂得在一个人的成长过程中遇到挫折是正常的。我们面对挫折，解决了问题，尤其能证明我们的勇敢和我们的能力。

策略② 经常鼓励孩子，同时也教会孩子自我鼓励

在困难面前，儿童比成人更需要他人的鼓励，父母、教师的鼓励会使幼儿获得安全感和自信心。如：父母鼓励孩子：你是有能力克服困难的，开动脑筋好好想一想，一定可以解决问题的。

但当儿童必须独立面对挫折时，就应使他们掌握自我鼓励的方法。自我鼓励其实是一种积极的自我暗示。例如孩子对自己说“我能行”、“我

知识库

ABC理论

美国心理学家阿尔伯特·艾利斯在20世纪50年代提出ABC理论。该理论强调挫折是否引起人的情绪恶化，并不在于挫折本身，而在于对挫折的认知，即人对挫折及其意义的认识、评价和理解。

ABC理论：人的情绪或行为不是由某一事件（A）所直接引起，而是人们对事物的信念、认识、评价的作用（B），才导致了在特定情境下的情绪和行为后果（C）。

如：在沙漠里行走的人面对剩下的半瓶水（A），积极乐观的人（B）会感到很欣慰（C），因为他们认为至少还有半瓶水；而悲观的人（B）面对同样的半瓶水（A），便会认为怎么只剩半瓶水了，就会产生不良的情绪反应（C）。

会很勇敢的”、“我是优秀的”。这本身便包含了一种接受自我、肯定自我的态度，这种肯定的态度会转化成一种激励力量。自我鼓励的培养既来源于成人的肯定，如教师、父母说“你真行”，孩子便会将它内化为“我真行，我能行的”，又来源于自身的成功体验，当孩子有了较多的成功体验时，他们便会有更多战胜挫折的勇气和力量。

策略③ 鼓励孩子独立尝试，积累成功经验

不直接帮助孩子解决问题，给孩子机会，让孩子尝试解决困难。

对于遇到困难就想退缩的孩子，父母往往怜惜孩子而包办一切，这样会使孩子失去战胜困难的勇气和能力。大部分幼儿在第一次独立面对挫折时，往往会产生畏惧感和退缩行为，此时父母应坚持要求并鼓励孩子自己去克服他所面临的挫折，即使孩子犯错了，也不要过分指责、阻止孩子，帮助孩子分析原因，让孩子在不断尝试中找到正确的方法。

如：孩子怕被小朋友拒绝，而想要妈妈帮他约小朋友和他一起玩时，妈妈可以这样处理：告诉孩子：“你已经长大了，要学会自己去约小朋友。”如果孩子不肯，怕那位小朋友不肯出来跟他玩，妈妈可以教给他一些方法：先打个电话问问对方愿不愿意出来玩，如果那位小朋友愿意出来玩，再去他家里找他……

需要注意的是，在儿童独立面对挫折情境时，一定要考虑他所面对的挫折难度，挫折要在幼儿的解决能力范围之内，因为毕竟他的年龄还小，心理比较稚嫩，能力和思维等方面的发展还有限。

策略④ 培养孩子的自信心

自信心主要来自孩子的成功经验和成人的积极评价。那些经常得到鼓励与表扬的孩子往往能够取得成功，自信心较强的孩子在别人否定自己时，仍然能肯定自己、相信自己。当自己在完成任务的过程中遇到困难时，也能坚持更长时间，会想各种办法努力解决困难以完成任务。

相反，自信心不足的孩子听到他人对自己的否定性评价时的反应通常是否定自己，挫折感较为强烈。因此，父母在日常生活中应该多注意鼓励他们，适时地激发孩子的自信心，使孩子感受到自己的成功，体会到成功的喜悦，增强心理承受能力。

策略⑤ 让孩子循序渐进，一步一步走向目标

父母大多存在望子成龙、望女成凤的心理，因此，有的父母对孩子的要求过高过严，时时处处都要求孩子达到最好，一方面使孩子形成了事事必须做到最好的自我要求，另一方面也给孩子带来了很大的心理压力。一旦事情没有做好，孩子内心就会无法接受自己，如果距离目标差距较大的话，孩子就会感到灰心失落，放弃努力。因为他明白，即使努力去做，如果没有达到父母的期望，仍然不能使爸爸妈妈满意，于是在挫折面前往往会采取放弃和退缩行为。

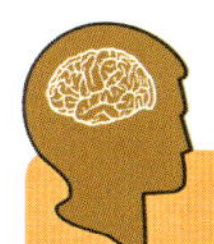

实验室

设计目标很重要

——目标引导实验

心理学家曾做过这样一组模拟实验：让3组人分别沿着公路步行前往一个从未去过的村庄。

实验目的：用目标法引导孩子达到目标。

实验设计：

第一组：实验者不告诉实验对象距离目的地有多远，只告诉他们跟着向导走。第二组：实验者只告诉实验对象距离目的地有50千米。第三组：实验者不仅告诉实验对象离目标的距离，还让他们知道路边每隔1公里就有一块里程碑。

实验结果：第一组人越走情绪越低落，绝大部分人都半途而废；第二组人走到一半后开始抱怨，最后只有很少一部分人到达终点；而第三组人一直充满信心，精神饱满，绝大多数走到了目的地。

这个实验启示父母在引导孩子克服困难时，可以帮助他们提出一个切实可行的目标，并把这样的目标具体化、实在化，坚持去做，这样可帮助孩子较为容易地达成目标。

延迟满足能力的发展

①
②
糖果属于你，你可以随时吃掉；但如果能坚持到我回来再吃，就会得到两粒同样的糖果。
③
④
5分钟后
⑤
15分钟后
⑥
40分钟后
⑦

美国心理学家沃尔特·米切尔曾做过一个著名的“糖果实验”：米切尔选择了一所幼儿园，选出50名4岁左右的儿童，将他们带到一间空房子里，告诉孩子，他会给每个孩子一粒糖果，然后他会出去一下，如果他回来的时候，有小朋友没吃掉这粒糖，他会再给这些小朋友一粒糖。结果，只有1/3的小朋友坚持没有吃这粒糖。

米切尔的实验告诉我们：那些能坚持到他回来的儿童是具有延迟满足能力的。延迟满足能力是一种心理成熟的表现，它是一种甘愿为更有价值的长远结果而放弃即时满足的抉择取向，以及在等待期间表现出的自我控制的能力。

成长规律

规律① 延迟满足能力越强的儿童具有越多的优秀品质，对未来发展大有好处

大量心理学研究表明，幼儿时期延迟满足能力发展的好坏将对孩子今后的学习与生活产生影响。

有研究者通过追踪研究发现，幼儿期延迟满足能力的发展可预知孩子在儿童期、青春期、大学时期的认知和社交能力。4岁幼儿的高延迟满足与注意力集中、讲道理、聪明、机智应变、能力强、合作性有关，而低延迟满足的幼儿趋于攻击、好动、不能应对压力、易于感情用事、爱生气等。

早期自我延迟满足能力发展得好的儿童，其上课注意力集中，遵守各项课堂纪律，积极动脑思考，踊跃发言，课后能按时完成作业，且书写规范，完成质量高，并对学校的各项卫生与安全规则都能自觉遵守，与教师和同学相处得都很融洽。而如果发展不好，他们成年后很可能事业难有很好的发展、婚姻不幸、生活不如意。

“糖果实验”还有进一步的结论。沃尔特对接受“糖果实验”的孩子进行了12~14年的跟踪调查，结果发现，那些能够延迟满足的孩子，其数学、语文的成绩要比那些没有延迟满足的孩子平均高出20分；参加工作后，他们也很少在困难面前低头，并且能够更好地应付挫折和压力，具有责任心和自信心，也更容易赢得他人的信任。而那些急不可耐、经不起诱惑的孩子，在成年后更容易有固执、优柔寡断和压抑等个性表现。他们遇到挫折容易心烦意乱，遇到压力会退缩不前、逃避挑战。

规律② 3~5岁是儿童自我延迟满足能力发展的重要年龄

儿童自我延迟满足能力发展水平随着年龄的增长而发展，3岁儿童平均延迟时间短暂；4岁儿童平均延迟时间显著延长；5岁儿童平均延迟时间比4岁又有发展。

神经生理学研究发现，大脑前额叶是参与抑制过程的重要生理器官，而4~5岁正是大脑前额叶发展的重要时期，这就为自我延迟满足能力在儿童4~5岁时得到显著发展奠定了生理基础。

规律③ 家庭教养方式在培养儿童延迟满足能力方面起着很大的作用

放任型的父母不对孩子做出要求，对孩子的行为放任不管，几乎不控制孩子的任何行为。这种教养方式下的儿童幼稚、不成熟，自我控制水平很低。

专制型的父母对孩子的行为有很高的期望，为孩子设定许多规则，要求儿童在各类问题上无条件服从。在这种环境成长的儿童往往退缩、不自信、易怨恨。

权威型的父母给予孩子自主选择的权利，主要依靠说明、示范和其他的说理方式来指导儿童的举止行为。这种教养方式下的儿童能将自己看成有能力的人，他们较之另外两类儿童，更富于自我信赖和自我控制，具有内在的行为自律准则。

养育策略

策略① 不要什么都满足孩子，培养他学会等待的能力

幼儿常常会被新异事物所吸引，要吃的要玩的，这时父母不要时时事事都满足孩子，应延迟对孩子的满足，让孩子学会等待和自我控制。

如：晚上孩子急切地想吃水果，可以对孩子说："如果你能乖乖地先洗完澡，就可以吃水果了。"

如：父母领着孩子逛商店时，孩子一定要买某个玩具，不给买就坐到地上或者满地乱滚，又哭又闹，此时，父母不应心疼孩子或因为要面子立即满足他的要求，应该对这种行为置之不理。

策略② 为幼儿创设主动选择和自主解决问题的机会

大人如果长期充当孩子行为的监督者，甚至包办代替，会限制孩子独立自主解决问题能力的发展。

要让幼儿在具体的生活情境中去发现问题、自主解决问题。

父母应给孩子多创设一些他力所能及的情境，锻炼他自己解决问题的能力。如孩子搭积木时，不要怕孩子搭不好而急于帮孩子，应慢慢引导孩子，帮助他根据图示一步步搭，也可询问孩子的想法，根据孩子的意愿，鼓励他完成自己的想法。

策略③ 帮助幼儿发现学会等待的方法

心理学研究表明：父母如果能引导孩子，让他们不要刻意关注想要得到的东西（如经典实验中的糖果），而把注意力转移到自己感兴趣的活动中，如玩玩具、想想开心的事情，这样有助于培养孩子延迟满足的能力。

策略④ 鼓励幼儿参与规则性的情境游戏活动

游戏对儿童的发展至关重要，对幼儿延迟满足能力的培养也是如此。要让幼儿参与各种想象与真实的群体性、有规则的游戏。

幼儿在情境游戏中，要扮演各种假想的社会角色，遵守角色或游戏的规则，等待他们的游戏顺序，分享他们喜欢的玩具，或者是在交流的过程中等待说话的时机，这些都是培养他们自我延迟满足能力的机会。

父母既可以鼓励孩子自己玩假想的游戏，如"过家家"，也可以让孩子参与同伴群体的游戏，如一起玩球、搭积木、下棋、骑车等，或一块玩"小小医院"等模仿性游戏。

好奇心的发展

①

②

③

很多儿童都和方方一样，在他们眼里，世界很奇妙：树为什么会长叶子？小鸟为什么会飞？天空为什么是蓝色的？太阳为什么会升起和落下？……这就是好奇心。

好奇心是人们对新鲜事物进行探索的一种心理倾向，是推动人们积极观察世界、进行创造性思维的内部动因，是儿童学习的重要动力来源，也是创造性人才的重要特征。在儿童的日常生活学习中激发其好奇心是让他们轻松接受新鲜事物和学习新知识的一种不可缺少的方法，也是他们终身学习的基础。

成长规律

知识库

好奇心和创造性的关系

美国心理学家米哈伊·奇凯岑特米哈伊在他的著作《创造性：发现和发明的心理学》一书中，通过对91位名人访谈，发现诱发这些名人走上创造之路的一个重要因素是好奇心。

规律1　1~5岁是培养儿童好奇心的重要时期

近年来，脑成像技术等新的研究技术对脑发育的关键期和个体好奇心的产生进行了科学的观察与监测，取得了一些成果，证明了1~5岁是大脑发育的重要时期，并且好奇心发育的重要时期也在这个阶段。

脑科学的研究还发现，早期大脑神经突触的形成最为迅速，突触是信息传递的关键部位，而突触的生长遵循“用进废退”的原理，也就是说如果信息刺激不足，突触数量就会逐渐减少，可见早期丰富的环境刺激对人的大脑发育非常重要。而好奇心水平的提高有助于更多的信息输入与加工，这些信息是神经突触生长的基本条件。

父母如果能在关键期内提供给儿童丰富多彩的环境刺激，并在儿童发展的不同阶段，向他们提出难度适中的一系列新奇的挑战，以激发他们的好奇心，便会促进儿童大脑的发育，从而为他们今后的发展奠定良好的基础。

规律2　儿童的好奇心具有幼稚性、情境性、广泛性和探索性等特点

儿童由于年龄较小，尤其是幼儿知识经验和认识水平有限，他们的好奇心可能是微不足道的，有些还可能令人发笑、出乎意料。

儿童好奇心的产生往往具有情境性的特点。这是由他们的思维水平和特点决定的。对事物的好奇往往产生于某一具体的情境之中，一旦情境消失，他对此情境中事物的好奇心也就随之消失。

儿童在生活中会遇到许多未知的事物，他们对周围自然和社会环境中很多事情都感到新奇，这些事物都成了他们的好奇对象。

好奇心强的儿童不但渴望从成人那里获得各种关于周围世界的知识，而且还自发地进行各种探索活动，对于好奇的事物他们跃跃欲试，不断地去看、听、闻、尝、摸，有时还会发生破坏性行为，如拆卸。但这是儿童主动探索、主动求知欲望的体现。

知识库

幼儿感兴趣的事物[①]

1. 幼儿普遍对新知识有强烈的好奇心；

2. 他们渴望获得了解世界的工具——语言；

3. 他们对动植物以及自然现象也怀有很强的好奇心；

4. 交通工具和机械也是使幼儿产生好奇欲望的事物；

5. 各种生活用具及他人的活动也是幼儿比较关注的对象；

6. 对生老病死以及人物关系等一些比较抽象的事物表现出一定的兴趣；

7. 他们渴望了解自己的过去，希望能知道自己的未来；

8. 他们希望理解成人与儿童之间许许多多的不平等关系；

9. 幼儿对两性的差异有所察觉。

规律 ③ 好奇心强的幼儿接触新事物时注意力集中、爱提问、爱探索

好奇心强的儿童，对新事物反应敏感，当新事物出现后，能够很快意识到。

在接触新事物时注意力集中，表现为专注、关心，并通过语言、表情、动作表现出来。他们往往对新事物爱不释手，喜欢向成人提出各种问题，还喜欢看一看、摸一摸、闻一闻，有时甚至拆卸、拼凑。

规律 ④ 在采取权威型教养方式的家庭中，幼儿好奇心发展得最好，不一致型的父母教养方式对幼儿好奇心的发展最为不利

权威型教养方式最有利于发展幼儿的好奇心

可能是这种父母在教育孩子的过程中，常常引导孩子做事时要明白为什么或怎么做；在和孩子谈话时允许孩子插话提问，并且能对孩子提出的问题给予认真解答。这些积极的引导和做法，使幼儿养成在认识新事物时较多探究更为深层属性的习惯，因而，幼儿探究事物时表现出比较持久的特点。

放任型教养方式下幼儿好奇心水平显著低于权威型教养方式下的幼儿

这可能与父母的过分放纵和忽视以及缺乏积极引导有关。父母对幼儿行为的忽视和缺乏引导，导致幼儿在活动时完全依据自己的知识经验对事物表面属性进行粗浅的认识，从而养成了浅尝辄止的行为习惯。

不一致型教养方式对幼儿好奇心的发展最为不利

不一致程度较高的父母所养育的幼儿对新异事物和未知事物缺乏关注和探索。其原因可能是父母对幼儿探究行为的不一致反应使幼儿不能预期自己对新异事物所做的反应能得到责备和惩罚还是表扬和鼓励，最终结果是使幼儿把更多的注意力集中在内心的担忧而不是学习活动上，因此可能扼杀了幼儿的好奇心。

① 胡克祖：《3~6岁幼儿好奇心结构、发展特点及影响因素的研究》，载《辽宁师范大学》，2005(38)

养育策略

策略 1 重视孩子的提问，保护孩子的好奇心

由于幼儿的认知能力和知识经验的制约，日常生活中经常会遇到很多他们不懂的事情，而随着他们语言能力的发展，他们的提问也越来越多。

幼儿问得最多的就是“是什么”、“为什么”、“怎么样”等问题，如“我是从哪里来的？”“水是怎样变成冰的？”“我走，怎么星星也走？”“天空为什么是蓝色的？”一些父母在面对孩子层出不穷的为什么时，总爱说“你还小，等你大了就懂了”、“这是大人的事情，小孩子就别问了”、“我很忙”等诸如此类的话。这实际上是低估了孩子巨大的接受潜力，是在抹杀孩子的好奇心、求知欲和创造力。

面对孩子提出的各种各样的问题，父母应合理对待，采用合适的方式实事求是地回答。

- 对于简单的问题应及时回答。
- 对于复杂的、一时难以回答的问题，可以和孩子一起探寻答案，因为在参与的过程中，既让孩子的好奇心得到了满足，又可以使他们学会一些解决问题的方法。
- 对于那些由于家长忙而实在不能马上回答孩子的问题，父母应该向孩子解释清楚，并且记住这些问题，遵守诺言，忙完后为孩子解答问题，不要让孩子感觉到父母在敷衍自己。

另外，幼儿在提问时，父母应注意倾听，因为倾听能使孩子感受到父母的关注，这对于孩子好奇心的发展是一种无形的强化。

策略 2 善待孩子的“破坏行为”，呵护他们的好奇心

好奇心强的幼儿常会表现出一些探索行为，在探索的过程中有时会“破坏”一些东西，如把玩具汽车拆开，把小金鱼从水里捞出来等。通常，这些“破坏行为”体现了幼儿的一种探索欲望，展现了幼儿的好奇心。把玩具飞机拆开是因为他想知道飞机里面是什么样的，飞机为什么会飞。把小金鱼从水里捞出来，是想观察小金鱼在离开水后还能不能生存下去。

因此，父母不能简单地把孩子的这些“破坏行为”认为是搞破坏，应站在孩子好奇心的角度来看待他们的这些行为，了解孩子这些“破坏行为”背后真正的原因。对于孩子这种探索性的“破坏行为”，成人应理解，并予以鼓励。父母也可给孩子买些可以拆装的玩具，让他们自己拆装，了解玩具的原理。这样可以很好地满足孩子好奇探索的心理。

策略 3 采用好奇陷阱策略来培养幼儿的好奇心

该策略是通过设置悬念，使之超出幼儿预期，从而引发幼儿惊奇。由于刺激物能满足幼儿认知的需要，他们便对刺激物保持着注意与探索，进而使惊奇转化为兴趣。

如：面对凹透镜、不锈钢汤勺、硬纸片、蜡光纸等，提问幼儿：“哪些东西可以看到自己？”“为什么照出的自己不一样？”孩子产生惊叹，从而引发他对镜像变化的兴趣，引发学习的欲望，在情感领域产生一种乐于学习、主动探索的学习倾向，为其今后的发展打下基础。

策略4 采用心理匹配策略来培养孩子的好奇心

该策略主要指当前刺激（学习内容）与幼儿的认知水平相一致，从而使幼儿心理上感到满足，由此激发幼儿求知的需要。有时所提供的学习内容也可略高于幼儿自身的需要，帮助幼儿在原有的基础上跳一跳。当学习内容和幼儿的个人需要有关时，幼儿的好奇心和学习积极性就被调动起来了。

有时，家长会发现自己提供给孩子的学习内容，孩子并不感兴趣，这是由于所提供的学习内容不符合孩子的学习需要。

父母如果能以孩子喜欢的游戏或者其他方式进行教育，那么孩子便会集中注意力，积极主动地参与，同时主动性与探究能力也得到发展。比如父母可以让孩子把捡来的石子洗刷干净，按照大小、颜色、形状分类，或是用画笔在石头上任意涂抹，画出孩子心目中最美丽的石头图案。或让孩子找一张白纸，把孩子收集的树叶贴在纸上，做成简单的树叶标本，或者任意组合成不同的图案。在这样玩玩做做中，孩子会学到关于石头和树叶的很多知识，更为重要的是，他的好奇心和求知欲会愈加旺盛，并促进其智力的发展。

策略5 给幼儿自由的氛围，鼓励幼儿科学探索，为幼儿的科学探索提供条件

无拘无束的家庭环境和气氛，自由、安全的心理状态，能激发孩子的“好奇心”和“求知欲”。在一个民主、宽松的家庭中，成人之间感情融洽、关系和谐，可以使孩子感到轻松自如，没有任何精神压力，这种环境会使孩子自发地陶醉于充满乐趣的探索活动之中，这对孩子独特个性的形成、创新意识的萌发将起到一定的促进作用。

另外，为孩子提供适合他们身心年龄特点的读物和视听材料。这些材料上自天文，下至地理，能给孩子很多丰富广博的知识，是科学解答幼儿问题的好帮手。但要注意为孩子选择的材料应深入浅出、宜广不宜深，不要让孩子在寻求答案的过程中，由于材料的晦涩难懂而受到打击，以致挫伤好奇心。

特别提示

许多家长给孩子买书时大多选择童话故事等文学作品，家长也要为孩子选购科普类的优秀读物，为孩子的科学探索创造条件。

策略6 和孩子一块儿做科学实验

和孩子一起做科学实验是培养孩子好奇心、促进孩子科学思维的好办法。一个个实验给孩子开启了一扇科学的大门，孩子与父母一起做科学实验不失为一种寓教于乐的好办法。同时，和孩子一起做实验也有助于提高亲子交往的质量，促进孩子良好品质的形成。

小提示

据2012年12月10日的《解放日报》报道，跟孩子一起做科学实验正受到上海家长的追捧。在白纸上用白醋写字绘画，原本并看不出写了些什么，但只要用火苗在纸下一烘烤，白醋写过的痕迹立即变成了咖啡色，显现出来……这就是家庭小实验——密码信。很多上海的家长都给自己的孩子做过这样的实验，孩子们普遍表现出惊喜和好奇。

心灵加油站

我没有特别的天赋，我只有强烈的好奇心

人类历史上最伟大的科学家之一，阿尔伯特·爱因斯坦曾经这样讲过：“我没有特别的天赋，我只有强烈的好奇心。”这句话可以视为他成为杰出科学家的重要动因。关于他的好奇心，曾经有过这样一则轶闻：在他童年时，得到父亲送的一个指南针，随后他就对指针的精确转动产生了高度兴趣，认为这后面一定有神秘而充满魅力的理由。这一机缘开启了他的探索宇宙奥秘之门。关于他的成就，人们最为耳熟能详的可谓是相对论。而关于这一成就，爱因斯坦自己是这样说的：“一个正常的成年人不见得会去思考空间和时间问题。他会认为这个问题早在孩童时代就搞清楚了。我则相反，智力发展得很慢，成年以后才开始思考空间和时间问题。很显然，我对这些问题比儿童时期发育正常的人想得更深。”可见，深入思考一般成人认为只有孩子才会感兴趣的问题，正是爱因斯坦成为杰出科学家的原因。而好奇这一大特点，正是带领他走上发现狭义相对论道路的引路人。

能力发展

识字能力的发展

①
方方两岁了，是不是该让他识字了？
②
邻居家4岁的乐乐已经认识3000多个字了。
③
识字神童！两岁半识字2000个！
④
应该让孩子一出生就开始学习认字。
不能让孩子过早识字。
⑤
几岁开始教孩子识字好呢？

儿童识字越早越好吗？怎样帮助孩子识字才是科学的、有益孩子成长的？我们可以从传统的儿童识字方法中寻找答案，但更应该知晓儿童认知能力的发展规律和心理机能的发育规律，这样就把复杂的问题简单化了。

成长规律

规律① 儿童识字并非越早越好

过早识字对儿童思维方式的影响

儿童最初认识世界一般是接触大量的实物和图片，见识各种各样的物体，在头脑中形成足够的知觉表象后才转向符号，从记住形状到留下印象，这是一个自然转化的过程。

儿童记住的实物、图片越多，越利于将来符号知觉的建立。因此在幼儿期，应该让儿童尽可能多地见识各种事物，对各种事物有具体的认识和印象，便于在今后学习文字时将实物与符号联系起来，完成实物向符号的转换，这是人类学习的必由之路。

父母可多让孩子接触些挂图、带图的卡片等，帮助他们在头脑中建立各种事物的形象。

过早识字是强迫儿童过早地转向符号，缺失了实物的储备阶段，儿童在识字后会更多地关注符号而忽略图像，过早地进入符号阶段。开始时收效甚快，但到后期就会出现理解、想象等方面的问题，影响思维方式的发展。

过早识字对儿童学习兴趣和学习习惯的影响

当孩子上学后，过早识字的孩子会觉得老师的教学是“重复的”，注意力不容易集中，学习的兴趣也不浓厚。在正常识字的孩子进入紧张的学校生活、津津有味听老师讲课、按照老师要求练习的时候，过早识字的孩子会觉得学业非常轻松而自行其是。

实践证明，几个月后，正常识字的孩子适应了学校生活，良好的学习习惯已经养成，注意力、想象力随着老师的引导或集中或发散，学习的兴趣越来越浓厚，学习的积极性很高，主动性很强；而过早识字的孩子却因为最初的不经意、不理会和自行其是而错过良好学习习惯的养成期，上课时开小差，做作业时不专心，学习的时候想着玩，玩的时候惦记着学，学习成绩下滑又会影响学习的心态，特别是猛然发现自己落后时，优越感丧失，很容易导致厌学。

规律② 0~3岁是孩子口头语言发展的重要时期，不应急于识字

0~3岁是儿童口头语言发展的重要时期。从脑发育的规律看，这个阶段可以让儿童聆听多种语言，对今后语言学习和表达有益。

应该认识到，幼儿期口头词汇的掌握能够为有效识字奠定扎实的基础。因为只有在掌握口头词汇、理解词语代表的意思时，才能在各种场合自如地运用，其意义体现在儿童真正认识了代表词汇的汉字。

实践证明，儿童在掌握相应的口头语言前，虽然采取强化措施能够凭记忆认得字形、读出字音，但无法转化为字义，无法有效地达到阅读理解的目的。

规律③ 4岁时儿童对汉字的识别基本依赖语境或其他环境

4岁的儿童处在具有识字能力的初期，常常表现为凭借与字词有联系的具体形象进行识记。

例如：幼儿在认读“小鸟”二字的过程中，最初是要翻到识字卡片的背面，看一看小鸟的形象。经过反复识图认字，最终建立起字词和具体形象的联系了，也就不需要借助具体形象进行认读了。

规律④ 5~6岁的儿童才能够依靠汉字本身的特点进行认读

5~6岁的儿童抽象逻辑思维开始萌芽，能根据事物的本质属性进行初步的概括、分类，能分析理解事物间的相对关系。此时的儿童在认读汉字时已可以摆脱对具体形象事物的依赖，而直接对汉字进行认读了。

养育策略

策略① 3岁前不要逼迫孩子识字，应重点关注口头语言表达能力的培养

在儿童3岁之前不要刻意花费精力逼迫孩子练习识字和写字。父母需要花费精力去帮助孩子发展口头语言表达能力，帮助孩子准确用词表达自己的想法。由于汉语词汇相当丰富，可以和孩子一起讨论更合适的语言表述，一方面扩大孩子的词汇量，另一方面养成孩子准确用词的习惯。

如：有些孩子在口语表达中出现代词混用的情况。本来是要找自己的玩具，可偏偏说成“我要找你的玩具啦！”针对这种情况，父母可和孩子一起交流，在交流中拿着各自喜欢的东西来吸引孩子的注意力，指导孩子学说短句：“这是我的×××”，“那是你的×××”，“这是他的×××”。从而让孩子分清三个代词分别所代表的对象。

如：有些孩子在口语表达中出现语句不完整、语序颠倒的情况。有的孩子可能这样表达：“我有新笔，妈妈买的，昨天。”根据这种情况，父母可告诉孩子说话时应先想好，按时间、地点、人物、事件的顺序来讲述一件事情，慢慢地孩子就能讲出一句较短的完整的话了。

策略② 认识生活中的汉字，不需要固定教材

由于幼儿识字主要是为了满足阅读和日常生活的需要，因此识字也应该基于阅读和日常生活中遇到的不认识的字。

此时的识字不需要特意选定教材，也没有必要规定每天识字的数量，最好是在生活中一遇到幼儿不认识却又难度不大的字时就教一遍，日积月累，幼儿自然就认识许多字了。

例如：电视里的字、街道楼房的牌匾广告标语，都可随时提示孩子识认。

对于幼儿来说，汉字的难易程度与笔画多少无关，只与所代表的事物是否具体、熟悉有关。因此，教幼儿识字应先教给他们又熟悉又具体的事物名称。

一些有具体事物和图像做支撑的字词，如“狗”、“猫”、“梨”等教两三遍孩子就记住了，而且很长时间不会遗忘。而那些没有具体事物和图像做支撑的字词，尽管字词的笔画少，如“什么”，即使教好多遍，还是难以记住。

策略③ 着重认识，不强求书写

幼儿认知能力有限，不可能把握汉字结构特征，也没有能力辨别汉字笔画，因此要求幼儿书写是超越了他们的认知和能力。

而且，幼儿期小肌肉运动机能还不够完善，完成精细的书写动作难度较大。他们手部小肌肉的发育较为迟缓，肌肉内能量储存也不多，不仅灵活性差，也易疲劳。所以这一时期应着重认字，不要强求幼儿书写汉字。

3~4岁的儿童，大多处于随机的涂鸦状态；5岁的儿童大多还不能以正确的笔顺、姿势稳定地书写简单的汉字；6岁的儿童基本能以正确的姿势书写汉字，此时可适当地教孩子，但一定要教对，因为纠正错误的习惯往往比从头开始教更难。

策略④ 创造识字氛围

幼儿求知欲较强，记忆力较好，父母应着重创造识字的氛围和环境，让孩子可以在各种环境下接触汉字，养成认字的习惯，通过无意识记忆识字。

如：家里准备一块小黑板（白板），用简单的字、词、将要做的事、要买的东西写在上面。

策略⑤ 从兴趣入手，在游戏中识字

游戏是孩子的一项基本活动，运用游戏的方法教孩子识字是现在被广泛认同的识字训练方法。可采用背儿歌、猜字谜等多种吸引孩子的游戏，在玩耍中展开识字的训练。

游戏一

游戏目的：激发孩子学习汉字的兴趣，在游戏中学习汉字。

游戏准备：父母准备三张图，如：一张画着花，一张画着尺子，一张画着牛；再准备写着这三个汉字的卡片。

具体游戏：父母拿着三张汉字的卡片，分别告诉孩子，这是“花”、“尺”、“牛”，每说完一个汉字，就把该字卡放到相应的图片上。接着，父母把三张图和三张字卡打乱，随便选出一张字卡，比如选的是“牛”，就对着孩子说这是“牛”，问孩子这个“牛”字该放到哪里。

游戏二

游戏目的：在游戏中学习汉字。

游戏准备：几张写好汉字的卡片。

具体游戏：将写好汉字的卡片藏在游戏区的某个位置，每次让孩子找到一个特定的汉字，也可以让两个或多个孩子以比赛形式来找汉字，最后获胜的可以给奖励（比如孩子喜欢的动物小贴画、小印章等）。

阅读能力的发展

①
我们家方方今年都4岁了，平时就知道玩，我给他订的《幼儿画报》之类的杂志，他从来不看。有时逼得紧了还能看几分钟，之后就说什么都不看了。
②
我们家圆圆倒还好，每次都盼着杂志来，期期都看得津津有味的。
③
是啊，这么大的孩子，一般都很喜欢看各种画报、故事书，我挺着急的，怕他输在起跑线上，但又不知道怎么引导他。

早期阅读是婴幼儿凭色彩、图像、文字和成人的言语来理解以图为主的低幼读物以及所有与视听活动有关的阅读。它是一个“融观察、记忆、思维、表达等多种认知于一体”的综合过程。婴幼儿的早期阅读和成人之后的阅读是不同的，成人的阅读是自己看文字的一种行为，但对于年幼的儿童来说，只要是与阅读活动有关的任何行为，都可以算作阅读。阅读不仅是视觉的，而且可以是听觉的，包括看图画、看路边的标示牌、看电视、听故事等。

成长规律

特别提示

早期阅读非常重要。

美国心理学家刘易斯·麦迪逊·推孟关于天才发生学的研究成果表明，44%左右的天才男童和46%的天才女童，在5岁之前就开始阅读了。

哈佛大学的一项3~19岁儿童语言和阅读能力追踪研究的结论表明，儿童家庭早期语言和阅读的条件、环境、能力与他们未来的阅读能力以及所有学业成就存在很高的相关关系。

大量的心理学研究还表明：早期阅读有利于大脑的发育、成熟；有利于幼儿的认知发展；有利于幼儿情感、个性的发展。

规律 1 早期阅读能力的发展可分为牙牙学语阶段、前阅读阶段、口语学习阶段、伴随阅读阶段和独立自主阅读阶段

牙牙学语阶段（出生~9个月）

这一阶段也称为非母语阶段，此阶段的婴儿只能发出一些简单的元音，儿童无法分辨成人的语言。

前阅读阶段（9个月~2岁）

这是儿童语言意识的萌芽期、口语的积累期，儿童开始学习简单的口语，但只是简单命名，不能形成连贯的故事，开始建立语音和语义之间的联系，并伴有动作进行表达。

口语学习阶段（2~3岁）

该阶段儿童的口语会快速增加，他们开始以卡片等为辅助学习名词，能构成连贯的故事，可以过渡到对话式的讲故事、独白式的讲故事、读和讲相混杂的阅读。

伴随阅读阶段（3~6岁以上）

在这一阶段，可以开始正式的故事书阅读，但是依赖于成人的有效参与。

独立自主阅读阶段（进入时期不尽相同）

儿童可以开始自主地、大量地进行知识性和趣味性等多主题的阅读活动。

规律 2 儿童在阅读行为上存在性别差异

男孩在阅读过程中表现得比较爱动，注意的坚持性、稳定性不够，不能够专心于阅读。他们喜欢边游戏边阅读，喜欢从整体上把握材料而不拘泥于细节，但阅读动机明确。男孩喜欢阅读以物为定向的材料。

女孩则较专心、安静、服从，能够集中于细节的阅读，能够完成布置的阅读任务。女孩喜欢阅读以人为定向的材料。

规律③ 不同阅读材料的选择对儿童阅读能力的发展有影响

已有研究表明，3~4岁儿童集中注意的时间为3~5分钟，4~5岁儿童能够集中注意10分钟左右，5~7岁的儿童注意集中的时间为15分钟左右。

在选择阅读材料时，不宜选择比较长的阅读材料。婴幼儿的阅读时间也不宜过长，否则会使儿童失去对阅读的耐心和兴趣。

婴儿具有直觉行动思维，其思维活动总是与感知觉和行动联系在一起，因而在阅读的时候成人应选择婴儿熟悉的事物，并把材料直接呈现给婴儿。

幼儿的思维主要是具体形象思维，他们凭借事物的具体形象和表象来进行思考，其中起主要作用的是视觉表象，此时，就应选择一些新奇、鲜明的故事来引起幼儿的兴趣。

知识库

儿童阅读偏好

儿童喜欢读的句子主干要有重复频率。比如：幼儿就比较偏爱这样的对话：

爸爸问：“我的书在哪里？”

我说：“书在椅子上，爸爸。”

爸爸问：“我的钥匙在哪里？”

我说：“钥匙在桌子上，爸爸。”

爸爸问：“我的提包在哪里？”

我说：“提包在柜子里，爸爸。”

爸爸问：“我的笔在哪里？”

我说：“笔在您的口袋里，爸爸。”

爸爸问：“我的鞋在哪里？”

我说：“鞋在鞋柜里，爸爸。”

规律④ 由内在动机推动的阅读效果要优于由外部动机推动的阅读效果

内部的阅读动机是为了掌握阅读材料和获得满足，而外部阅读动机则是为了获得教养者的称赞或物质上的奖励。

有实验已证明，外部的报偿不仅会抑制内在动机，而且还会使阅读学习的质量下降。

可见，由内在动机推动的阅读效果要优于由外部动机推动的阅读效果。因此，在阅读过程中应逐步减少成人的外部强化，发展儿童的内在动机，使阅读成为其自觉的活动。

规律⑤ 亲子共读对儿童阅读能力的发展有独特的价值

亲子共读具有情感价值。亲子阅读可以让儿童获得爱与快乐。父母和孩子共同阅读既能让孩子享受到阅读的乐趣，也让他们享受到父母的爱。在这种阅读活动中，幼儿带着听有趣故事的心态和父母一起阅读，阅读活动中的视觉、听觉、触觉的信息都由大脑诠释为安详、惬意、深切的亲情。由此，阅读自然就成为幼儿的一种甜蜜享受。

亲子共读具有发展价值。儿童早期良好的亲子阅读为个体后继的语文学习和其他学科的学习奠定了坚实的基础，阅读能力强有助于儿童思维的敏捷、缜密、深刻，有助于儿童学习兴趣和学业成绩的提高，有助于儿童自信心的增强，有助于提升儿童的整体素质。亲子阅读活动还让儿童获得了与人沟通的一系列经验，比如情感态度经验、行为经验、认知经验、社会文化经验等。需要注意的是亲子阅读并不等于家长提前教孩子识字，而是旨在培养他的阅读兴趣、阅读习惯，为他今后的学习奠定基础。

知识库

亲子共读的益处

早期阅读是从亲子共读开始的。亲子间的阅读活动可以让儿童与父母共同分享读书的乐趣，同时培养孩子的阅读兴趣和阅读能力，让儿童尽快从依赖阅读过渡到独立阅读。

规律 6 合作式亲子共读模式有利于培养儿童的阅读策略、阅读兴趣和阅读能力

平行式的亲子共读，是指父母与孩子一起阅读时，父母的注意力几乎全部集中在书本上，他们一直在自顾自地说或者读故事，基本上不关注孩子对图画故事书的反应，也不关注孩子的反馈。在这种亲子阅读模式中，父母与孩子之间不太会产生共鸣，孩子的阅读水平也难以因成人的参与而有所提高，孩子脱离成人的指导，成为自主阅读者的进程也将更为缓慢。

合作式的亲子共读，是指父母与孩子围绕图画书、故事书中的内容展开有效交流的亲子共读形式。这种共读模式是比较理想的，在这种类型的亲子共读中，父母的指导突出了阅读的重点。这种有针对性的指导，有利于孩子更好地理解故事，也有利于孩子形成阅读策略、阅读兴趣，并养成良好的阅读习惯。

知识库

合作式的亲子共读

在阅读图画书、故事书前，父母或孩子会把图画书拿出来，指着图画书的封面，就书名、作者及画面做些谈论。也可以一起商量和选择读哪一部分。

在阅读过程中，可以父母读给孩子听，如果孩子已经学了一些简单的拼音和汉字，也可以选择一小部分由孩子来读。父母要根据孩子的反应来判断他对故事的理解。在阅读过程中，父母可以通过提问来了解孩子对故事的理解。

在看完图画书后，父母可以跟孩子一起回忆故事内容（时间、地点、人物、事件等），并鼓励他表达自己对故事的感受及想法，也可以一起对故事中的人物进行点评，并且想想如果“我”是故事中的某个人物会怎样，也可以让孩子将故事所讲述的事件与自己的生活联系起来。

心灵加油站

最快活的圣诞夜

期待已久的圣诞夜终于到来了，到处都洋溢着节日的气氛。小高尔基外公的家里也不例外。大厅中央摆放了一棵高大的圣诞树，树上挂满了五颜六色的装饰物。美丽的鲜花摆满了大厅。餐桌上更是摆满了平常很少吃到的糖果、香喷喷的点心、烤得流油的火鸡。一家人欢聚在大厅里，又唱又跳。圣诞夜的庆祝活动一直持续到深夜。直到大家准备休息时，家人才发现小高尔基一直都没有出现。于是，大人们急忙分头去找。顶楼那间杂物房间里透出的一丝灯光引起了外婆的注意。当她推门进去时，看到小高尔基正趴在烛光下读书。外婆爱惜地嗔怪小外孙说：“你为什么不和大家一起过圣诞节呢？”小高尔基兴奋地举起法国大作家福楼拜写的《一颗纯朴的心》，对她说：“外婆，您不知道这本书有多么迷人，有多么让我激动。读这本书，让我过了一个最快活的圣诞节！”

养育策略

策略❶ 培养孩子良好的阅读习惯

养成每天坚持阅读的习惯，最好每天都安排在同一时段，使阅读成为一以贯之的活动。

教会孩子正确取放图书，学会自己整理图书，爱护书籍，不在书上乱涂乱画，保持书籍的干净平整，不卷页，不撕不扯，不小心弄破要及时修补，不用脏手摸书，不用唾液浸润手指翻书。

阅读不仅是大脑皮层的紧张活动，而且还伴随着眼肌、颈肌等的活动。如果不注意阅读卫生，就容易引起中枢神经系统和眼部肌肉疲劳，促成近视的发生。阅读时要注意书本与眼睛之间的距离，最好保持在30~35厘米，尽可能使书本的平面与视线成直角，光线要充足。

特别提示

良好的阅读习惯是阅读的前提和基础。良好的阅读习惯，不仅能使孩子健康成长，对保护孩子的视力尤为重要，而且能培养孩子良好的非智力品质。如认真学习的态度，对美的感受力，对文学作品的兴趣，爱护劳动成果的品德以及自我控制的意识等。

策略❷ 为不同年龄阶段的儿童选择适合的阅读材料

1~2岁的幼儿，要为其选择外形及颜色能够引起孩子注意的图书，因此，图画较大、所反映的物体逼真、没有复杂背景的画册较为适宜。

2~3岁的幼儿，可为其选择情节简单的故事图画书，画面除主要物象外，还有一些背景与细节。

3~4岁的幼儿，喜欢听拟人化的动物故事和童话故事，因此，可为其选择以图画为主、文字为辅的图书，故事内容和情节可以更丰富、更曲折，背景更复杂。

4~6岁幼儿，选择的图书不仅画面要清晰、形象要逼真、色彩要鲜艳，而且应该图文并茂、字体较大且多有重复词、句，其中有孩子可以背诵的优美段落的图书尤其有用，图书内容要贴近幼儿生活经验，有利于激发他们的创造力与想象力。

策略❸ 通过合作式的亲子共读培养儿童的阅读兴趣、阅读技巧

首先，拿到一本书时，要先教孩子认识书是由封面、内页和封底组成，教会孩子用拇指和食指由前往后一页一页地翻书。

其次，在阅读一篇材料的时候，引导孩子阅读标题。与孩子共同阅读时，可采用“点画讲解”（即指导幼儿怎样观察画面、理解画面，并把它描述出来，会进行画面外的想象）、“点读文字”（即成人要一个字一个字地指着这些汉字，有意识地引导孩子注意汉字的字形，以及这些汉字在整个文章中的含义）等方法。

另外，可给孩子反复读相同的故事，孩子有一种心理特点，喜欢听相同的故事，若家长轻视重复，频频更换内容，一个接一个地讲新故事，则不利于孩子掌握各种类型故事的结构和特点，影响其对内容的理解。

在阅读过程中，可以读到紧要处停下来，让孩子对以后故事的发展作出自己的推断。如果故

事的发展与孩子的猜测符合，孩子就能够比较快速地理解阅读内容。如果故事的发展与孩子的期望不合，那么孩子就重新理解材料，为以后的阅读学习积累经验。

在阅读中还可以运用反思、预期、质疑和假设的策略，帮助孩子在听故事、看图书的过程中，养成勤于思考的习惯，比如多问几个为什么，为什么这件事会发生，主人公为什么会那样做，如果你是故事中的主人公，你会怎样做等。这种假设有助于孩子多角度、全方位地对材料进行解读，拓宽孩子的思考空间，促进幼儿想象力、思维能力的发展。

数学能力的发展

数学是一门研究生活中的空间形式和数量关系的科学。培养婴幼儿的数学能力具有重要价值。一方面可以对儿童的思维进行训练，学习数学的思维方式；另一方面，还可以培养儿童解决问题的能力，特别是用数学方法解决问题的能力。

成长规律

规律 ① 0~3岁的儿童能区分数的多少，3~5岁的儿童在较低水平上形成了数的概念，5~6岁的儿童形成了数的“守恒”

3岁前的儿童对数已有笼统的感知，他们能区分明显的多和少。

如：当成人左手拿2块糖，右手拿3块糖，让孩子选时，2岁的孩子已知道拿较多的糖果。

在成人的影响下，3岁左右的儿童逐步学会说出个别数词，并能凭借记忆，按一定顺序背出“5”以内的数字名称。但这时儿童只是口头上的唱数，还不能真正理解数的含义，即使他能逐一点数实物，也说不出这些实物有多少。

3~5岁的儿童在点数实物后能说出总数，并能按成人说出的数取相应数量的物体。这时的儿童逐步认识到数与数之间的关系，如2比3小，3比2大，3是由2和1组成等。如果给儿童提供可以操作的实物材料，幼儿还能进行简单的加减运算。

5岁以上的儿童能认识到数不因实物的变化而改变，形成了数的“守恒”。他们能够脱离实物的支持，进行小数目的加减运算，并学会100以内的数数。这一阶段的儿童已在较高水平上形成了数的概念，并开始从表象向抽象的数运算过渡，即从需要依赖实物进行加减运算到不需要依赖实物。

知识库

守恒

“守恒”这一概念是由瑞士著名心理学家皮亚杰提出的，是指尽管物体的外表形式有所改变，但物体的性质并未改变。

- 如：两支等长的铅笔无论如何放置，它们的长度始终是相等的。
- 如：给儿童呈现两排数量一样多的糖果，前后排列一致（如图1），让他们回答两排糖果的数量是否一样多，儿童一般都能回答正确。但是如果把其中的一排扩大或缩小间距，改变其外观形态，然后再让儿童回答两排糖果是否一样多（如图2），5岁以下的儿童往往回答错误，这说明儿童在5岁左右才基本形成了“数”的守恒。

图1

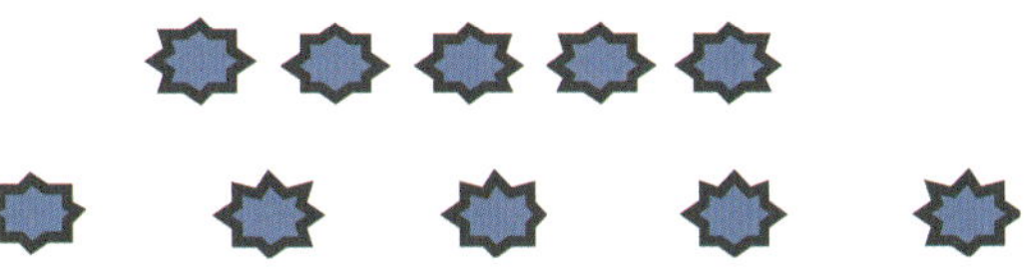

图2

规律 2 3~5岁的儿童可以区分物体的大小，随着年龄的增加对量感知的准确性有了很大的提高

4岁左右的儿童一般能正确区分物体的大小差异，也能用一些简单的词语来表示相应的量，如“我抱着大娃娃”，并且感知物体大小的准确性有所提高，能判断差别不太明显的一组物体中最大的或最小的物体。但是，这一年龄的儿童还不能认识其他量的差异，也不会用词语来表示。他们对于高矮、粗细、长短、宽窄、厚薄等量的差别，往往都笼统地说成“大”、“小”。

5岁左右的儿童感知量的精确性有了很大的提高。他们能区分和排列不同大小的物体，能较为精确地认识和区分物体的高矮、粗细、长短、厚薄等，并学会用相应的词语来表示。虽然此时儿童能判断相等量，但尚缺乏对物体“量守恒”的认识。

如：如果将等量的水倒在又高又细和又矮又粗的两个杯子里，他们很难判断两个杯子里的水是否一样多。

知识库

未形成“量守恒”概念儿童的表现

向尚未达到“量守恒”的儿童呈现装有等量液体的相同的玻璃杯，然后实验者把液体从一个杯子倒入另一个较高的容器中，接着问儿童这两个容器中哪个容器里的液体更多，几乎所有没有形成“量守恒”概念的儿童都坚持认为是较高容器里的液体更多。

液体守恒

向儿童呈现装有等量液体的相同的玻璃杯

实验者把液体从一个杯子倒入一个较高的容器

规律 3 3~5岁的儿童可以正确地区分不同形状的图形，6岁左右的儿童可以初步认识一些立体图形

3~4岁的儿童能正确地认识和区分圆形、正方形、三角形，且对椭圆形、长方形、半圆形等具有一定的匹配能力，能根据成人提供的范例找出与之相同的图形。

4~5岁的儿童能正确认识基本图形，且能逐步理解平面图形的基本特征，能逐步做到图形守恒，即能不受图形大小、摆放位置的影响，正确地辨认出图形。

6岁左右的儿童能认识一些基本的立体图形，如球体、立方体、圆柱体等，并能正确地命名。

养育策略

策略① 让儿童在生活中感受数学

家长应认识到“生活中处处都有数学”，引导孩子在生活中学习数学。

帮助孩子形成“数”的概念：分蛋糕时可有意识地让孩子感受“1”和“许多”；带着孩子在上下楼梯时数一数台阶。

帮助孩子形成“量”的概念：可引导孩子观察周围的人，发现有“高”的、“矮”的；外出乘车有“大”的车、“小”的车。

帮助孩子形成“形”的概念：可引导孩子通过观察，感知奶瓶、饮料瓶的不同形状，也可制作些不同形状的卡片让孩子进行区分。

帮助孩子形成“归类”的概念：可让孩子按玩具的形状、颜色来整理。

策略② 和孩子做一些有趣的数学游戏

唱数学：可与孩子一起吟唱与数字有关的儿歌，如：一只青蛙一张嘴，两只眼睛四条腿；1像树枝细又长，2像小鸭水上漂，3像一只小耳朵，4像小旗随风飘，5像衣钩挂墙上，6像豆芽开心笑，7像镰刀割小麦，8像两个小圈圈，9像蝌蚪小尾巴。

讲数学：可给孩子讲带有数字的故事，如“七个小矮人”、“三只小熊”的故事。

画数学：可引导孩子画一些几何图形组合画，画自己的左右手等。

干力所能及的事：可帮父母整理家中的书报、杂志，根据大小、轻重、厚薄归类。

在角色游戏中，如玩过家家，可引导孩子观察区分碗的大小，点数玩具数量，把餐具玩具等按类摆放。也可以引导孩子感知不同积木形状、长短、大小、粗细、宽窄、厚薄等。在体育游戏中，在训练孩子各种动作协调、迅速、灵活的同时，也可促进孩子空间方位和时间感觉的发展。

策略③ 和孩子一起用数学

在日常生活中，利用环境让孩子运用数学。引导孩子感受来自于日常生活的种种数学信息，积累数学经验，并运用数学知识解决日常生活的简单问题。

如：让孩子运用分类知识整理自己的衣柜、玩具柜，或到超市购物时，运用所学的加减法计算购物的数量和价钱、学做记录等。

如：家里来客人时，对于两三岁的孩子，让他数数来了几位客人，吃饭前，父母可以让孩子来检查，餐桌前的每个人是不是都有了1只碗、1双筷子；孩子长大一点，还可以让他来完成这件事，给每个人配上1套餐具。

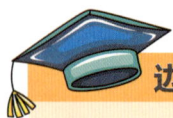

边博士直播间

孩子4岁多了，看着周围有些同事积极地给孩子买诵读加法口诀的录音磁带，让孩子反复听，或者干脆把孩子送到“速算班”去培训。我很纠结：把孩子送去上辅导班，怕孩子不能很好地享受童年，不送孩子去又怕孩子输在起跑线上，该怎么办呢?

我们认为：帮孩子建立逻辑观念以及数学的思维方式更为重要。与其让孩子抽象地记住“1+1=2”，不如让孩子真正理解数与数之间的关系。与其让孩子死记硬背那些无法理解的数学，不如给孩子提供些生活中的逻辑经验。如，配对的活动可以发展孩子的对应观念，排序的活动可以发展孩子的序列观念等。遇到其他类似的问题，他也会主动迁移自己的知识。再如，如果孩子经常有平分物体的经验（分蛋糕、分糖块、分苹果），他就会比较容易地理解数学中的“二等分”的概念。

同时，我们主张：引导孩子“在生活中学数学，学生活中的数学”。多和孩子感受学习数学的乐趣，在日常生活中多做数学游戏，多应用所学到的数学知识来解决实际遇到的问题，这样的方式比枯燥的死记硬背、机械的加减运算对孩子今后数学以及思维的发展更有帮助。

绘画能力的发展

①
方方两岁了，最近我发现他总是在纸上、墙上乱涂乱画，搞得家中“一片狼藉”。
②
圆圆有段时间也那样，不过现在好多了。

在婴幼儿时期，儿童的语言表达能力还不够强，绘画就成了他们表达自己、理解周围世界的一种方式。绘画是儿童的需要，也是一种艺术表现形式，是促进儿童身心全面发展、培养儿童创造力和高尚情操的重要手段。

成长规律

规律1 绘画有助于培养孩子的观察力和想象力

画画是一种视觉艺术活动，无论是模仿画还是想象画都是观察后才能进行的，观察能力强的儿童，所画作品才能生动逼真；观察能力较差的儿童，他的作品就不能表现出事物的逼真性。孩子绘画时需要把握所画对象的形状、大小、各部分的比例关系，这就需要他对客观事物作细致的观察，不仅要注意事物的整体，还要注意事物的各个细节，同时还要发现事物之间的各种不同点。

绘画需要一定的想象力，只有具备了丰富的想象力，所画的内容才能够有所创新，创造出与众不同的新鲜事物。想象力始终贯穿于整个绘画过程，也直接影响着绘画的效果。

规律2 1.5~4岁儿童的绘画能力处于涂鸦期

涂鸦前期：涂鸦是指无目的地乱画，这是儿童早期绘画的先兆，也是儿童刚开始拿起笔画画时的表现。此时，由于儿童手腕还不够灵活，又缺少手指的动作，加之眼、脑、手、臂的协调性极差，因此，所画线条零乱无秩序，线的方向与长度也视手臂挥动的幅度而定。

涂鸦中期：经过一段时间的涂涂画画，儿童的手臂运动促进了臂膀大肌肉的发展，腕部运动的灵活性也逐步加强，这时儿童会自然进入有控制的涂鸦时期，表现为儿童能注视自己画出的线条，会出现以手腕旋转为主的涂鸦动作，因此画面也会出现复杂的涡状形和大小不等的近似于圆形和矩形轮廓的线条，其线条较流畅且有力。

涂鸦后期：儿童到了3岁左右，手部小肌肉运动的灵活性和手、手腕、臂膀的协调性明显增强，大脑对图形的认知和表象加工能力也开始表现出来，他们已不满足于涂涂画画的经验，此时即将进入涂鸦后期，这时的涂鸦形状开始分化，儿童会控制线条的分离，独立画直线、交叉线、圆形、方形等多种图形。有时一幅画面里会出现很多单一的图形和点、线条的组合，这就预示着儿童将要进入象征意义的绘画时期了。

幼儿的涂鸦

（选自《小孩儿，来啦》，保冬妮/文，浇浇/图，北京师范大学出版社，2013）

规律③ 4~5岁儿童的绘画能力处于象征期阶段

绘画能力处于象征期的儿童能用极其简单的图形和线条表达出他们想要表现的事物。这是从涂鸦期发展而来的。

象征期绘画初期，儿童特别愿意重复已有的绘画经验，从所画形象中可以看出一些简单的基本形状。

随着儿童大脑对图形认知能力的提高，手臂大肌肉群和小肌肉群协调运动能力的增强以及绘画经验的增多，儿童象征意义的绘画画面也会丰富起来，他们常常画一些大圈圈、小圈圈。从色彩上看，这时儿童的辨色能力提高很快，对颜色开始有了自己的喜好。他们用自己喜爱的颜色来描绘自己喜欢的东西，而把自认为不好看的颜色涂在自己不喜欢或可有可无的事物上。

象征期后期的儿童还会画出不同物体之间的简单联系，说出自己想象的情节。这时儿童对作品所赋予的含义是不确定的，经常会加以改变。有时，儿童也会先决定画什么东西，然后一边画一边说，一副怡然自得的神态。

规律④ 5~6岁儿童的绘画能力处于图示期

发育正常的四五岁的儿童，其手指、腕、臂膀的运动协调性已经能够达到自由多变的状态了，大脑对图形的记忆能力也进入了最佳期。他们开始努力将头脑中的表象用绘画的方式表现出来，视觉的观察力、大脑的形象思维能力、情感的发展等都促使儿童的绘画内容丰富起来，儿童能够通过画面上的形象表达自己的想象。

此时儿童的画面形状开始复杂化，形状数量也增加了；他们对色彩的感受力包括色彩的明度、饱和度均有所提高，他们除了以感情色彩选色外，还能按物体客观选色。在涂色上由于小肌肉的进一步发展，用笔更加熟练、准确，能随意地涂色，甚至可调出混合色。

养育策略

策略① 对处于涂鸦期的孩子，不要将他们的涂画看成是一种破坏性的行为，应为他们提供必要的涂鸦条件

父母要学会接受孩子的涂鸦行为，并鼓励他们这种表现自我与探究的方式。发现孩子在桌上、墙上等地方乱画时，不应以惩罚等方式严厉制止，以防孩子丧失继续涂画的意愿。父母应为孩子提供必要的涂鸦条件，给予鼓励，帮助他们养成绘画的习惯。

如：在家里，可以在阳台、卫生间等地方为孩子设立“涂鸦墙”，规定涂鸦范围。准许儿童在“涂鸦墙”范围内尽情涂画。

父母还应积极参与，提供涂鸦材料。在孩子完成作品时，问问他们“这是什么”、“那是什么”，要耐心听孩子说，这样可了解他们的想法，也可对他们的联想进行引导。

知识库

涂鸦期注意事项

对于处在涂鸦期的孩子，父母应注意以下两点：

- 孩子的绘画姿势和握笔方法，提醒他们注意眼的保健，保持良好的绘画姿态，使他们养成良好的绘画习惯。
- 在涂鸦训练时，应主要培养其肩、肘、手腕与小肌肉的运动协调能力，增进手腕的力度，并在涂鸦中学会颜色认知、颜色记忆、颜色辨别、颜色选择与颜色搭配。

策略❷ 对处于象征期的孩子，家长不能操之过急，应注重培养他们的观察力、想象力

父母不能操之过急，更不能用成人的眼光要求孩子作画。家长不能一味地追求线条、比例，把孩子天真稚拙的作品视为劣品，这样会打击他们的绘画积极性，扼杀其天性。

在日常生活中父母要引导孩子养成观察的习惯，逐步培养孩子的观察能力。

如：多带孩子到大自然和社会中去，引导他们观察周围的事物，欣赏美的自然景物、建筑、雕塑、玩具、工艺品、图画等，了解事物的基本特征和内在联系，为绘画奠定基础。

培养孩子的想象力，在感知某一类事物的基础上，引导他们展开丰富的联想。由于此时儿童的形状知觉能力、大小知觉能力、方位知觉能力迅速发展，已能初步判断图形的大小，能够正确辨别前后方位并能逐渐开始以自身为中心去辨别左右方位，因此，可选择添画训练来促进孩子想象力和绘画能力的发展。

如：给“可爱的瓢虫”添画身上的圆形图案（给孩子一张画有瓢虫的添画纸，里面有一只小瓢虫，请孩子仔细观察瓢虫的形象，然后给这只小瓢虫穿上美丽的外衣，再在空白的地方添画一只可爱的小瓢虫，并涂上漂亮的颜色。）

策略❸ 对处于图示期的孩子，父母可对孩子进行“记忆想象画训练”

图示期的儿童出现了抽象思维的萌芽，视觉认知能力有了长足的发展与进步。视觉记忆方面，他们可以再认与再现1年以上的事物；颜色知觉方面，他们不仅能够注意到色调，而且可以注意到颜色的明度和饱和度；形状知觉方面，他们可以掌握更多的图形，并且对于图形的认知能力具有一定的灵活性。因此，父母可对孩子进行记忆想象画训练。

可以让孩子回忆之前画过的事物（如太阳公公、瓢虫姐姐、青蛙王子等），在孩子列举的同时，父母可逐一呈现这些作品，然后告诉孩子，这次要完成一幅记忆想象画，名字叫《神奇的大自然》，孩子可以从上述图片中自由选择图片，或者随意添加自己喜欢的事物来完成这幅作品。

另外，由于思维能力的发展，此时的儿童在作画时会考虑画面的构图、线条、颜色搭配与作品的意义，因此在作画之前，父母可带领孩子亲自观察与了解即将绘画的内容，加深表象，理解含义。这样孩子的绘画作品便可能会构图比较饱满，内容比较丰富，寓意也比较深刻。

边博士直播间

我家孩子快4岁了，学画画也有半年多了，可是他画出的画不美观，有时还残缺不全，和实际的物品也不太像，有时根本看不懂他画的是什么。我该不该要求孩子照着范画临摹，让他画得更像、更美?

A 父母不应该以“像不像”、“美不美”、“行不行”等标准来评判孩子的涂鸦。一般说来，父母所谓的“像不像”是指将孩子的画与实物比较，以与实物形象相符合的程度作为衡量的标准之一；“美不美”是指用成人的审美观点来评价孩子的画，符合或接近成人画的标准则为“美”，否则为“不美”；“行不行”是指以成人画的画法来要求孩子，近于成人的技能技巧者为“行”，反之为“不行”。如果父母用以上的标准来评价和衡量孩子的绘画作品，对孩子的成长是不利的。因为在孩子的世界里，一团乱七八糟的线条可能在讲述一个有趣的故事；一些在成人看来不合逻辑的画法，可能正是孩子的创意所在。成人应该和孩子多交流、多沟通，了解他们的想法和创作意图，多鼓励孩子心之所至的绘画行为。

音乐能力的发展

①
方方今年6岁了，唱歌唱得特别好，这次全校歌唱比赛又得了第一名。老师说这和我们从小让他接触音乐有密切的关系。

②
《早期音乐教育有利于孩子未来的发展》

③
孩子刚满月，该给她听什么音乐呢？

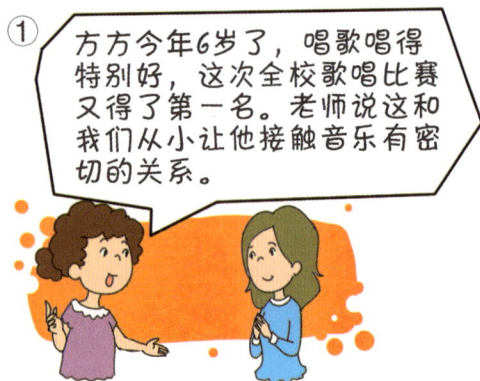

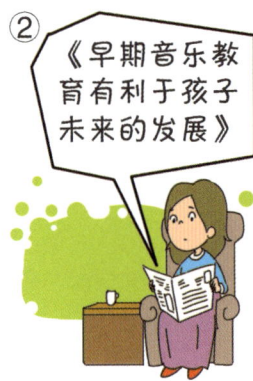

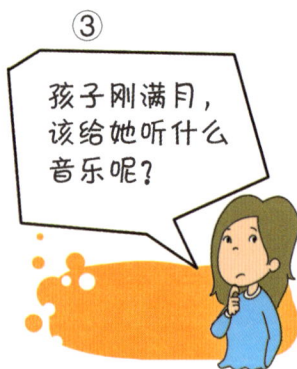

早期音乐教育可以刺激儿童的听觉器官，从而调动大脑各部分积极参与活动，促进大脑发育。而且，音乐能够淡化周围的噪声、减少压力，从而促进婴幼儿的生长与发育。在儿童早期，一个丰富的音乐环境能够为儿童今后音乐能力的培养以及多种潜能的开发奠定良好的基础。

成长规律

规律① 音乐可提高儿童感知的敏锐性，提高大脑反应的灵活性，对个体认知能力有促进作用

音乐是一门综合性艺术，学习音乐时可调动各种感官，比如要做到眼看、耳听、口唱、心记、脑想等，各种感官必须协调活动以随时从不同角度接受来自视觉、听觉、触觉等方面的大量信息，对这些信息，大脑必须及时进行分析、综合、比较、判断，最后发出指令，指挥演唱、演奏的各生理器官，使之做出协调、准确的反应，是一个心理和身体高度协调的活动过程。

心理学家研究发现，音乐活动对个体认知能力的发展有如下促进作用：

- 音乐背景有助于婴儿提取信息；
- 音乐对小学生分数、百分比运算能力、图像思维能力有显著影响；
- 音乐训练对小学生阅读理解、言语记忆有显著影响；
- 音调识别能力与语言识别能力高相关。

知识库

图像思维能力

图像思维能力是指对采用视觉、图表或符号形式呈现的信息进行加工的能力，如想象立体图形不同的面、按照示意图组装模型。

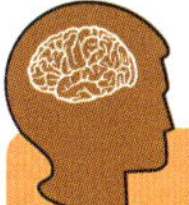

实验室

音乐教学促进儿童图像思维能力的发展

——儿童音乐教学实验

实验一：

实验目的：研究音乐教学对儿童图像思维能力的影响。

实验设计：

被试：学前儿童。

实验组：接受钢琴或其他键盘教学和歌唱教学的儿童。

对比组：接受计算机教学的儿童。

控制组：未接受训练的儿童。

实验结果：实验组被试，在图像思维能力测验上的成绩比其他组的被试高出34%。

实验二：

实验目的：研究音乐教学对儿童图像思维能力的影响。

实验设计：

被试：4~5岁的儿童。

实验组：接受音乐教学的儿童。

对比组：未接受音乐教学的儿童。

音乐实验教学的内容：演奏乐器、歌唱、律动、听赏、创造、读写活动，在7~10周内每周接受两次25分钟的教学。

实验结果：实验教学后，对被试在图像思维操作时的脑活动进行检测，结果显示：实验组在处理图像信息时，被测到的脑活动较低，表明熟练度更高。

规律❷ 音乐可陶冶儿童的情操，丰富儿童的情感体验

音乐是表现情感的，是以美诱人、以情动人的，是激发儿童情感的一个重要手段。音乐中表现出的喜怒哀乐，使儿童的性情得到陶冶，情感得到丰富，美妙的音乐使儿童心情舒畅，思维活跃，形成他们对和谐美、自然美及艺术美的追求，也极大地丰富了他们的精神世界。

规律❸ 0~6个月的婴儿对音乐处于被动接受的状态

0~6个月的婴儿，还不能主动探寻音乐，此时由外界的音乐性媒介作用于婴儿，使他们呈被动感知的状态。

如：2个月就喜欢听妈妈唱摇篮曲，还喜欢听十分悦耳的玩具声音。

如：父母可以抱着孩子有节拍地摇晃或在上下楼梯、走路时，通过大人与孩子的肌肤相亲把节奏感直接传递到孩子身上，让他在无形中感受到节奏的存在。

规律❹ 6个月~3岁左右的婴儿爱模仿声音并喜欢自己制造声音

6个月~3岁左右的婴儿喜欢模仿，往往可利用这一特点让他们逐渐感受音色、音高以及节奏等。

如：孩子喜欢模仿父母的发音并能偶尔发出“ba”、“da”、“ma”等简单的音节，这是孩子开口唱歌的萌芽。

如：让孩子模仿动物的叫声来感受声音的音色，让孩子模仿交通工具的叫声来感受声音的长短和节奏。

这个时期儿童喜欢参与一些简单的、与父母协同的操作性活动。

如：他们可以随大人拍手而拍手，能努力尝试跟着成人唱出歌曲的音调，还可以随节奏鲜明的音乐在家长的启发下手舞足蹈。

此时的儿童喜欢自己去创造声音。

如：他们喜欢把玩具扔到地上听其声音，手里只要有东西就喜欢敲敲打打，还喜欢玩揉纸团、撕报纸听其声音。

规律❺ 3~4岁的儿童能较为完整地唱歌词片段，但往往“跑调”

此时的儿童对词义有了初步的理解，也可以较为完整地唱歌词片段了，常常故意把自己不理解的歌词省略掉，只是随着音乐哼哼。但他们唱歌音准较差，往往“跑调”，所唱出的旋律只能大致接近于正确旋律。

随着儿童思维水平的发展，他们在协同操作式活动中会表现出比之前更强的适应性。

如：在与成人一起玩打击乐器给乐曲伴奏时，最初节拍不十分合拍，但经过几遍练习，就能合上拍子，这说明孩子对动作的控制能力有了明显的改进。

规律❻ 4岁后的儿童对音乐的感受能力明显增强

随着儿童的肌肉协调能力的发展，他们可运用肢体的律动去感应声音或音乐的节奏，而且更喜欢有节奏地唱，并乐意为音乐“编”舞，更乐意把音乐动作化、戏剧化。

如：他们喜欢给儿歌伴奏，在游戏活动中也喜欢伴之以短小的歌曲，和着节奏手舞足蹈。

此时的儿童唱歌能力不断加强，而且他们正日益变成一个积极的音乐欣赏者，能用耳朵判断出乐曲的变化以及情绪的变化。

养育策略

策略1 创造条件，多给孩子聆听音乐的机会

在孩子的日常生活中给孩子听一些配合他们生活的音乐曲目，如：早起、洗漱、吃饭、游戏、睡眠都可以放不同体裁、不同情绪类型的音乐。变换的频率不要太快，一般在1~2个月内，让孩子稳定地听一组音乐，使之有一个感受、记忆音乐的过程。

根据孩子的不同情绪状态，给他们听恰当的音乐。

如：当孩子情绪烦躁不安时，可以听一些亲切、活泼、有趣的音乐，这样能帮助孩子稳定、调剂情绪，激发愉快的情绪。

如：当孩子玩得兴奋，但要准备睡觉的时候，要给孩子听安静、柔和的摇篮曲，给孩子创造安静入睡的心境。

让孩子了解、感受户外各种奇妙的声音。

如：小鸟唧唧喳喳的叫声，风的呼呼声或者青蛙的鸣叫声等。让孩子听这些声音，并引导他们模仿这些声音。

也可以引导孩子听听生活环境中的其他声音。

如：汽车的声音、收音机播音声、摩托车的声音、门铃声、电脑嗡嗡声、洗碗机运行声、冰箱运行声或是火车的声音等。

平常可有意识地唱一些孩子喜欢的歌给他们听，要注意声调的上下起伏和抑扬顿挫。除了唱歌以外，大人也可以尝试用不同的方式说一个词。

如：说“水杯”这个词时，可悄声地说、轻柔地说、大声地说或尖声地说，让宝宝感受不同的声音刺激，这对于培养他们的音乐智能有好处。

策略2 帮助孩子感受律动，引导他们随乐而舞

由于孩子手的动作发展比脚的动作要早、快而灵活，因此，先让孩子随音乐合拍地练习手的动作，然后再练习踏脚、走步等脚的动作。

如：在听音乐时，父母可跟着音乐随意摇摆，鼓励孩子也一起随意摇摆。大人也可拉着孩子的手随音乐做各种动作。

随着孩子语言能力的发展，可以教孩子有节奏地说儿歌，也可以拍着节奏说歌词，在会说歌词的基础上，学唱适合孩子歌唱能力的歌曲。

如：引导孩子用手配合嘴念的“锵-锵-起锵起，起锵起锵-起”来敲打桌面，感受音乐的节奏。

策略3 与孩子一起自制乐器，在玩乐中学习音乐

家长可以利用身边的资源自制一些乐器，让孩子在玩乐中感受音乐、学习音乐。

如：用饮料瓶和沙子做沙锤，用瓶盖和贝壳做响板，用竹筒和筷子做响筒等，不仅可以体会亲子共同制作的乐趣，更能通过不同材料的运用使孩子感受和体会不同的音色。

如：父母可准备同样的玻璃杯5~8只，装上不同量的水，给孩子一根筷子，让孩子随意敲打这些杯子，听听声音是否一样。然后，让孩子把杯子按杯中的水由多到少的顺序排列，再逐一敲击，让孩子描绘和刚刚听到的声音有何不同。家长也可调整杯子的盛水量，使8只杯子发出不同音阶的声音，然后“弹奏”简单的乐曲。家长亦可以在杯子里滴入不同颜色的颜料，让孩子更喜欢玩这个“彩色钢琴”。

体育运动能力的发展

近期的一项对德国、英国、瑞典、意大利等国幼儿教育的研究表明，当前世界学前教育特别强调体育运动对儿童健康、智力、创造力、情感和社会性发展的意义。

那些一生热爱体育运动的人不仅身体更健康，而且性格更乐观、坚毅，心理更健康。从小培养儿童的运动习惯会让其终身受益。

成长规律

规律 1 体育活动有助于促进幼儿大脑的发育，对培养幼儿的注意力等大有裨益

大量研究表明，体育活动有助于促进儿童大脑发育，对培养儿童的观察力、注意力也大有裨益。

体育活动涉及全身各部位的运动。身体各部位的协调活动可促进小脑的发育，也有利于大脑半球的发育。

幼儿在学习任何一个动作时，没有一定时间的反复练习是完不成的。掌握一个动作，特别是熟练地完成一套动作，对幼儿的注意能力要求很高，因此通过体育锻炼，幼儿的注意能力可得到提高。

规律 2 幼儿的骨骼、关节、肌肉、神经系统、脑组织的发育有其独特特点，制约他们对一些体育活动的参与

幼儿的关节窝较浅，关节囊、韧带较松弛，肌肉纤细，因此在外力的作用下关节容易发生脱臼，特别是幼儿的桡骨最容易受牵拉而造成习惯性脱臼。

幼儿肌肉的发育尚未完善，肌肉收缩力较差，肌肉群的发育不平衡，大肌肉群先发育，小肌肉群还未发育完善，表现为手脚动作比较笨拙，特别是手，还难以完成精细的动作，容易疲劳和损伤，尤其是单调动作和长时间使身体保持单一姿势时，更易发生疲劳，因此，在安排体育活动时应充分考虑幼儿骨骼肌肉的发育特点。

幼儿的血液量和体重的比例大于成年人，年龄越小，比例越大，而且血液中含水分及浆液较多，盐类较贫乏，凝血物质少，出血时血液凝固较慢，所以应尽可能地避免幼儿在运动中受伤出血。

幼儿心脏发育迅速，但比成人的容量小，每搏输出量较少，心脏负荷功能较差，因此在幼儿体育课程设置中，应注意不要让幼儿长时间连续地跳跃、跑步，以免心脏负担过重，影响发育。

幼儿的神经系统也随着其生长发育逐渐完善，年龄越小，大脑皮质越易兴奋，也越易疲劳，探究反射越强，主动抑制差。

幼儿脑组织对缺氧十分敏感，对缺氧耐受力也较差，因此，在安排活动时，多注意安排空气清新的室外活动，对于维持幼儿神经系统的正常发育和良好机能状态都具有重要意义。

规律 3 幼儿运动技能的形成与发展经过定向、模仿、整合与熟练四个阶段

定向阶段。这是幼儿掌握运动技能的必要前提。在具体学习某一运动技能之前，父母要准确地讲解与示范，使幼儿建立清晰、准确的形象。应让幼儿了解这项运动技能的一些基本情况，包括有多少步，每步应该做到什么程度（如强度、幅度、方向与频率等），每步之间的关联和顺序。也就是说，在头脑中对要学习的运动技能有一个基本的认识。这可以帮助幼儿建立正确的动作表象，而这些表象在以后实际的活动中又可以调节、控制运动技能。

模仿阶段。模仿指实际再现出动作方式或行为模式，即做出所看到的动作。模仿是在定向的基础上进行的，如果没有第一阶段的定向，那么模仿在很大程度上是机械的，或者是盲目的。通过模仿，可以对头脑中的动作表象进行检验、充实或修正。

在模仿阶段，幼儿运动技能的主要特点是：动作的稳定性、准确性、灵活性较差，动作较迟缓，不够协调，常有顾此失彼的现象，不能够把分解动作联结成整体，动作的顺序常出现混乱，难以有效地分配注意。

整合阶段。整合就是把个别动作结合成连贯动作的过程，使个别动作一体化。通过整合，一方面动作水平得以提高，动作结构趋于合理、协调；另一方面，幼儿对动作的有效控制逐步增强。由于整合是动作由模仿到熟练的过渡阶段，所以其动作特点也体现了这种过渡性。

在整合阶段，幼儿运动技能的主要特点是：动作有一定的精确性、灵活性，还不稳定，经常随外界情况的变化而变化；各个动作之间趋于协调、连贯，相互干扰以及多余动作减少。

熟练阶段。熟练指所形成的动作协调、准确，达到完善化和自动化。

在熟练阶段，幼儿运动技能的主要特点是：尽管环境条件发生了变化，但幼儿仍能根据具体的情况做出灵活、准确的动作；各个动作之间的干扰消失，衔接连贯、流畅，高度协调，多余动作消失。

知识库

运动技能掌握的定向阶段

在掌握某种运动技能之前，先形成掌握这种技能的动机，了解动作结构，在头脑中形成这种技能的一般的、粗略的表象。这就是运动技能掌握的定向阶段。

养育策略

策略1 让孩子多做动物模仿操

可以模仿小鸟飞、小鸭走、小兔跳、小马跑等。这类游戏形式简单、易于操作，符合孩子擅长模仿的天性，同时也能全面锻炼孩子的肢体，促进想象能力的发展。

策略2 与孩子一起做亲子体育游戏

开展亲子体育游戏，适当安排一些体育锻炼的项目，如跑、跳、攀爬、钻、投掷之类简便易行的活动。比如和孩子一起玩绑腿跳、投掷小球等。由于家长的辅助和参与，孩子在进行这些游戏时不仅感到非常愉快、有趣，而且可加强肢体肌肉和内脏器官的功能锻炼，也可增进家庭成员之间的感情交流。

如：游戏“躲雷”，用一只空易拉罐当玩具，爸爸妈妈相对而站，脚踢易拉罐，孩子在中间躲闪，以易拉罐滚到脚上为输，用脚夹住为赢，以培养孩子的反应能力。

练习投掷动作，可用菜篮子或置物筐和一只球做游戏。家长和孩子进行投篮比赛，看谁往篮子里投入的次数多。

游戏“小熊顶球”，可在室内适当的地方吊个大皮球，距孩子的头顶10~15厘米，让孩子当小熊，跳起来顶到皮球为能干的小熊。

父母还可在家里设立“家庭体育角”，创设家庭体育环境，除了放置成人的健身器材外，还应为孩子准备一些器材，如准备两只沙袋，让孩子练习击拳；铺上地板块，让孩子在上面自由翻滚爬动等。

特别提示

与孩子做体育游戏时，应注意：

1. 活动内容要适合孩子的年龄特点，家长可根据孩子年龄、性别及健康状况选择适当的活动内容，促进孩子的运动技能的发展。

2. 活动时要做到循序渐进，动静交替。活动内容应由少到多，时间由短到长，活动量由小到大。家长应注意观察孩子的出汗情况，并及时调整活动量。

3. 家长应带孩子做好运动前的准备活动和运动后的整理活动。

策略③ 与孩子一起自制体育游戏玩具材料

父母可与孩子一起自制体育游戏玩具材料，和孩子一起利用废旧材料、自然物等制作玩具，比如帮助孩子折纸飞机、制作风车、制作毽球等。这些活动有利于孩子小肌肉群、精细动作的发育，也有助于培养孩子耐心、专注、勇于战胜困难的良好品格。自制小玩具虽然看似简单粗糙，但却能培养孩子的动手能力，促使他们利用这些材料去探索，也给孩子们带来了自己动手创造的乐趣。

如：父母可以引导孩子把废报纸捏成团，用装苹果的网兜把它们包住，这就是新的“泡泡球”；还可以用废旧的布料自己缝制沙包。

自制玩具一方面可以使孩子了解玩具来之不易，懂得珍惜；另一方面培养了孩子勤俭节约的好习惯。

策略④ 利用机会带孩子到户外活动，开阔视野

亲近大自然是孩子们十分向往和感兴趣的事。父母可利用机会带孩子到郊外去，接触大自然，带着孩子来到大自然中进行锻炼，让幼儿尝试新奇的、有野趣的活动。这既能让儿童呼吸户外的新鲜空气，又能让儿童接触不同的新鲜事物，还能锻炼儿童多种感官，获得不同的感受。用“远足”锻炼孩子的体能，磨炼孩子的意志，培养孩子“坚持到底”的精神。也可以邀请几个家庭一起外出活动，玩一些传统的体育小游戏，让孩子们充分体验户外游戏的快乐。

如：在阳光明媚的日子里，带孩子到草坪上，任由孩子跑啊、爬啊、跳啊，还可以带孩子去郊游放风筝、爬山、游泳、划船等。这一切不仅可以愉悦儿童的身心，促进儿童协调能力和运动能力的发展，而且丰富了儿童的生活经验。

如：风和日丽的春季，可以带孩子去公园踏青，开展放风筝、跳绳、拍皮球等游戏；炎热的夏季，可以带孩子开展使用各种不同材料的玩水游戏；天高气爽的秋季，带孩子到户外拾落叶，去爬山，使孩子既感受过程的艰辛，又能体验到成功的喜悦；寒冷的冬季，则可以参加有趣的雪地游戏……

策略⑤ 从事专项体育运动须谨慎

为了让孩子不输在起跑线上，有的家长从孩子很小的时候便对其进行专项体育运动的训练，比如踢足球、打羽毛球、练体操或跳拉丁舞等。专项体育运动可以较早开始，但是必须注意运动量须在孩子可以接受的范围内，运动的难度也要符合孩子身体发展的自然规律。在运动时需要合理控制运动量，把握渐进性原则，避免对幼儿进行肌肉、负重、力量等高强度训练，运动间隙也应合理放松和安排恢复活动。

应该让孩子玩得开心，避免长时间的、重复的、枯燥的活动。

家长应带孩子做好运动前的准备活动和运动后的整理活动并应注意观察孩子的出汗情况，及时调整活动量。

在参加运动前可咨询专业运动教练，并根据孩子自身情况确定什么时候从事何种运动。

特别提示

培养孩子的运动习惯不是让孩子成为专业运动员，只有少数具有运动天赋的孩子可以向专业运动员发展。但每个孩子都应该有热爱的体育运动和良好的锻炼习惯，这要从小开始培养。

自我保护能力的发展

①
方方，你跑得太快会摔跤的，妈妈已经讲了很多次，活动时不能太兴奋。
妈妈，我没有兴奋，我只是在跑。
②
乐乐，口红可好吃了，我妈妈每天早晨都吃。我们什么时候也尝尝吧。

幼儿的自我保护能力差，安全防范意识弱，缺乏相应的自我保护能力和一定的安全知识，经常会有安全事故发生。只有积极培养幼儿的自我保护能力和安全防范意识，才能使幼儿尽可能避免伤害，健康成长。

成长规律

规律 1 幼儿对受伤、摔跤这些事故的认知水平较高，而对中毒、触电和拐骗的认知水平较低

研究者认为，这很有可能与幼儿直观性的思维特点有关。0~3岁的幼儿主要采用直观性的思维方式，这种思维方式有两个最突出的特点，一是离不开思维的对象，不能凭空思维，二是离不开操纵或摆弄实物的动作。

受伤、摔跤这些事故本身具有极大的直观形象性，它的整个发生过程都是幼儿可以直接感知的。而触电和中毒的发生机制则相对复杂，幼儿无法看到隐藏在人体内部的事故发生机制，因此无法透过外部可感知的现象，科学地了解事故发生的原因。

规律 2 幼儿对那些可能直接导致意外伤害事故危险情境的认知水平较高，而对于那些间接导致事故的危险情境认知水平较低

大多数幼儿认为，触电必须在与带电体直接接触的情况下才会发生，烫伤必须在与他们看得见的高温物体直接接触的情况下才会发生，中毒必须是直接食用有毒物品才会发生，而对于不属于以上情况的间接危险因素，他们常常无法识别。

在对幼儿进行安全教育时，应尽量采取具体形象的语言来向他们讲述某事故发生的原因，尽量让他们做到知其然亦知其所以然，而不要只给出简单明了的禁令，比如“不要碰开水”、“不要随便跟陌生人说话”、“不要摸插头”等；而且，不仅要列举可能导致事故的行为，也要告知他们事故可能导致的结果。

规律 3 幼儿常从具体形象的角度来定义危害

幼儿常从具体形象的角度来定义危害，这与他们的思维具有较强的情境性有关。虽然随着幼儿年龄的增长，他们逐渐开始能够认识到事物的属性，能够根据事物的本质特征进行概括，但是经他们的概括后得出的所谓概念往往仍然与具体的对象和具体的情境密切联系在一起。

大多数幼儿能够为意外伤害事故下一个定义，但他们所下的定义往往都离不开具体的情境。成人应尽量帮助幼儿拓宽思路，多帮他们举具体的例子，把生活中可能遇到的危险情境都告知孩子，尽量让他们理解，从而减少意外事故的发生。

规律 4 男孩对安全的认知水平高于女孩

在对触电和中毒定义方面，男孩的认知水平高于女孩。在后果认知水平方面，男孩对受伤后果的认知水平略高于女孩。

这可能与男、女幼儿的性别偏爱有关。对于触电、中毒这些科学性比较强的知识，男孩似乎表现出比女孩更多的兴趣。他们对触电、中毒等发生机制比较复杂的事故了解的内容比女孩丰富，程度比女孩深刻。

这也可能与男、女幼儿智力发展的优势领域有关。一般认为男性偏于逻辑思维，女性偏于形

象思维。虽然学前儿童中女孩思维发展的速度和水平都高于男孩，但到幼儿晚期，男孩在言语理解和推理方面的能力超过女孩，导致女孩在思维上的优势逐渐失去。因此，幼儿安全教育活动可以有意识地增强女孩对发生机制较复杂的事故知识的了解。

知识库

3~6岁幼儿应具备的基本安全知识和自我保护能力[①]

3~4岁	4~5岁	5~6岁
1. 不吃陌生人给的东西，不跟陌生人走。 2. 在提醒下能注意安全，不做危险的事。 3. 在公共场所走失时，能向警察或有关人员说出自己和家长的名字、电话号码等简单信息。	1. 知道在公共场合不远离成人的视线单独活动。 2. 认识常见的安全标志，能遵守安全规则。 3. 运动时能主动躲避危险。 4. 知道简单的求助方式。	1. 未经大人允许不给陌生人开门。 2. 能自觉遵守基本的安全规则和交通规则。 3. 运动时能注意安全，不给他人造成危险。 4. 知道一些基本的防灾知识。

养育策略

策略 1 父母应采用直观形象的方式，加强孩子对危险情境及事故原因的认知

父母一般以描述性的语言告知孩子意外事故的起因，这很难真正引起孩子的重视。由于学前儿童思维水平的局限以及好模仿的特点，在对幼儿进行安全教育时，应尽量采取具体形象的语言来向他们讲述某事故发生的原因，尽量让他们做到知其然亦知其所以然，而不要只给出简单明了的禁令。

如：给孩子看一些有关安全事故的教育片、录像等，也可让孩子看有关的图片、画报，加深对安全事故的理解。

儿童所认知到的“危险”和成人所认为的有很大的不同。比如，他们认为明显凸起且尖利的物体远没有来来往往的车辆或东奔西跑的伙伴来得危险，因为前者是“不动”的，而后者动个不停；他们认为接近小动物是有危险的，因为它们会咬自己，而一把裂口的长柄玩具枪却没有什么危险，因为它是“假”的。

策略 2 父母应告知事故的后果

在对孩子进行安全教育时不仅要列举可能导致事故的行为，也要告知他们事故可能导致的结果。父母若能抓住时机进行教育，就能更好地引导儿童思考还有哪些情况会引发烫伤事故，哪些情况会对身体造成不便或伤害，平时应当怎样预防等。

如：邻居家的小朋友洗澡时不小心烫伤了手臂，孩子看到该小朋友因此不能自由活动时，或亲眼目睹同伴换药的痛苦表情时，就会对烫伤后果有更清晰的认识。

① 教育部：《3~6岁儿童学习与发展指南》，2012，12页

策略③ 安全教育需要对儿童进行延迟满足的训练

意外伤害性事故的发生常与儿童的冲动有关。有时，儿童由于动作控制能力、言语表达能力较差，在抢先占有、奔向目标时，危险几率大大增加。

安全教育应当帮助儿童逐步树立“安全第一”的观念，在任何时候、任何地点做任何事情都应首先看一看、想一想是否安全或怎样更安全。

如：过马路时要看交通信号灯及前后左右的车辆，奔跑时要看前方是否有障碍物，破旧玩具要修理后才能玩。

策略④ 在孩子的日常生活中进行安全教育

孩子的平日生活中蕴含着诸多的教育契机，只要抓住这些机会，随时对孩子进行有针对性的安全教育，就会取得良好的效果。

如：睡醒起床时，教孩子正确有序地穿衣服，保护自己的身体。

鞋带松了，教孩子系得牢固可避免跌倒摔伤。

进餐时，教孩子将热汤热水吹一吹再喝就可避免烫伤，吃饭时不嬉笑打闹，避免气管进异物。

外出乘车时，教育孩子不要把头、手伸出窗外，不要在行车时吃棒棒糖和乱跑。

让孩子记住自己、父母、老师的姓名、家庭住址、电话号码以及所在幼儿园的名称。

教会孩子拨打急救电话，带孩子到左邻右舍走走，到周围场所转转，教育孩子不要轻易相信陌生人。

策略⑤ 利用游戏帮助孩子掌握躲避、处理危险的方法

游戏是孩子最喜欢的活动，父母可将安全教育的内容融入游戏之中，使孩子在轻松、愉快的气氛中巩固生活技能。父母可以和孩子一起设计一些角色扮演、情境模拟或实景演习的游戏，来帮助他们掌握一些躲避、处理危险的简单方法，学会独立处理问题。

如：孩子在与别的小朋友一起玩耍时发现小伙伴突然流鼻血了，孩子惊慌失措地跑来求助，此时父母可抓住机会，向孩子演示正确的处理方法：先把头向后仰，用干净的软纸或药棉堵住鼻孔，再用冷水敷脑门，安静待一会儿，不要乱动。这样以后再有孩子流鼻血，他们便可以自己处理了。

如：让小朋友来家里玩，组织他们玩角色扮演的游戏，可以布置一个超市，让孩子假扮与妈妈走失的情景，表演出各种应急方法，并对自己的行为进行评价。

同伴交往能力的发展

①
方方和别的小朋友在一起时，总是被忽略，小朋友从来都不找他玩。
②
唉，乐乐是班里的老大，小朋友都怕他，总是拒绝和他一起玩游戏，我也挺愁的。
③
孩子不被伙伴们接受，总被忽视，这可怎么办呢？

同伴关系是指年龄相同或相近的儿童之间的一种共同活动并相互协作的关系，也指同龄人之间或心理发展水平相当的个体间在交往过程中建立和发展起来的一种人际关系。

在上面的案例中，方方在同伴交往中扮演的是“被忽视”的角色，乐乐扮演的则是“被拒绝”的角色。被忽视和被拒绝的同伴关系对儿童今后的发展都很不利。现实生活中，父母应对儿童的同伴关系给予足够的重视。

成长规律

规律① 同伴关系在儿童生活中，尤其是在儿童个性和社会化发展中起着成人无法取代的独特作用

我国儿童心理学家林崇德认为，同伴关系在儿童生活中，尤其是在儿童个性和社会化发展中起着成人无法取代的独特作用。

良好的同伴关系有助于儿童获得成功的社交技巧；良好的同伴关系能使儿童具有安全感和归属感，有利于情绪的社会化，有利于培养儿童对环境积极探索的精神；良好的同伴关系有利于儿童社会价值的获得以及认知和健康人格的发展。

不良的同伴关系会使儿童成长受阻并可能出现下列问题：（1）退学（或逃学）；（2）孤僻、退缩、冷漠、压抑或其他心理障碍；（3）加入不良团伙乃至犯罪。

规律② 同伴关系发展的基本趋势是从简单到复杂，从低级到高级，从不熟练到熟练

同伴关系发展的基本趋势是：从最初简单的、零零散散的相互作用逐步发展到各种复杂的、互惠性的相互作用，这是一个从简单到复杂、从低级到高级、从不熟练到熟练的过程。

0~2岁的儿童以单独活动为主，同伴交往较少。

3~4岁的儿童，由于其认知水平比较低，关注范围比较小，他们一般进行旁观游戏和单独游戏，很少与别的儿童交流或参与活动。他们的同伴关系处于混沌期，其同伴交往具有随机性和情境性特点。此时的儿童喜欢具有友好态度的同伴，例如，“他喜欢我”、“他对我笑”；他们在交往中常常会发生冲突，但是发生冲突的原因比较简单，如“他不跟我玩”、“他很凶”、“他的玩具不借给我”等，冲突持续的时间也比较短暂。

知识库

不同受欢迎程度的儿童

在心理学中，主要运用同伴提名法来测量同伴关系。提名法是要求一组儿童各自提名一个或数个他们最喜欢或最不喜欢的同伴。如“请说（写）出你最好的朋友的名字”或“请说（写）出你最不喜欢一起玩的人”，前者叫正提名，后者叫负提名。按照一定的标准把儿童分为以下几个类型。

受欢迎儿童：是指在同伴中获得的正提名多，负提名少，被多数同伴喜欢的儿童。

被拒绝儿童：是不被大多数同伴喜欢的儿童。

被忽视儿童：是那些被提名（包括正提名和负提名）很少的儿童。

矛盾的儿童：是那些被某些同伴喜爱，同时又被其他一些同伴看作具有破坏性而不被喜欢的儿童。

一般的儿童：指那些同伴接纳程度处于一般情况的儿童。

4~5岁，是幼儿同伴关系发展的分化时期，这是幼儿同伴关系发展进程中的一个临界点，此时受拒绝的幼儿人数最多。研究发现，中班幼儿受同伴拒绝的主要原因是消极的交往行为，如："他打我"、"他骂我"、"他批评我"等；而受同伴接受的因素则主要是陪伴活动，如陪自己一起玩、一起吃饭等。

5~6岁，是幼儿同伴关系发展的稳定期。同伴关系在中班发展的基础上已趋于稳定，已形成了同伴之间稳定的喜好和拒绝。

规律 3 父母自身的交往能力、父母对幼儿同伴交往的要求、父母的教养观点等都会影响幼儿同伴交往能力的形成与发展

有研究表明，父母至少在两个方面对幼儿同伴交往能力的发展发挥着重要作用：首先，亲子交往是幼儿与他人交往的重要基础；其次，亲子关系为幼儿进一步探索社会环境，以及提高同伴交往能力建立一个安全的环境。

有研究者认为，父母通过以下四个方面影响幼儿的同伴交往能力：为幼儿提供与同伴交往的机会；在必要时指导幼儿与同伴交往；帮助幼儿处理同伴交往之间的矛盾；改变幼儿不良的同伴交往行为。

父母的教养态度和幼儿的同伴交往问题行为有较高相关。被拒绝幼儿的父母更经常使用严厉的、权威性的处罚对待幼儿；而受欢迎幼儿的父母较多使用引导、情绪控制和积极的方式与幼儿交流。

规律 4 性格积极向上、交往能力强的幼儿往往有较好的同伴关系

幼儿自身特点直接影响小伙伴对其喜爱程度。这些特点包括自然因素，如相貌。一般说来，那些长得漂亮的孩子更容易被小伙伴喜欢，但不是决定性因素。

对幼儿同伴接受性影响最大的是幼儿的性格特点及交往技能。

- 受欢迎的幼儿常常是：积极友好、外向、活泼、较大胆、爱说话、能力强、情绪稳定、不激烈。
- 被拒绝的幼儿常常是：性子急、脾气大、易冲动、动作粗暴、不善言语、交往能力差。
- 被忽视的幼儿常常是：很内向、好静、慢性子、脾气小、不易兴奋与冲动、胆子较小。

养育策略

策略 1 让0~2岁的儿童多接触同伴，奠定同伴交往的基础

为孩子创造机会，让婴儿多接触一些同龄伙伴，激发婴儿对同伴的兴趣。由于目前独生子女较多，许多孩子自出生到上幼儿园，很少接触其他小朋友，缺乏与同龄伙伴交往的经验。当这种孩子走出家庭进入幼儿园等社会环境时，他们就容易表现出退缩、害怕等消极情绪，不会与他人交往。因而，父母应带领孩子多走出家门，或把其他孩子领进家中，增加孩子与同伴交往的机会。

另外，由于父母与婴儿的交往方式将影响婴儿与家庭之外的他人交往的方式，父母应注意和孩子的互动模式，形成良好的亲子互动模式，给婴儿以安全感和温暖感。

策略② 鼓励3~4岁的孩子与同伴交往，引导孩子关注同伴

鼓励幼儿与同伴交往，让幼儿在与同伴交往的过程中学会交往，并引导孩子学会处理同伴交往中的各种问题。

父母可为孩子创造在幼儿园之外进行同伴交往的机会，如带孩子去游乐园，或请朋友带孩子到家中做客，鼓励孩子与同伴交往。

由于这一阶段的儿童一般进行旁观游戏和单独游戏，很少与别的幼儿交流或参与活动，因此，父母应引导孩子关注同伴。

朋友车游戏

要求两个孩子将自己的身体全都套在呼啦圈里，背对背，一个扮演司机，一个扮演乘客，开着“汽车”前进。“朋友车”好玩但不好开，有的因为当司机的孩子没有关注到后面的小朋友，只顾自己往前开而“翻车”了；有的因为两个孩子步伐一致，开得虽然慢，但畅行无阻。“朋友车”游戏无形中创造了幼儿与同伴交往的机会。

策略③ 对于4~5岁的孩子，父母应着重培养孩子的同伴交往技能，并引导孩子妥善处理同伴矛盾

对于这一阶段的孩子，父母应着重采用认知训练法来培养孩子同伴交往的技能。

如：可以结合画报、小人书来讲述诸如交朋友、参与、合作、竞争、冲突等人际问题情境，引导幼儿理解情境、弄清问题；引导他们自己想出各种解决问题的办法，家长给予适当的补充和修正。

正确对待幼儿与同伴的冲突，既不要简单粗暴地责备孩子，也不应教导孩子去报复对方。父母可以先让孩子尝试着自己解决同伴间的冲突，然后根据孩子的表现，提出适当的建议。例如，有的幼儿常常用身体暴力，如拳打脚踢等来解决问题；有的幼儿碰到问题只会一味退让，不懂得维护自己的权利。这时，父母就应及时干预，教给孩子正确的处理办法。

策略④ 对于5~6岁的孩子，父母应着重培养他们的合作精神

对于这一阶段的孩子，父母应着重培养孩子的合作精神，帮助他体验合作后的快乐情绪。

如：组织自己的孩子和邻居家的孩子们玩“多米诺骨牌”游戏，这个小游戏可使孩子们都参与进来，一起合作。尽管小朋友们都很小心，但还是可能把骨牌碰倒。如果骨牌被碰倒，父母应引导小朋友们想办法，号召大家重新搭，吸取上一次的教训。

这类游戏可提高孩子们与同伴沟通、协调的能力，让每位孩子都能施展自己的才华，展现自己的能力，在游戏中促进他们与同伴建立和谐的关系，培养与他人交流合作的能力。

心灵加油站

成功等于30%的才能加上70%的人际交往能力。

——戴尔·卡耐基

边博士直播间

孩子今年5岁了，有很多比她年龄小的孩子总想和她玩，有时候孩子也会去找比她大的孩子玩，和年龄小的孩子一起玩是不是对孩子的成长没什么帮助？孩子在和比她大的孩子玩的过程中会不会受到欺负？我家孩子跟多大的孩子玩有利于她的发展？

A 这个问题涉及异龄交往，异龄交往对孩子的发展是有好处的。异龄交往可带来不同年龄段孩子之间的互补互学。一方面年长幼儿凭借其经验和能力的优势，可以在年幼同伴需要帮助时提供帮助或教给年幼同伴自己已经掌握的知识和技能；另一方面年长的幼儿可借由教年幼儿童而增强对自己的了解，还可从年幼的孩子那里学到一些新的想法。著名儿童教育家蒙台梭利认为，让不同年龄的幼儿有更多的机会进行相互交往，可以扩大他们的接触面，使幼儿学会与人交往的正确态度和技能，学会关心他人、照顾他人、与人分享、对人谦让等社会性行为，为他们形成积极健康的个性奠定基础。

其实家长担心的问题在同年龄孩子的交往中一样存在。一般情况下，孩子们在交往中会建立属于他们的规则，以保证大家能玩下去，家长不用太担心孩子受欺负。但如果一个孩子在同伴交往中经常处于弱势，就要引起重视。家长可在日常生活中观察孩子的交往行为。但即便如此，家长也不能因噎废食，不给孩子与人交往的机会。家长要为孩子提供与小朋友交往的机会，包括与一些异龄孩子交往的机会。只有在交往中才能培养孩子的交往能力，在交往中还能培养孩子的其他品质。

家教
新主张

游戏玩具的选择

①

②

游戏是学前儿童的一项基本活动，是儿童早期特有的学习方式，它对儿童的生活、成长、发展具有重要的、不可替代的作用。玩具是儿童游戏的工具，是儿童进行游戏活动时不可缺少的物质条件，是儿童最基本的学习工具，是他们的“第一本书”。大量心理学实验表明：让婴幼儿玩玩具符合儿童心理发展的规律，但家长要重视对玩具的选择。

成长规律

规律 1 适当的玩具可引发儿童的无意注意，促进婴幼儿感觉和运动器官的发展

儿童的各种心理过程是从无意识向有意识发展的，很多玩具都能很好地吸引儿童的注意力，让儿童在玩中促进感官发展。

玩具有颜色、有声响且玩法多样，最能引起儿童的无意注意，能为他们提供看看、听听、摸摸的条件，使他们的视、听及手脚的运动从无意识向有意识发展。

如：床栏玩具、手摇铃、固齿玩具、玩具垫、音乐铃、按压玩具、发声玩具，都能引起儿童的无意注意，刺激他们听、视、嗅、触等感官的发展。

规律 2 适当的玩具能够帮助儿童理解抽象的事物，为以后形成各种概念打下基础

儿童对事物的认知是从具体到抽象的，玩具的具体形象性适合儿童的思维特点，并为儿童思维从形象到抽象发展创造条件。

玩具和实物相近，有真实可爱的形象，再加上玩法的趣味性，非常适合儿童思维的具体形象性。儿童在玩玩具的过程中透过玩具理解抽象的事物、积累感性知识，并为以后形成各种概念打下基础。

如：孩子拆装玩具或积木时，成人可以帮助他们理解平面与立体的关系；和孩子玩图片分类和比较的游戏时，可让孩子从具体情境中学会归纳和抽象。玩玩具可以使孩子获得知识、增长智慧。

规律 3 儿童在玩玩具的过程中提高身心的协调，增强体质

儿童的心理是在活动中发展的。玩具有数以万计的品种，可以在室内、室外开展多种形式的游戏活动。通过眼、耳、手、脚、脑的全身活动，儿童身心便得到了有益的发展。

如：皮球、抛掷玩具、飞盘、学步车、三轮车、脚踏车、螃蟹车可促进大肌肉运动、进行感觉统合协调训练；鼓、喇叭、敲琴、口琴、音乐铃等可训练儿童的听力，培养其音感、节奏、韵律等。玩具不仅能让儿童开动脑筋，还能吸引他们走出屋子沐浴在阳光中，增强体质。

规律 4 玩具和游戏可促进儿童良好品德、个性的发展

玩具为儿童良好品德、个性的形成及发展提供了条件。

在游戏过程中儿童开始最初的社会交往，此时，他们不免因为玩具而产生矛盾，这就要求他们要学会互相商量、协作，儿童可从中学习到相互谦让，学会与同伴分享玩具。这个过程还能锻炼儿童的语言沟通能力和合作意识。

活动结束后，收拾玩具，将物品放回原处，这是对儿童责任感训练的好机会。

心灵加油站

玩固然重要，玩具更为重要，必须有许多玩的东西来帮助，才能玩得起来，才能满足玩的欲望。

——陈鹤琴

养育策略

策略1 根据孩子不同的年龄特点，选择不同类型的玩具

在充分考虑孩子心理发展特点的情况下，玩具的选择需要考虑孩子的心理成熟程度等因素，不同年龄的孩子对玩具的偏好也不相同。

给0~1岁孩子选玩具

0~1岁是婴儿出生后的第一年，身体和心理发展的速度比其他年龄段快，机体和神经系统的功能迅速发展，视觉、听觉和对声音的反应逐步完善。

这个年龄段的孩子需要成人利用玩具的色彩、声响来引起孩子的注视，或成人拿着玩具使孩子视线移动，促进孩子视听触摸等能力的发展并帮助孩子练习翻身、爬行、站立、行走等动作。可选择颜色鲜艳的塑料球、可发声的玩具等。

给1~2岁孩子选玩具

1~2岁是孩子的独立性迅速发展的时期。孩子从刚刚学会走路到逐渐能独立行走，并逐步掌握了跳跃、攀登、投掷等基本动作，近两岁时开始用语言与人交流。

适合这个年龄段的玩具有推拉玩具、球类玩具和积木积塑玩具等。成人根据玩具特点引导孩子玩耍，会取得更好的效果。可选择皮球、积木等。

给2~3岁孩子选玩具

这个年龄的孩子已经学会跑、跳、攀登、握笔、扣扣子等动作，词汇增长很快，观察能力和思维能力有了一定的发展。对2~3岁的孩子可选儿童三轮车、拼图等玩具。除选择适当的玩具、引导孩子玩耍外，还要重视培养孩子良好的习惯，如爱护玩具，不要因玩具多而喜新厌旧，与小伙伴玩时应注意团结友爱不自私等。

给3~4岁孩子选玩具

这一年龄阶段的孩子已能用语言表达自己的思想感情，对感兴趣的东西好奇、好问、好模仿，因此要给孩子准备户外运动玩具，启发孩子进入角色，开展游戏。

给4~5岁孩子选玩具

4~5岁的孩子求知欲旺盛，有关社会、自然的知识经验逐渐丰富，喜欢和小朋友一起玩，对成人的依赖性开始减少。

可为他们准备一些使孩子的动作更协调、精确的玩具，还可以准备废品材料，引导孩子根据需要自制简单的玩具。

给5~6岁孩子选玩具

这个年龄段的孩子自我控制能力不断加强，对事物能进行初步分析、综合、简单判断、推理和概括，可以给孩子选择拼图、扑克、七巧板等玩具。对这个阶段的儿童，成人要重视指导，不需过多的帮助。

策略2 选购玩具应考虑孩子的兴趣、性别与性格

不同的孩子对玩具的喜好也不同，如果是孩子不喜欢的玩具，就不会激发他们游戏的欲望，所以要给孩子选择玩具的权利。

一般家长会认为要给不同性别的孩子买不同的玩具。确实我们在购买玩具时要考虑孩子的不同性别，给男孩子不要买太过女性化的玩具，如穿得花花绿绿的女性娃娃，对女孩子也一样。但其实大部分玩具是可以男孩、女孩共用的，可以让女孩玩玩汽车，也可以让男孩玩玩过家家的游戏；尤其是一些科学探索的、益智的玩具更要让男孩和女孩都多玩玩。

对过于好动的孩子，可选择积木、拼图之类的玩具，以培养其耐心、安静的性格；对粗枝大叶、性情急躁的孩子，可选择制作性强的玩具；对于胆小的孩子，则可选择能与他人合作的玩具。

策略 3 选购玩具要适量

一次购买玩具不宜太多，否则会分散孩子的注意力，不利于其在某一时间内专注某一玩具，也容易使孩子不珍惜玩具。

家长有必要将孩子的玩具限制在一定的范围内，只要适量适用即可。也可以把买好的玩具分批提供给孩子，使孩子对自己的玩具保持新鲜感。

策略 4 选购玩具时要特别注意其安全性

注意玩具原材料中是否含有会对儿童造成损伤的有毒物质；玩具是否有裂缝会夹伤孩子的皮肤或手指；玩具是否带有弹射功能，如弹射枪可能打伤孩子的眼睛；玩具是否由玻璃等易碎裂的材料制成从而对孩子造成物理性损伤；玩具是否带有小零件从而造成孩子误食等。

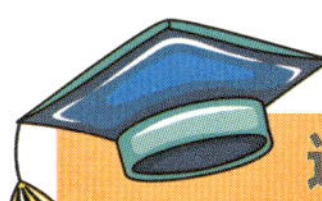

边博士直播间

孩子快1岁了，挺爱哭，每当他哭的时候我就拿起能发声的玩具来吸引他的注意力，他就慢慢不哭了，我觉得这个办法挺奏效，可是不知道这会不会使孩子形成不良的习惯呢?

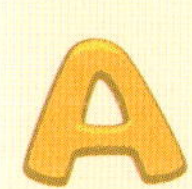

很多父母可能都有类似的困惑，每当孩子大哭大闹时，父母总会拿着五颜六色、能发声的玩具来吸引他们的注意力，让他们不再哭闹，这样大人就能松一口气，但这种办法只是治标不治本，对孩子的发展未必有益。

我们认为不能用玩具来代替对孩子的教养。当孩子哭闹时，父母应仔细、耐心地弄清楚孩子哭闹的原因，不要总以物质来满足孩子的需求，让孩子学会表达情绪的办法，学会与他人相处的技巧，这样有利于他们的成长。

但家长确实要在平时多让孩子玩玩具，不但让孩子一个人玩，家长可以和孩子一起玩；还应鼓励孩子和其他小朋友一起玩。家长和孩子玩时可引导孩子从不同的角度玩玩具，如果可以和孩子一起制作玩具就更有意义了。

正确的奖励才对孩子有帮助

①圆圆的妈妈在家里制订了一个“小红花奖励”计划，只要圆圆集齐10朵就带她去动物园。

我们家圆圆真乖！现在已经会扫地了。来，妈妈给你奖一朵小红花。

②接下来的几天，妈妈每次下班回家都看见圆圆在扫着地上的小纸片。圆圆天天都能得到奖励。

怎么家里天天都有碎纸片呢？

③提前下班的妈妈终于发现了秘密。

奖励是一种强化的手段。在儿童做出某种行为时，通过给予儿童一些积极的结果（例如奖励、表扬等），可以使儿童增加做出某种行为的频率。奖励是我们培养儿童好行为、好习惯的重要手段，但如何奖励是有技巧的，父母要学会恰当地运用奖励。

成长规律

规律① 恰当的奖励对儿童的成长有积极作用

奖励对儿童的成长有积极作用。奖励可分为物质奖励和精神奖励，物质奖励包括奖励食物、玩具等；精神奖励包括表扬、亲吻、拥抱等。无论是何种奖励，对于儿童都能起到约束和激励的作用。

在婴幼儿完成一件事情后，成人如能进行奖励，能使婴幼儿意识到自己的行动是对的。

儿童通过奖励还能体验到成功的喜悦，儿童对于自己完成任务的信心也会有所增加。

研究者曾做过一些与奖励有关的研究，研究结果表明精神奖励在巩固儿童的谦让行为、道德行为的发展中发挥着不可低估的强化作用。

规律② 不恰当的奖励会造成儿童说谎，削弱儿童的内部动机

如果奖励的方式方法不当，会产生消极的影响。有研究表明，在猜对有奖的实验条件中，更多儿童偷看并说谎。其不良影响还表现为削弱内部动机。因为奖励的存在，儿童会认为做某件事的目的就是为了得到成人的奖励。此时奖励成了外部的动机，并会逐渐取代原有的内部动机（兴趣、积极的情绪体验等）。

特别提示

使用奖励需要注意，避免因为奖励使外部动机取代了内部动机。

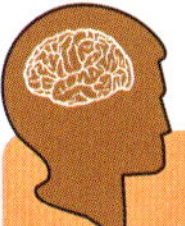

实验室

奖励需慎用

——儿童奖励实验

实验目的：证明不恰当的奖励对孩子内部动机和外部动机发展的影响。

实验设计：有研究者曾经做过这样一个实验。让3~5岁喜欢绘画的儿童分成三组，第一组儿童被告知画一幅画就能获得一块糖（外部奖励）；第二组儿童事前什么都不知道，但绘画完后会“突然”获得一种奖励；第三组儿童事前什么都不知道，绘画后也不会得到奖励。

实验结果：如此7~14天以后，研究者再次观察那些儿童是否能坚持绘画，第一组只剩下8.6%，第二组剩下16.7%，第三组剩下18.1%。

实验启示：那些不期待获得奖励的儿童和意外获得奖励的儿童更有可能坚持下来。第二、三组的儿童仍坚持下来是因为对绘画感兴趣，而第一组的儿童相信绘画能够得到奖励，内部动机（兴趣）被外部动机（得到奖励）所取代，就会削弱儿童对某项事物的兴趣和内在积极性。

规律③ 及时奖励并不断变化奖励的频率有助于儿童学会并保持某种行为

奖励的时机

及时奖励效果好。研究者发现及时奖励更容易让婴幼儿将该行为与奖励结果结合起来，从而达到增加该行为频率的目的。婴幼儿因为年龄较小，延迟较长时间后进行的表扬往往难以使其联

想起表扬所针对的行为，也就使得表扬无法取得应有的效果。

频率

奖励频率有变化效果较好。有研究表明，固定的奖励频率，能让儿童快速学会某种行为，但一旦奖励完全取消，该行为便很难保持下去。而变化的奖励频率不仅能使儿童某种行为的频率增高，而且还具有抵御行为消退的能力。

表扬不宜过多。对幼儿表扬过多，不仅可能使幼儿因自我期望过高而受不得批评也无法承受挫折，还可能使幼儿过于追求完美，做事情吹毛求疵。为了持续获取表扬，幼儿有可能一味取悦他人而忽略了自己的真实感受，从而形成不健康的人格。但表扬过少对于幼儿成长也不利，这会使幼儿感受不到父母的关爱，而造成强烈的自卑感以及与父母情感上的疏离。因此，一味地加以表扬和过于吝啬表扬对于幼儿的健康成长都是不利的。

规律④ 合理的表扬标准有助于儿童学会并保持某种行为

表扬的标准要合理。表扬标准不仅直接影响表扬频率，更代表了父母所赞许的行为方式，因此设定合适的表扬标准对于取得良好表扬效果是至关重要的。为了达到适当的表扬频率，父母要根据孩子的进步及时调整表扬的标准。

受到表扬的应该是儿童的良好行为，而不应该着重表扬他的优良禀赋。也就是说要着重表扬儿童的努力而非聪明。孩子对活动的全神贯注，对物品、心情、经历的分享，表现出来的良好的道德行为和探究行为等都是需要重点表扬的。

此外，在对儿童进行表扬时尽量不要与其他儿童相比，避免产生攀比情绪或打击其他儿童的积极性。

规律⑤ 灵活多样的表扬方式有助于儿童学会并保持某种行为

可以使用语言表扬。表扬所用的语言要丰富多变，不要总是说“你真棒”、“真乖”。简单说明具体表扬的事件，不仅可以使儿童清楚自己受到表扬的原因，切实起到培养正确行为方式的作用，更可以使得表扬的语言富有变化，也增加了表扬的新鲜感。

表情和身体姿态也能起到表扬的作用。父母的一个微笑、点一点头、鼓鼓掌对于儿童来讲都是很好的表扬，而且有时比刻意的语言更为恰当。尤其是对于曾经表扬过的或是比较微小的正确行为，微笑或是点头示意就已经代表父母意识到了儿童的良好表现，这就足够了。

物质奖励因其实物性和可保存性具有语言表扬和姿态表扬无法替代的优越性，格外受到儿童的欢迎。对于父母来说，表扬用的礼物价值并不一定要很高，但如果是儿童盼望已久的，那么效果就一定特别好。

心灵加油站

陶行知与四块糖的故事

一次，身为校长的陶行知看到学生王友用泥巴砸同学，他立即制止了王友的行为，并告诉他放学之后来校长办公室。当陶行知来到办公室时，王友已经在门口等着挨训了，此时陶行知给了他一块糖，并对他说：“你来得很准时，奖给你一块糖。”王友惊疑地瞪大眼睛。陶行知又掏出一块糖说：“我不让你打人时，你及时停止了，因此奖给你第二块糖。”接着陶行知掏出了第三块糖说：“我调查过了，你砸那个男生的原因是因为他不遵守游戏规则并欺负女生，你砸他说明你很正直善良，敢于和恶势力作斗争，所以我奖给你第三块糖。”王友感动极了，哭着说：“陶老师，您批评我一下吧，我砸的不是坏人，是我的同学。”此时，陶行知拿出第四块糖，对王友说：“这块糖也是奖给你的，因为你及时、正确地认识到自己的错误，我的糖奖完了，我们的谈话也结束了。”

养育策略

策略 1 父母应给予孩子及时的奖励

及时奖励就是在孩子做出行为后立即给予表扬，让孩子马上知道是因为什么行为受到了表扬。

如：孩子能用勺子把饭送进嘴巴了，此时妈妈把孩子爱吃的菜放进孩子的碗中以示奖励。这种及时的奖励更容易让孩子明白自己把饭送进嘴巴就已经是一种进步，是被妈妈喜欢的行为。

策略 2 父母给予孩子的奖励应具体

表扬要具体。表扬得越具体，孩子越容易明白哪些是好的行为，越容易找准努力的方向。

如：孩子玩玩具后，自己把玩具放回原处，摆放整齐。如果这时家长只是说："你今天表现得不错。"表扬的效果会大打折扣，因为孩子不明白"不错"指什么。你不妨说："你自己把玩具收拾得这么整齐，我真高兴！"一些泛泛的表扬，如"你真聪明"、"你真棒"虽然暂时能提高孩子的自信心，但孩子不明白自己好在哪里，为什么受表扬，且容易养成骄傲、听不得半点批评的坏习惯。

"今天你帮妈妈收拾碗筷，你真能干"、"你今天没乱买东西，妈妈很开心"等这些具体的表扬可使孩子获得更大的满足。

策略 3 父母给予孩子奖励时，不应只看结果，还要看过程

表扬不仅要看结果，还要看过程。家长对于孩子的奖励，应关注于活动和任务的过程，发掘孩子在期间过程中的进步，给予更为准确到位的奖励。

如：孩子常好心办"坏事"。例如，孩子想"自己的事自己干"，吃完饭后自己去洗碗，不小心把碗打破了。这时家长不分青红皂白一顿批评，孩子也许就不敢尝试自己做事了。如果家长冷静下来说："你想自己做事很好，但厨房路滑，要小心！"孩子的心情就放松了，不仅喜欢自己的事自己做，还会非常乐意帮你去干其他家务。因此，只要孩子是"好心"就要表扬，再帮他分析造成"坏事"的原因，并告诉他如何改进，这样会收到较好的效果。

策略 4 表扬孩子后还可恰当地对孩子提要求

为了避免孩子的水平停留在原来的高度，家长在肯定孩子、给孩子表扬的同时，也可以恰当地给孩子提一点要求，让孩子在原来的基础上得到提高。

如：对于搭积木的孩子，可以说："嗯，搭得真好！结构很合理，有门有窗，进出方便，光线充足。但是如果下次搭的时候，把房子搭结实一点，墙搭得直直的，那就更好了！"

策略 5 不要滥用表扬

只有当孩子做出值得表扬的事情，才能给予表扬，这样才能给孩子留下深刻印象。表扬不能滥用，更不能过度，不适当的表扬易使孩子失去新颖性及模糊行动参照标准。滔滔不绝的表扬容易让孩子染上"赞美瘾"，他们已经习以为常了，便不再把表扬当回事，而且只爱听好话，受不得半点委屈和批评。

惩罚孩子的方式要合适

①
方方总喜欢摸电插座，说了无数遍，还是一逮到机会就碰。
②
可不是嘛，现在的孩子可不听话，圆圆总是不好好吃饭，边玩边吃，菜都凉了，我说多少遍她都不听。
③
你说遇到孩子不听话，屡教不改时，我们是不是该采取惩罚措施呢？
是得惩罚，可是怎样惩罚才有效呢？

惩罚与奖励相对应。通过惩罚，儿童知道做出某种行为后会引起不愉快的后果（被批评、被惩罚等），为了减少那些令人不愉快的后果，以后做出这种行为的频率就会降低。惩罚是我们改变孩子坏行为、坏习惯，培养孩子好行为、好习惯的重要手段。跟奖励一样，如何惩罚孩子同样是有技巧的。

成长规律

规律① 受儿童认知发展水平、道德发展水平的限制，惩罚有时是必不可少的

认知发展水平的限制使婴幼儿难以完全“听话”

0~2岁的儿童处于认知发展的感知运动阶段，他们运用感觉和动作来获取对环境的基本理解，他们对一切都充满好奇，但受制于此时语言能力、理解能力的不足，很难明白成人的“道理”和规矩。

3~4岁的儿童经常认为他人与自己看到的东西是一样的。在初期他们以自我为中心，只能从自己的角度看问题，而不能意识到他人的观点。

道德发展水平的限制使儿童需要他人监督

从儿童道德发展情况来看，他们对道德规则的遵守不是出于内心对道德规则的理解和心悦诚服，而是出于对某种外在权威或制约力量的服从。他们完全依据他人、权威对自己行为的约束，他们尊重权威（父母、教师、警察等），服从规则以避免惩罚，因此，他们的行为需要他人的监督。

对儿童的惩罚是教给儿童是非、对错的重要手段

通过惩罚与奖励，儿童能非常明确地知道什么是对的，什么是错的，这对从小培养儿童的是非观念、养成正确的行为和习惯非常重要。

规律② 不恰当的惩罚会引起儿童的怨恨，导致孩子焦虑、恐惧，甚至会影响其今后的发展

常见的惩罚有很多种，如：限制儿童喜欢做的事情（少看卡通片15分钟）、身体限制（坐在小板凳上5分钟不许动）、体罚、训斥儿童等。研究证明，不恰当的惩罚会带来消极影响。有时，为了避免惩罚，儿童只是将不良行为变换了时间、地点、方式，只能是“治标不治本”。

过分严厉的惩罚会导致儿童过度焦虑，甚至恐惧，反而破坏了亲子关系。而长期的负性情绪也会影响儿童的身心发展。

经常使用惩罚也会给儿童树立一个反面的榜样。有研究表明，受到体罚的儿童在青春期更可能出现欺负行为或撒谎，儿时受到体罚的父母在教育儿童时也更倾向于使用体罚。

规律③ 及时惩罚有利于儿童改正错误

惩罚实施越早，效果越好，若惩罚能与儿童的错误行为同时进行，效果最好。因为此时儿童能立刻知道该行为是错误的，是不被喜欢的。

心理学的研究也表明，延迟几个小时的惩罚基本不能防止同类错误再次发生。因为延迟的惩罚所带来的不愉快的感觉会被该行为获得的乐趣抵消。

规律④ 适度的惩罚强度和频率，有利于达到惩罚效果

从惩罚强度来看，家长不能简单地认为惩罚强度与抑制不良行为的效果成正比。过轻的惩罚会让儿童萌生满不在乎的心态，不利于改正错误，一旦惩罚，就要对儿童有所触动。然而，过重的惩罚又容易引发儿童焦虑及憎恨等不良反应，不仅不会使儿童真心改正错误，而且也不利于他今后的发展。家长要控制惩罚的强度，惩罚的目的是使儿童对违禁行为产生不愉快从而减少这种行为的发生，而不是害怕惩罚者。

从惩罚频率来看，惩罚要坚持最少性原则，就是使用的频率要尽量少。有研究表明：惩罚所起的教育作用是随着次数的增多而逐步降低的。过多的惩罚，不仅达不到教育儿童的目的，反而会使儿童产生厌烦、不满甚至抵触情绪。

规律 5 与孩子情感联系越亲密的人，对孩子实施惩罚的效果越好

惩罚的效果也取决于惩罚者和儿童之间的关系。由与儿童情感联系密切的人对儿童实施惩罚，会使儿童感到这种情感的减少，因此，那些与儿童情感联系越密切的人，对儿童实施惩罚的效果越好。

如：妈妈一贯疼爱孩子，但有一次孩子犯了较严重的错误，为了达到让孩子改正的目的，妈妈严厉地告诉孩子“如果再发生类似的事情，妈妈就不和你玩了”，然后对孩子保持一段时间的“冷淡”，故意不理他。在这种情况下，虽然并未打孩子，但孩子的内心感受是相当强烈的，他怕再犯错误，妈妈就不那么喜欢他了，他希望“重新”获得妈妈的爱，和妈妈“重建”那种亲密无间的情感关系。于是他改正了错误，以达到重建亲密情感联系的愿望。

养育策略

策略 1 家长对孩子违禁行为的惩罚要明确、连贯，保持一致性

成人切勿对儿童的同一违禁行为时而给予惩罚，时而视若无睹，甚至时而给予某些赞许。惩罚的规则应保持一致。实验研究表明，如果对某种行为的惩罚是在不确定中进行的，那么将会使该行为难以消除。

另外，父母双方的意见也需要统一，倘若一方唱“红脸”，一方唱“白脸”，孩子容易有恃无恐，惩罚就达不到预期的目的了。

策略 2 在实施惩罚时，父母需要告诉孩子他错在哪里，为什么要对他进行惩罚

有研究者发现，对3~4岁的儿童，两种语言惩罚最为有效。其一是讲非常简短的道理，比如“不要碰玻璃杯，它很脆，可能会摔碎”；其二是引发不愉快的感觉（如焦虑），如“如果你动玻璃杯，就不能吃糖果了”。

在说明原因的时候尽量针对事件，针对过程。例如“在这个过程中你不够努力”、“你的方法错了，所以才会这样”。尽量避免针对孩子整体的评价，例如“你就是个坏孩子！”“你总是这样！”针对过程的解释能让孩子知道只要在过程中有所改善，就能避免惩罚，从而能专注于对过程中的行为、思维进行改正。

策略 3 惩罚不是简单地打骂孩子或挖苦讽刺孩子

对父母来说，惩罚是针对孩子的行为而不是孩子本身。要注意在惩罚过程中父母本身用不正确的行为来惩罚孩子的错误行为，如打孩子、骂孩子，甚至使用恶毒的语言对孩子冷嘲热讽，把对孩子的惩罚变成自己的情绪发泄。

对孩子的惩罚可以采用多种方式，如剥夺关注、失去某些特别待遇、让孩子做家务或做某些运动等。

剥夺关注。比如：孩子随意哭闹多半是为了吸引父母的注意或者通过这种方式来达到他的某些目的。如果看到自己的闹腾没有效果，他自然会选择放弃。

失去某些特别待遇。比如：乐乐非常喜欢看书，妈妈告诉乐乐："如果你按时刷完牙，洗漱完毕，按时上床，那你就可以看这些书。"如果乐乐一次不合作，妈妈就拿走一本书。

追加一些家务活或做某些运动。可以让孩子做一些他以前没有做过的家务，当做对他不良行为的一种惩罚。例如事先准备好一份家务清单，列出3~4个孩子最不喜欢的家务活——扫地、叠衣服、洗袜子等，那么孩子就能预先知道自己的不良行为将会招致哪种后果。也可以在孩子有不良行为后让他做俯卧撑等运动。

策略4 惩罚应坚决

父母一旦决定采取惩罚措施，就不能因孩子的叫嚷、逃跑、耍赖而妥协；否则，孩子不但改不掉不良行为，反而助长了他的不良行为的发展。

策略5 适当采取"暂时隔离"的惩罚方法

使用暂时隔离法，要注意两点。

在把孩子拉离现场时，态度坚决而不专制，动作坚定而不粗暴。这样做的目的是使孩子感到，家长行为的重点在于纠正孩子的不良行为，而不是针对孩子。

事后要向孩子解释你这样做的原因，与孩子讨论应该遵守的行为规则及其意义。这两点都是为了保护孩子的自尊心免遭伤害，以赢得孩子的积极合作，改正其不良行为。

知识库

暂时隔离

暂时隔离是当儿童做出不良行为时，将儿童隔离在特定区域，直至规定时间过去，然后成人再对儿童进行引导教育的一种惩罚方法。

特定的区域可以是一个角落，或者空房间。让儿童在指定区域待着，并不是罚站（体罚之一），而是剥夺其与集体互动的机会（如在一角落坐着，甚至是躺在沙发上），让其独处。而规定的时间一般是5~10分钟，时间不宜太长。

策略6 惩罚应与奖赏相结合

著名心理学家伯尔赫斯·弗雷德里克·斯金纳认为单一的惩罚效果并不明显，应该利用惩罚后的行为抑制期，尽量通过奖励来强化正确的行为，这样才能有效地纠正不良或违禁的行为。

我们知道，吃了苦的食物，再吃甜的，就特别的甜。同样，有罚有奖、奖罚分明也就特别有效。只有在孩子表现出不良行为时及时给予惩罚，孩子才明白不应该这样做；以后一旦出现良好行为就及时给予奖赏，才能巩固孩子的良好行为。惩罚不良行为的目的是培养孩子的良好行为，所以只有惩罚是不够的。

小提示

中央电视台曾经引进过美国的一档电视节目，叫《超级保姆》，里面有非常具体的如何奖励和惩罚孩子的方法和技巧，尤其是关于如何惩罚孩子的方法，值得一看。

离异家庭孩子的教育

①
我听说，咱们办公室的小刘，孩子才两岁，就和老公离婚了。
是呀！可怜那孩子了。
②
孩子这么小，父母离婚他肯定特别难过吧？

父母是孩子最亲近的人，父爱和母爱都是孩子最宝贵的财富。但是当父母不和甚至发展为离异，这意味着原本完整的家庭被破坏了，孩子将会面临一系列的变化，这些变化需要孩子逐渐地适应。对这些离异家庭的孩子，要特别注意家庭变化对他们造成的不良影响。

成长规律

规律① 父母离异可能使幼儿产生恐惧、焦虑、抑郁等情绪问题

家庭是儿童生活的最初的环境，儿童从中会体会到家庭的温暖和安全，父母离异使平静的生活被打破。

父母离婚大多会经过许多次的争吵或打闹，当孩子看到父母争吵、打架时，他会感到害怕，躲在一旁，边哭边喊："爸爸，妈妈你们别吵了，别打了。"当他的哭喊声没有能制止父母的打闹，他就会不再哭喊了，待在一边睁着一双大眼睛看，时间长了，孩子就可能产生恐惧、焦虑等情绪问题。

父母离异后，各自情绪都很低落，对孩子的注意、关心也相对减少，父母低落的情绪会影响孩子好的情绪的发展，从而使孩子变得恐惧、焦虑、抑郁等。

规律② 父母离异可能使幼儿出现"女孩男性化"、"男孩女性化"的倾向

在正常的完整家庭中，孩子从小就有自己的性别认同对象，可以从父母身上获得关于男性和女性各自适宜的行为方式和性别角色知识。而在单亲家庭中，单亲子女却在性别角色的学习中缺乏直接的模仿榜样。在幼儿期儿童若没有相应的性别认同对象和榜样，并且没有引起单亲家长足够关注的话，很容易在性别的角色认同上出现困难和混淆，出现"男孩女性化"或"女孩男性化"倾向。

跟随父亲的女孩由于得不到母爱，女孩会慢慢变得孤独，独来独往，不爱说话，忧郁；跟随母亲的男孩则变得依赖性强，爱和女孩玩，缺乏阳刚之气。

规律③ 父母离异可能使幼儿在人际交往中出现缺乏热情、不与他人合作、猜疑他人等现象

在长期的家庭生活中，父母给予孩子足够的关心和爱护，使得孩子对父母、对家庭产生高度的信任感，稳固的家庭给孩子一种安全感。如果父母关系出现裂痕，争吵、指责、冷战、攻击成了家庭的主旋律，甚至离婚，原本十分稳固的家庭结构，在瞬间轰然坍塌。幼儿由于受自身认知发展水平以及经验所限，常常认为父母的离异是因为自己而引起，对自己的一言一行处处小心谨慎，害怕自己做错事引起父亲或母亲的不高兴，把自己关闭起来，对周围的事或人失去兴趣，不愿跟同伴接触。

如：由于父母离异后各自都在忙自己的事，与孩子的交往、交谈减少，在家孩子只能和自己喜欢的玩具诉说痛苦，在幼儿园独自躲在角落里，远离同伴，拒绝与同伴交往，在人际交往上缺乏热情和爱心，不能很好地与他人合作，有时出现猜疑他人的现象。

规律④ 父母离异对年龄小的儿童影响更大

相比年龄较大的孩子，在童年早期就遭遇父母离异的孩子，会对父母的分开感到十分的疑惑和不解，进而产生更多的焦虑。

父母离异时，子女年龄越小其负面影响就越大。尤其对于婴幼儿而言，父母是他们生命中最重要的他人，家庭是他们汲取爱和养分的最重要的基地。受制于自身认知发展的局限，社会经验的不足，他们还不能有效地从外界获得支持，尚

不能理解复杂的社会生活，也不能全面、客观地看待父母离异的问题。

而在青少年后期及以后，父母离异对子女影响相对较少，他们也更能理解父母为什么离异。同时，随着年龄的增长，他们自身的社会支持系统也会更加健全，可以从外界汲取力量弥补家庭关爱的缺失。

规律 5 父母的教养方式和情感表现越消极，离异家庭儿童的问题行为越容易发生

父母对儿童来讲是他们生命中最不可或缺的人，父母在离异后采取何种教养方式会影响儿童对父母离婚后的适应是否良好。在离异家庭中，单亲母亲/父亲自身经历着重大生活变故，承受着极大的心理压力，导致其自身情绪极度不稳定。这些都可能导致父母对儿童的支持性行为较少，消极的控制较多。许多离异家庭父母会更满足孩子的物质需求，而在信息支持（提供解决问题的指导或建议）和情感支持（听孩子的倾诉、抚慰孩子）方面不足。有的离异父母认为对孩子有愧，采取溺爱的方式来“加倍”弥补孩子。无论是爱的缺失还是过度溺爱，都容易导致孩子问题行为的发生，诸如不听管教、霸道、不与人交往、孤独、有较强的攻击性等问题行为。

如果父母能够及时调整自己的情绪与家庭生活，在养育中更多地体现出宽容、接纳、合作，经常安慰和鼓励儿童；同时，帮助幼儿初步理解父母离异这一事件，克服心理困扰，一如既往地为孩子提供成长的“安全基地”，孩子就能更理性、更好地顺应环境，逐渐地减少不良行为。

养育策略

策略 1 父母要稳定自己的情绪，不要将负面情绪转移到孩子身上

离婚对父母来说是一件应激事件，需要一段时间从身心上适应随之而来的变化。而孩子（尤其是4岁以后）可以根据父母的身体动作来推断父母的情绪。因此，父母的不满、悲观、愤怒等情绪都会传达到孩子身上，造成“二次伤害”。

父母尽量不要有意无意地对孩子流露出对前配偶的不满，将自己的怨恨“转移”给孩子。此外，还要帮助孩子顺利度过家庭结构改变的过渡期。

策略 2 需要告知孩子父母离异的事实，安抚他的不安情绪

幼儿的认知能力（思维、语言理解能力等）不成熟，常常把自己的过错看成是造成父母离异的原因。当父母真的离异时，父母应当以幼儿能理解的方式告知他们未来的变化，例如“爸爸妈妈不住在一起了”、“爸爸妈妈都很好，但是我们在一起不能把事情做好，所以我们决定分开了”等。

众多研究都一致表明，父母的离异会使儿童产生负面情绪，有时甚至会使他们出现一些“退化”的行为，例如吮手。因此，父母要向孩子保证，爸爸妈妈分开不是因为你的缘故，爸爸妈妈是非常爱你的，都不会离开你，离开的一方会经常来看你，借此来抚平孩子的焦虑和不安。

特别提示

在告知孩子父母离异的事实时应注意：

态度要坦诚、平和。不要表现出很可怜、伤心、有被抛弃的感觉。

不要抱怨彼此，不要说你爸爸（或妈妈）人是多么坏、心是多么狠之类的话。要让孩子感觉到离婚后的父母会更开心、更幸福，也会给自己更多的关爱。

绝对不要让孩子卷入离婚事件。比如说离婚是因为孩子不听话。

策略 3 将未来预告给孩子

当父母中有一位要搬出去住时，应事先告诉孩子自己将搬到什么地方去、接下来的日子里如何生活等情况。同时父母还应告诉孩子，尽管父母中有一方不能与他一起居住了，但是仍会一如既往地爱他。

和孩子约定看望他们、陪他们玩耍的时间、地点等。如约好每周固定的时间父亲/母亲就会出现，带他们去动物园、看电影、郊游、游泳或滑雪等；平时也多花些时间和孩子交谈，了解孩子的日常生活。与孩子生活的一方应为另一方创造必要的条件，让孩子和另一方取得联系。如，当孩子取得进步时，应鼓励孩子给另一方打电话；当孩子遇到不顺心的事情时，要让孩子能及时与另一方取得联系，以获得安慰。

策略 4 采用权威型的教养方式，不能过度宠爱也不能放任不管

心理学的研究表明，看护者（一般是父母）在婴儿期采用权威型的教养方式可促进儿童的心理健康，同时还能促进儿童的社会能力和智力的发展。单亲家庭父母应该采用民主、灵活的教养方式，接纳孩子，尊重孩子的观点，关注孩子的变化。这样更有利于孩子的成长。

离异造成父母一方的缺失，这容易导致照料者过于溺爱孩子，以加倍的爱对待孩子，孩子要什么给什么，孩子提出的一切要求都想方设法的满足，这种补偿型的爱，容易使孩子形成自私、任性、霸道等不良性格。

由于离异造成一方身兼二职，生活的压力很大。有的抚养者便开始逐渐地对孩子放任不管，这样做是对孩子极不负责的。作为单亲家长，即使别的事情再忙也要关爱孩子，不能把孩子当做包袱扔在一旁。

心灵加油站

奥巴马父母妥善处理离异事件

奥巴马的父母在他两岁时离异了。虽然奥巴马从小生活在单亲家庭中，但他的成长并未因此而蒙上阴影。这一切都归功于他的母亲对离婚事件的妥善处理。虽然奥巴马一直跟着母亲生活，但他可以从母亲的口中了解到一些老奥巴马（奥巴马的父亲）机智、勇敢的往事，学习到父亲的自信和勇气。虽然奥巴马的父母分开生活，但他们仍保持书信往来，让奥巴马一直能了解到父亲的情况、与父亲保持联系。奥巴马曾说过：“我认为，她是我所知道的最仁慈、拥有最高尚灵魂的人，我身上最好的东西都要归功于她。”奥巴马的成功离不开父母的悉心教育，以及母亲对离异事情的妥善处理。

策略⑤ 制定对孩子的探视规则，扩大孩子的交往环境，避免出现“女孩男性化”、“男孩女性化”的倾向

幼儿阶段是儿童获得性别认同的重要阶段，父母在这个阶段起着奠基作用。父亲是男孩学习男性行为的榜样，而妈妈则是女孩学习女性行为的榜样。父母的离异，势必会造成一方教育的缺失。因此，虽然父母双方分开，但也请尽量与孩子保持联系，定期与孩子见面。

应为孩子创造适当的交往环境，利用亲戚、朋友中的性别资源给孩子适当的影响。另外，同伴、影视等社会信息渠道也对孩子性别认同有重要的影响。

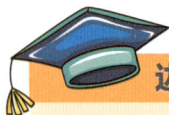

边博士直播间

Q 我的孩子5岁多了，可我和老公因为性格不和经常吵闹，有时甚至大打出手。考虑到孩子还小，怕对他有不良的影响，我们虽然一直“战火不断”，但仍然坚持生活在一起。离婚对孩子造成的伤害大还是我们经久不息的吵闹、打架对孩子的影响大呢？请问从孩子的角度考虑我们是该离婚还是该保持目前的状态呢？

A 毫无疑问，父母离婚对孩子来讲是一个重大的生活事件，对孩子是一个沉重的打击。离婚会给孩子带来很多负面影响是不容置疑的。但是研究表明，如果父母双方对这件事处理得当，充分重视离婚对孩子的负面影响，采取好的方式来消除这些负面作用，离异家庭的孩子并不一定会存在严重的适应问题，许多孩子也会有很好的发展。同时，要认识到，尽管父母表面上不离婚，但父母之间长期不断的冲突会对孩子产生更持久的有害影响。因为孩子需要的是真正充满真情、充满爱的家庭，而不是那种名存实亡的家庭。父母是孩子的第一教师，父母之间长期的争吵、打骂，会潜移默化地会影响到孩子。而孩子对婚姻、家庭的认识主要是从对父母婚姻的认识开始的，虽然这种认识并不完全是有意识的，但它却影响深远。一个从小生活在不和谐家庭中的孩子，他们感受不到父母之间的爱情，有的只是一次次的创伤体验，这对他们今后对自己婚姻、爱情的评价均会带来不良的影响，最终可能影响到他们自己的婚姻生活。

因此，家长在“离与不离”的问题上，站在孩子的角度，不是表面上的“离与不离”，而是要给孩子一个健康、安全、温暖的环境。有时对孩子而言，把不断争吵的父母分开是一种解脱。从根本上为孩子提供他们所需要的成长环境是任何一个负责任的父母需要考虑和努力做到的。

理性地对孩子进行性教育

①
儿子，给你个机器人玩。
②
我不要这个。我要穿得漂漂亮亮的洋娃娃，我要圆圆那样的漂亮花裙子。
③
方方怎么喜欢女孩喜欢的东西呀？男孩怎么没有一点阳刚之气呢？
①
妈妈，为什么女孩小便是蹲着的，而我们却是站着的？
②
方方还小，等方方长大了，就知道了。
③
妈妈，我今天听小朋友说她是从垃圾堆捡来的，那我是从哪里来的呀？
④
你是从石头里变出来的。

幼儿的性教育是从认识自己的性别开始的，然后逐渐进入对性别角色的认识。性教育不是很狭隘的“性”的认识，而是对身体发育、两性差异的教育。在很多家长的心中，性教育应该是青春期以后家庭教育的内容，或者根本不需要教育，孩子可以无师自通，甚至认为“性教育过早会带来早熟”、“性教育会让孩子学坏”等。与很多人持有的“幼儿期不适合进行性教育”的观点相反，美国性信息和性教育协会的玛丽·考尔德伦博士曾说过：“儿童阶段，特别是5岁以前性教育特别有效。”还有研究者认为，3~6岁的幼儿是最适宜进行性教育的时期。该怎样对孩子进行性教育呢？

成长规律

规律 1 儿童性别角色概念的发展经历性别认同期、性别稳定期、性别恒定期三个阶段

人不但具有生理性别，还具有社会性别。前者是指男女在生理特征上的差别，后者则指男女两性在社会文化建构下形成的对男女差异的理解。其中生理性别是在母体中发育的，而社会性别的获得则是社会化的结果。

社会性别的获得是儿童在3~6岁这个阶段中重要的社会化过程之一。根据科尔伯格的认知发展理论，儿童性别角色概念的发展可分为三个阶段。

性别角色概念发展的三个阶段

阶段	表现
性别认同期（2~3岁）	儿童能正确地表达出自己和他人的性别。当你问2~3岁的孩子“你是男孩，还是女孩”时，他们能肯定地告诉你自己的正确性别。但在这个阶段，儿童区分男女的依据只是头发的长短、外貌（胡子）以及服饰等特点。他们知道妈妈和奶奶是女的，知道爸爸和爷爷是男的。但脱离这些外部的、不稳定的线索时，儿童就有可能犯错。例如，2岁的孩子看见一头短发的姐姐却可能会喊她“哥哥”。
性别稳定期（3~5岁）	随着年龄的增长，儿童开始明白自己和他人的性别并不随年龄、情境等的变化而变化。在获得性别稳定性前，儿童会认为一个人只要换换衣服和发型就可以成为另一种性别的人。
性别恒定期（6~7岁）	儿童明白人的性别并不会随着外表（如发型、衣着）和活动的改变而改变。直到这个时候儿童才能够真正地理解性别是一种不可改变的特征。

规律 2 3~6岁的儿童逐渐知道什么行为符合其性别特征，并且逐步学会这些行为

除了知道自己的性别以外，儿童还需要知道什么行为是符合其性别特征的，并且逐步学会这些行为。当儿童确定自己是男孩还是女孩时，他们就开始获得传统的性别角色印象、思维、行为。在3~6岁时，儿童逐渐明白，女孩总是会说很多话、喜欢玩洋娃娃、能留长头发和穿裙子；男孩则喜欢玩玩具车和枪，会打架等。

当孩子明白什么行为符合其性别特征时，他们的行为开始朝着传统性别角色所要求的方向发展。

如：女孩会穿漂亮的衣服，扎小辫儿，帮妈妈打扫卫生；男孩会要求买玩具枪和小车，喜欢体育运动。

如：出现“性别分离”现象，即女孩喜欢和其他女孩玩耍，男孩们也会选择男孩而不是女孩作为玩伴。随着年龄的增长，这种现象逐渐明显。有研究表明，6岁半时，儿童与同性玩伴相处的时间超过与异性同伴相处的时间10倍以上。

规律 3 对处于幼儿期的儿童进行性教育是非常必要的

儿童对“与性有关的问题”以及对“性器官”充满兴趣

据调查，90%左右的幼儿问过“我是从哪儿来的”之类的问题，70%以上的幼儿问过有关男女身体构造差异的问题。因此，父母几乎无法避免被幼儿询问有关性和性别的问题。与其编造一个看似纯真的答案，让幼儿为此困惑直至青春期

后明白真实的情况，或是加以训斥，让儿童形成“性是肮脏的”等想法，还不如在儿童最初询问时就告诉他们一个科学的正确答案。

按照精神分析创始人西格蒙德·弗洛伊德对于心理发展的划分，幼儿期正处于性器期，他们靠触摸自己的性器官获得满足。在幼儿期儿童对于自身和外界的探索中，触碰自己的性器官跟玩手指一样只是单纯的玩耍，并不含有成人的性意义。由于性器官神经末梢丰富，触摸后感觉很好，幼儿必然会继续触碰，这并不含成人世界有关道德的含义。

幼儿期是性别认同产生的重要时期

2岁半时儿童开始产生性别角色刻板印象，通过一些外在现象如头发长短、穿裙子等识别人的性别；3岁时儿童开始产生性别分离，更喜欢与同性儿童玩耍；到7岁时，儿童才认为性别是人固定不可变的特征。也就是说，儿童期儿童有关性别的知识得到了大幅度的增长，随之而来的必然是儿童对与性别有关问题的探索与询问。

幼儿期经常进行的假装游戏中，难免会涉及与性有关的行为

幼儿处在让·皮亚杰认知发展理论中的前运算阶段，其主要特征是象征性思维，表现在行为上，就是进行大量的假装游戏。而在娶新娘、过家家等性游戏中和医生检查身体等普通游戏中，都难免会涉及与性有关的行为。不少家长对此忧心忡忡，害怕孩子在这些游戏中受到侵犯。看到幼儿在扮医生的游戏中相互观看性器官、在娶新娘的游戏中相互亲嘴、在过家家的游戏中互称“老公”、“老婆”，很多家长除了简单的制止和无尽的担心外无计可施。其实，此时对幼儿进行适当的性教育就可以解决这个困扰。

幼儿自我保护意识较差，是许多性侵犯和性虐待的受害者

幼儿在体格上较为弱小，是许多性侵犯和性虐待的受害者。同时，幼儿性安全意识的缺乏也是这种悲剧发生的重要原因。因此，对幼儿进行适当的性教育对于保护幼儿身心安全也是十分重要的。

做好早期性教育，可淡化儿童性好奇，避免青春期性教育的尴尬

性的发展是一个连续的过程，从出生直到青春期都在发展。大多数幼儿能说出自己的性别，同时也开始出现与性相关的行为，此时，做好早期性教育，可淡化儿童性好奇，避免青春期性教育的尴尬，有利于青春期性教育的开展。

规律4 儿童性心理发展经历三个阶段：口唇期、肛门期和性器期

口唇期（0~1岁）：处于这个阶段的儿童，吮吸会给他们带来快感，他们会吸吮母亲的乳头、奶嘴。

肛门期（1~3岁）：儿童到2岁左右就开始能控制自我的大小便，他们以排便为快乐，以玩弄粪便而感到满足。此时的孩子开始对性感到好奇，会区别男女身体的差异，并开始模仿同性父母的行为，并可能开始出现对其他儿童身体感兴趣的行为。

性器期（3~6岁）：此时的儿童有时会玩弄自己的性器官，开始能正确地辨识男女，并开始产生取代父母同性别的一方同时迷恋异性的另一方的强烈愿望，出现恋父或恋母情结，有时会询问有关生殖器及生殖的问题。

养育策略

策略1 父母应接受并喜欢孩子的性别，并做好孩子的榜样

接受并喜欢孩子的性别，给孩子创造一个良好的性别发育的家庭环境。性别有差异，但没有优劣之分，父母应该对孩子持有积极的态度。把儿子当女儿养，把女儿当儿子养，给孩子异性的打扮，这样容易造成孩子在性别认同上的混乱，阻碍社会性别的正常发展。

父母是儿童获得社会性别意识的最重要的榜样。有研究表明，如果父母表现出明确的性别分化行为，他们的孩子能更快地知道自己是男孩还是女孩，也能更快地喜欢那些具有典型性别特征的玩具和活动。

如：妈妈可以经常引导女儿培养其文静优雅的举止，照顾小朋友，学习做家务等，体现出女性的特点；而爸爸可以经常和儿子做体育运动，搬运东西等。

策略2 对不同年龄的孩子采取不同的教育方式，使孩子尽快认识并认同自己的性别

对于2~3岁的孩子，父母可以教导孩子通过穿着、打扮、行为举止来认识自己和他人的性别。

4岁的孩子开始逐渐意识到男女的真实差异，也会对自己的生殖器官产生好奇。此时，父母可以用科学的性知识教育孩子，并培养孩子的行为规范。

如：告诉男孩“男孩有小鸡鸡，女孩没有。这是你的隐私，不能随便让别人看到”。知道正确的性知识，能有效避免孩子形成不良的行为习惯。

4岁之后，鼓励孩子参加与传统性别印象相反的活动。越来越多研究表明双性化的儿童比表现出传统性别特征的同龄人更受欢迎，能更好地适应新环境。

如：让孩子参加角色游戏、与异性的同伴玩耍。在角色游戏中，男孩也可以扮演受伤者的角色，女孩可以扮演消防员的角色，学习各种人物彼此相处和交往的正确方式和态度，让男孩学会有爱心、有同情心、善解人意，让女孩学会独立、坚定和善于分析。

知识库

双性化

双性化是指心理双性化。心理学家认为人身上既可能有男性化特征，也可能有女性化特征，当男性化特征多时称为男性化型个体，女性化特征较多称为女性化型个体。如果男性化特征和女性化特征在一个人身上都表现得较多时，就称为双性化个体。

策略3 正确认识幼儿的“性”

父母对孩子的性问题感到措手不及是因为他们对孩子表现出的“性”存在不科学的认识。孩子有时会对男女之间的身体构造差异产生兴趣，此时父母不要用成人的视角看待孩子的行为，孩子的行为只不过是好奇心驱使而已。对于孩子来说，一些关于性的问题，如“为什么男孩站着小便，而女孩却要蹲着？”就如同“为什么夏天炎热，冬天寒冷？”一样，孩子对于他们不理解的事情都喜欢问为什么，对性的问题也不例外。

策略④ 以坦然、开放的态度跟幼儿谈性

性是与吃、喝一样自然的人类需要，并没有任何不堪、猥琐之处；幼儿提出有关性的问题也是单纯出于天生的好奇心，并不代表孩子学坏了。因此，家长在回答幼儿有关性的问题时，要像回答有关季节的变化、地球的运转等科学问题一样自然。

家长对于性的态度会在很大程度上影响幼儿对于性的态度，甚至会影响幼儿成年后有关性的行为。如果父母本身认为性是难以启齿的，那么在对孩子进行性教育的过程中，孩子就会从成人躲躲闪闪的神态中，意识到性是不自然的问题。父母对于幼儿问题的回避和过度反感可能会导致幼儿成年后的“性抑制”。

策略⑤ 运用科学术语和儿童化的语言跟幼儿谈性

对于幼儿来讲，性器官跟手脚一样都是身体的一部分，因此要用正确的术语，如乳房、阴茎等名称。如果父母实在难以启齿，可借助玩具、图片等工具来完成。采用科学的名称还可以使幼儿从学习的角度来接受性教育，强化知识而淡化其中的性意义。

幼儿的认知能力有限，注意力较易分散，势必不能对他们采用学术语言进行性知识的讲解，而应采用儿童化的语言，多采用比喻等手段和图片、游戏等方式。

如：通过角色扮演的办法，以医生和病人间的关系，来向孩子解释两性的身体特征，如何保护、清洁性器官等。

策略⑥ 帮助幼儿建立保护自己隐私的意识，加强性安全教育

对于幼儿进行性教育的主要目的之一就是保障幼儿的性安全，防止幼儿被侵害。父母要告诉幼儿，除了父母帮助洗澡和医生检查身体外，游泳衣遮住的地方是不许别人乱碰和乱看的。告诉孩子尊重自己和他人的身体，告诉孩子如何避免、拒绝别人不舒适的抚摸、碰触等，和孩子讨论如受到性侵害该如何处理，如何表达，如何求助。

策略⑦ 家长应客观、冷静地对待孩子的“性行为”

有的孩子在玩过家家等游戏时，会模仿大人的一些亲密行为，如接吻、拥抱，有的还互称男女朋友，此时家长不应认为孩子是太早熟，孩子学坏了。其实对于小孩子来说，他们只是单纯地把对方当成一个玩伴而已。称对方为“男女朋友”，是因为他们之间可能有共同点或者对方有他人所没有的气质、特点，或者只是做个游戏而已。因此家长不必担心，在语言上加以引导即可，千万不能训斥孩子。如果成人严厉地斥责孩子，这种不良的体验可能会延伸到孩子的潜意识里，可能导致成年后与异性交往有阴影。

如：孩子称呼谁谁是他的女朋友，他抱着小女孩亲。此时家长可这样引导他：“我们叫她好朋友好不好？”“你亲小妹妹，是因为你喜欢她，对吗？但是小妹妹也许不喜欢这种方式，下次你可以和她握手，一起做游戏……”

另外，建议别给孩子看成人电视节目，尤其是一些综艺节目，主持人插科打诨的话很不适合孩子听，应给孩子一个更纯洁的成长环境。

边博士直播间

孩子4岁多了，最近总问我“我是从哪里来的，我是不是从妈妈的屁股里出来的”等问题，我一方面觉得他还小怕他听不懂，另一方面确实有点难以启齿，真不知道应该如何回答孩子的问题。

A 世界上许多父母都有过类似的尴尬，中国的家长尤其如此。中央电视台就曾向中国的爸爸妈妈们调查孩子有没有问过“我从哪里来”这样的问题，他们又是如何回答的。被问到的家长几乎都说孩子问过类似的问题，但也几乎是所有的家长都不会跟孩子说实话，会说孩子是“从垃圾箱捡来的”或“从石头里出来的”等不同的答案。

我们认为应该以科学的、真实的回答对待孩子的问题，但不能给孩子长篇大论。当父母与孩子谈性话题时，应尽量用简单的、容易理解的语言。可以用孩子生活中容易观察到的例子加以说明，如可以用动物的生育过程来说明男女身体的不同。也可选择图书、图片、多媒体等手段帮助孩子正确认识生命的产生与发育过程。当孩子问妈妈“我是不是从屁股里来的”时，妈妈可用最简单的语言告诉孩子：“那里不是屁股，是很接近屁股的地方，叫阴道，是只有女孩子才有的，是宝宝从妈妈肚子里出来时要经过的地方。”

要提醒父母的是，与孩子讨论这样的话题要坦然、冷静，不能神秘化，不能躲躲闪闪。

科学地对孩子进行死亡教育

死亡是生命科学领域内一个非常重要的概念，孩子由于受认知能力的局限，对它的理解可能会出现偏差，如果不能很好地理解死亡，可能会成为他们心中挥之不去的困扰，影响孩子的成长；但如果处理得好，则有利于孩子从生命的终极角度来理解生命。

成长规律

规律① 儿童对死亡概念的理解与其认知能力的发展水平有关

最早对儿童的死亡认知进行研究的当数著名心理学家皮亚杰。他认为，儿童对死亡概念的理解与其认知能力的发展水平有关，皮亚杰发现儿童的思维有以下特征：

泛灵论：认为世界上的每个东西都是活的。人总是活的，死亡只是深睡。他们会担心死去的人是否舒服，是否饿了、冷了或很孤单。

魔法思维：他们给人赋予一种力量，每个人都受别人愿望的控制。人可以因为别人的愿望而死亡，也可以随时活过来。他们相信神话故事，比如相信王子可以变成青蛙，死去的公主可以由于得到一个吻而活过来。

人为主义：相信事情的存在是为了人的目的。如果玩具坏了能修好，人也应该能治活。他们认为，坏的想法和行为可以导致死亡。他们可能会以为是因为自己做了坏事才使亲人死亡的。

规律② 儿童对死亡的认知经历三个阶段

我国学者张向葵等对3.5~6.5岁儿童对死亡的认知进行了研究，并把我国儿童对死亡的认知划分为三个水平。

儿童对死亡认知的三个阶段

阶段	表现
阶段一	儿童对涉及死亡特征的不可逆性（凡物体一旦死亡则其肉体无法再复活）、普遍性（所有生物都会死亡）、无机能性（所有界定生命的机能均停止）等三个概念不能清楚认识。
阶段二	儿童能够根据某些具体的原因解释死亡的三个概念，但是表现出强烈的自我中心意识和情感色彩。他们认为老爷爷、老奶奶生病治不好会死，因为他们太老了；他自己生病能治好，因为他还太小，不会死的。
阶段三	儿童能够依据一定的自然原因、疾病原因和意外原因来解释死亡，认为死亡是生命的结束，人死了不能再活；死了既不能走，也不能想问题，并使人感到伤心、难受和悲哀。处于此水平的儿童还对死亡事件普遍地表示出伤心、恐惧、难过和婉惜等情感。

从死亡认知的以往研究可以看出，学前阶段儿童关于死亡认知的发展随着年龄而逐步客观、成熟，而且，随着研究时间的推移，儿童死亡认知水平的成熟性也呈现低龄化趋势。学前儿童对死亡概念理解能力的发展为死亡教育在幼儿中的开展提供了可能，死亡教育应按照学前儿童对死亡的认知特点有效地进行。

养育策略

策略 1 避免儿童过多接触死亡事件

在平时的生活中，家长应该注意，避免让孩子过多地接触死亡事件，以免造成孩子的恐惧等负面情绪。

不要过多接触并不是杜绝接触。不能“过多”，是为了避免一段时间内高频次的死亡事件对儿童造成身心发展的负担，从而增加儿童的恐惧情绪。

策略 2 公开、理性地谈论死亡，关注孩子的情绪

有研究者认为，成人在谈论与死亡相关的事件时，他们的谈论态度与气氛会影响儿童对死亡的了解与态度。家中越是公开谈论死亡，儿童的死亡焦虑就越低，对死亡的接受程度也越高。

配合儿童的认知与情绪发展阶段，以其能接受的方法，坦诚地告诉儿童真相，也应鼓励他们说出自己的感受和想法。

坦诚地表现出自己的悲伤，也允许儿童自然地表达出他们的任何情绪与想法。

诚实以对非常重要。不要以欺骗的安慰或神话来告诉儿童，这种不实的或难以令人信服的借口只会让他们无法分辨，心生困惑；更不要搪塞说：“你长大以后就会知道了，现在不要问也不必问。”

策略 3 用恰当的词语表述死亡，正确地描述死亡

不要说“死者只是睡着了”这样的表述方式，因为儿童会按字面意思理解这些语言。另外，当孩子听到“他看上去如此安静，就像睡着一样”，可能会使他们担心自己睡着就不会醒来。特别是在儿童对死亡理解的第一、二阶段，他们仍然会认为死亡是暂时的和可逆转的。因此，父母在描述死亡时应指出正常身体功能的结束。如心跳停止、没有呼吸、没有感情、没有爱、不是睡眠、不能思考。

不要说“死者是去旅行了”。旅行是会回家的，这种安慰容易使孩子怨恨死者为什么不再喜欢他了，怎么可以不告而别。

策略 4 耐心回答孩子提出的死亡问题

成人不能回避儿童提出的有关死亡的问题，否则会使儿童认为死亡是一个神秘的话题。不能谈论的事情会使儿童感到害怕，这就加强了应激。而且，成人在接受儿童的提问时，要用简单诚恳的方式回答，要考虑到儿童的理解水平。

成人不要对儿童的提问感到厌烦，因为儿童要通过反复的学习才能记住，所以他们会对同一个问题反复提问。每一次他们听到的回答，都会整合到以前储存的知识经验中去。经常的提问并不一定表明应激和害怕，而只是正常好奇心的反应。

策略 5 当孩子遇到死亡事件时，家长应以正向的态度给予孩子引导

在现实生活中，儿童不可避免地会接触到死亡事件，如自己养的小宠物死了，电视上播放的死亡事件，甚至最亲密的人过世等。在遇到此类事件时，家长一方面不应该回避；另一方面，要用正向的态度予以引导，使孩子能客观地认识死亡。

顾及孩子悲伤的情绪。当在生活中不可避免地遇到死亡事件时，家长千万不能对孩子置之不理，而应关注他们的情绪，并尊重他们对此类事件的意见。

借助图画书等让孩子了解死亡。如果孩子非常喜欢离去的人或物，他们甚至会把人或物的死亡归罪于自己。此时，成人可以借助相关的图画书，向儿童解释死亡是生命的自然现象，从而减少他们的自责。

和孩子一起回忆离去的人或物带给大家的快乐。孩子喜欢的人或物的死亡可能对他的生活带来一些悲伤消极的情绪和不愉快的影响。此时，家长要让孩子知道爸爸妈妈是时刻和他在一起的。在恰当的时候，成人可以带孩子到墓地去看望离去的人，让他知道离去的人就在那里，从而减少死亡事件带来的恐惧；成人也可以和孩子一起积极回忆离去的人或物曾经给大家带来的快乐，感觉他们似乎还在周围，减淡孩子悲伤的感情，逐步恢复平静的情绪。

入学准备

入学准备对于学龄前儿童是非常重要的内容，要想让儿童从小学教育中获得知识，得到成长，在入学前应该做好充分细致的准备，使儿童很快适应小学生活。

成长规律

小提示

20世纪90年代，美国的“国家教育目标”的第一个目标便是到2000年所有达到入学年龄的儿童都将做好入学学习的准备。国外研究资料显示，约16%~35%的适龄儿童尚未达到要求的准备状态。而由于入学准备不足，这些儿童在学校生活中可能面临更高的发展风险。

规律 1 儿童在入学前需要做好心理准备

幼儿园教育以游戏为主，而小学教育以学习为主，这种质的转变，需要即将入学的幼儿做好足够的心理准备。

与幼儿园教育不同，学习成了小学生生活中的主要内容，掌握知识成了主要的目的。在课堂上，学生必须遵循老师的指示，并正确地予以执行，不得分散注意力，而做其他事情。学生生活和学习条件的所有这些特点，都向他的习惯、个性、知识和技能各方面提出了很高的要求。让儿童了解小学与幼儿园生活的不同很重要。

规律 2 儿童在入学前需要做好读写准备

培养儿童的语音意识和正确发音能力，是学拼音、识字以及语言交流的基础。所谓语音意识，就是能够意识到语音之间的异同及其细微特点，包括声调的区别等。只有意识到发音的错误，才能学会正确的发音。许多初入学儿童都有发音方面的问题。即使是讲普通话的儿童，也有个别发音不准之处。如果儿童在入学前能够正确掌握全部语音，那就为日后学拼音和识字打下了重要的基础。这种准备，比学会几个拼音字母更为有用。

在学前阶段，不要刻意追求让儿童识多少个字，而要着眼于发展观察、分析、比较和分类的能力，这对儿童入学后学习识字和写字很有帮助。

- 识字和写字需要掌握每个字的特点。帮助儿童提高观察能力，可以避免把相近的字混淆。
- 提高儿童分类的能力，有利于日后对字的组成部分作分析和归类，从而掌握字的偏旁部首。

培养儿童对语言理解的能力，特别是说和听方面的能力。这不但是为读写做准备，而且是入学后适应小学生活所必需的。初入学儿童往往不能正确理解教师布置的任务，原因在于他们在入学前习惯于听形象的、描述性的词句，不善于理解带有概括性的词语。在表述方面，则不善于独立地、明晰地讲清一件事情。如果在这方面有一定的准备，那么儿童在语文学习方面、与人交往方面，都会有更好的基础。

规律 3 儿童在入学前需要做好数学准备

数学学习准备的关键 ，不在于会做多少题目，而在于掌握简单的数学知识和数量关系。

- 数，如能数数、计数，主要是对数字的理解。
- 量，主要是对多与少的理解，能比较一杯水与半杯水哪个多。
- 图形，包括对几何图形的认识，如能识别正方形、三角形等。

● 空间逻辑关系，主要是空间感和推理能力，如能根据物体的颜色、形状等特点进行分类，能进行大小、高矮、远近的比较等。

规律 4 儿童在入学前需要做好社会性准备

自理能力的准备

上小学后，儿童受到成人的具体照顾和直接帮助比起家庭和幼儿园来说是少多了。这就要求儿童学会自己照顾自己。同时也要有基本的安全、保健的意识，如：上下学路上应有注意交通安全的知识和能力，在活动中知道按冷热穿脱衣服，渴了不喝生水，饭前便后要洗手等。

规则意识和遵守规则的能力

上小学后，儿童便要遵守各种制度及课堂规则，如：要按时到校、按时完成作业，书写汉字要求工整等。因此，在入学前，就应培养孩子的规则意识，这样，他们入学之后，对学校和老师的各种规则要求就不会感到愕然，也不至于反感，而会记住规则并努力遵守。

任务意识和完成任务的能力

儿童进入小学，意味着他开始要承担社会义务。学校要求每个小学生完成学习任务，有严格的考核要求。这与幼儿园有很大不同。因此，家长应为即将入小学的孩子做好任务意识的准备。

交往意识和交往能力

儿童入小学后，同学之间交往的时间增多，如果儿童不愿与人交往，会影响到儿童的生活、学习等各个方面。

如：孤僻的孩子和缺乏交往能力的孩子，往往不受小同学们欢迎，从而享受不到同伴间交往和合作游戏的欢乐。胆小不善交往或者受到欺负的孩子，甚至不会去求得同伴的帮助。

养育策略

策略 1 父母带孩子到小学参观一下，让孩子熟悉小学校园的环境

父母可抽时间带孩子到小学参观一下，熟悉小学的校园环境。如果孩子之后要自己去上学，父母也应让孩子熟悉去学校的道路，帮助孩子记住一些比较明显的标志，而且要告诉孩子一些交通规则，告诉孩子不要边走边玩，边走边吃，培养他们独立上学的能力。

父母应告诉孩子小学和幼儿园的一个重大不同：在幼儿园以游戏活动为主要的学习形式，到了小学，就有小学的要求和规则。

如：父母可有意识地培养孩子能静心坐下来的能力，也可给他们布置些小作业，如让他们看看图画书等，培养他们专心做事，不讲话、不时常走动的好习惯。

特别提示

家长千万不能吓唬孩子，造成孩子对小学的惧怕感。家长要让孩子了解小学与幼儿园的不同，告诉孩子小学生活的意义，同时更要告诉孩子，小学的要求孩子们是可以做到的，能上小学说明孩子长大了。

策略 2 给孩子讲故事，与孩子一起阅读书籍，和孩子进行语言沟通，培养孩子的表达能力和理解能力

父母可通过和孩子做游戏来培养孩子的语音意识和正确发音的能力

如：一起玩绕口令的游戏活动，让孩子背诵

生动有趣、押韵的词句，逐渐自觉地意识到语言中语音的不同成分；进行一些听音辨字、说意思的游戏，练习语音听力，使孩子逐渐意识到同样发音的字有声调的差别；还可以用唱调的游戏，如妈、麻、马、骂等，让孩子在无意中养成唱四声声调顺序的习惯。

父母可利用各种场合、各种活动，有意识地培养孩子观察、分析、比较和分类的能力

如：引导孩子去观察不同的物体和图形，并进行分析比较，寻找它们之间有哪些相同点，又有哪些不同点，对同类物体的相同特征进行概括。这样的活动，虽不是直接认字，但是由于孩子对不同图形的区别很敏感，也就能够区分字形的区别，例如多一笔少一笔，出头不出头等，有助于将来孩子入学以后形成辨认汉字的能力。

父母要多给孩子讲故事

讲故事不仅能培养孩子对书的兴趣，让孩子在听的过程中不知不觉地积累许多知识，扩大词汇量，同时也可以激发孩子想要表达的愿望。

父母还可以通过让孩子看图讲述，或复述、概括刚刚讲过的故事等方式，直接训练孩子的口语表达能力。

翻开书籍，跟孩子一起看，可以一边看一边给孩子解说。这样既能培养孩子阅读的习惯，还能提高孩子对文字的理解能力和语言的表达能力。

父母还要多和孩子用语言沟通

在日常生活中，父母可以经常找一些话题，启发孩子勇敢说出他的观点与想法，并锻炼孩子有条理地进行表达。这样不仅锻炼了孩子的口头表达能力，而且也可培养孩子的逻辑思维能力。要注意孩子表达的词语是否正确，然后及时地帮助孩子纠正表达不当的地方。

策略③ 和孩子一起学身边的数学，培养孩子的数学能力

找生活环境中的数字，如门牌号、楼号、汽车牌号、信箱号等，并与孩子一块讨论数字的用途。

如：根据数字找到房子或街道的地址，找出食品价签上的数字等，以训练孩子对数字的识别力。

通过让孩子识别不同的形状、立体图形帮助孩子理解几何的概念。

如：高速公路标记为长方形，停车标志是八边形等。可以这样问孩子："这个标记和刚才那条街上你看到的一样吗？"同孩子讨论标记有几条边或几个角。

提高孩子的推理能力，父母可在向孩子提出问题后，给他们足够的思索答案的时间。要求孩子自己推理出问题的答案，然后再检验自己的想法是否正确。要放手让孩子独立思考，而不是试图找出大人所希望听到的答案。

策略④ 培养孩子与人交往的能力，帮助孩子尽快适应新的环境

与孩子一起玩游戏，培养孩子与人相处的能力。学龄前儿童最主要的学习途径就是游戏。如果父母能陪着孩子一起玩耍，如摆积木、扮演角色（如过家家、超人打怪兽）、下棋，既能增进与孩子的沟通，还能让孩子学习与人交往。

教导孩子听老师的话，帮助孩子参与班集体活动，逐渐适应集体生活，加强为班集体的服务意识。比如，告诉孩子在课前帮助老师整理黑板、讲桌，领取教具、学具，课后收拾教具、学具。在做操、站队列时，要听老师的统一指挥。

指导孩子要与同学保持良好的关系。在学习上要互相关心、互相帮助，以诚相待，不要欺负其他同学，要遵守规则。拥有良好的同伴关系有

利于孩子迅速、顺利地融入小学生活。

鼓励孩子参与体育活动，提高孩子的运动技能。经常运动，如打球、跳绳、踢毽子等，有助于提高孩子自身的手脚协调能力。另外，运动好也是孩子增强自信的方式之一。

良好的开端是成功的一半。

——柏拉图

索 引

实验室

宝宝害怕“悬崖”吗？——婴儿深度知觉实验 // 4
什么环境下大脑发育最好？——老鼠脑发育刺激实验 // 10
生理成熟很重要——双生子爬楼梯实验 // 31
巧克力去哪儿找？——儿童心理理论实验 // 39
哪组儿童更具攻击性？——儿童攻击性实验 // 44
多余的果子要给谁？——儿童分享行为实验 // 50
猴子也不是有奶就是娘——恒河猴依恋实验 // 67
设计目标很重要——目标引导实验 // 113
音乐教学促进儿童图像思维能力的发展——儿童音乐教学实验 // 145
奖励需慎用——儿童奖励实验 // 169

知识库

无意注意 // 13
选择性注意 // 13
多动症发病年龄、比例及检查方式 // 14
短时记忆容量 // 19
无意记忆和有意记忆 // 20
记忆策略 // 20
父母的教养方式 // 24
权威型教养方式 // 24
专制型教养方式 // 24
放任型教养方式 // 24
不一致型教养方式 // 24
娇惯溺爱型教养方式 // 24
小肌肉动作 // 29
感觉统合失调 // 32
儿童感觉统合能力发展评定量表 // 37
心理理论 // 39
正强化和负强化 // 44

观点采择 // 50
儿童对社会规范的认知 // 51
角色扮演法 // 52
依恋物 // 74
认知重建 // 78
社会认知冲突理论 // 84
1~2岁儿童独立性培养的内容 // 86
3~4岁儿童独立性培养的内容 // 87
4~5岁儿童独立性培养的内容 // 87
5~6岁儿童独立性培养的内容 // 88
自信心较强和较弱儿童的表现 // 104
归因 // 107
ABC理论 // 111
好奇心和创造性的关系 // 118
幼儿感兴趣的事物 // 119
儿童阅读偏好 // 130
亲子共读的益处 // 131
合作式的亲子共读 // 131
守恒 // 135
未形成“量守恒”概念儿童的表现 // 136
涂鸦期注意事项 // 142
图像思维能力 // 145
运动技能掌握的定向阶段 // 150
3~6岁幼儿应具备的基本安全知识和自我保护能力 // 155
不同受欢迎程度的儿童 // 158
受欢迎儿童 // 158
被拒绝儿童 // 158
被忽视儿童 // 158
矛盾的儿童 // 158
一般的儿童 // 158

暂时隔离 // 175

双性化 // 184

测试吧

测测孩子是否具有多动症 // 16

测测孩子的记忆容量 // 19

测测孩子的感觉统合能力 // 34

测测孩子是否过于害羞 // 55

测测孩子的依恋类型 // 65

测测孩子的坚持性 // 94

特别提示

父母给孩子安排太多的智力开发活动，反而不利于幼儿发育成长。 // 9

亲子游戏对孩子记忆力、注意力的培养和人格养成都很有好处。 // 21

爬行经验对孩子的发展至关重要。 // 33

母亲在怀孕期及分娩后应注意调节情绪，做好孕期保健。 // 61

独立性是一切能力发展的基础条件。 // 87

坚持性与学习、社交能力密切相关。 // 91

家长别用高期望扼杀孩子的自信心。 // 106

家长应注意为孩子选购优质科普读物。 // 121

早期阅读非常重要。 // 129

良好的阅读习惯是阅读的前提和基础。 // 132

做体育游戏时应注意孩子的年龄特点，循序渐进，动静交替。 // 151

运动习惯应从小培养。 // 152

使用奖励需要注意，避免因为奖励使外部动机取代了内部动机。 // 169

告知孩子父母离异时态度要坦诚、平和，不要抱怨，更不要让孩子卷入离婚事件。 // 179

家长应正向引导孩子做好入学准备。 // 193

边博士直播间

Q：我家5岁的孩子特别好动，是不是患了多动症呢？ // 17

Q：我家宝宝快2岁了，说话不太清楚，应该怎么做？ // 26

Q：我家孩子今年4岁了，在幼儿园老是受欺负，我该怎么办？ // 48

Q：我是一个1岁多孩子的妈妈，最近宝宝总是黏着我，怎么做才好呢？ // 69

Q：我家孩子刚上幼儿园，该不该让她带喜欢的毛绒玩具去幼儿园？ // 74

Q：孩子4岁多了，该不该送他上辅导班？ // 138

Q：我家孩子快4岁了，画得不像也不漂亮，怎么办？ // 143

Q：孩子今年5岁了，应该跟比她大的孩子玩，还是跟比她小的孩子玩？ // 161

Q：孩子快1岁了，挺爱哭，每次用发声玩具哄就管用，这样对吗？ // 167

Q：我的孩子5岁多了，我和老公经常吵闹、打架，想离婚又怕伤害孩子，我应该怎么做？ // 180

Q：孩子4岁多了，最近总问我“我是从哪里来的”，该怎么回答他？ // 186

心灵加油站

小故事：《你知道，我也知道》 // 42

名人名言：培根关于快乐与烦恼的名言 // 51

小故事：《怎么吃桃不浪费》 // 53

名人名言：贝多芬关于德性和幸福的名言 // 84

小故事：《狐狸爸爸带孩子》 // 89

小故事：《养花的故事》 // 93

名人名言：苏轼关于意志和成功的名言 // 94

小故事：《为自己的行为负责》 // 98

小故事：《自信的力量》 // 108

小故事：《我没有特别的天赋，我只有强烈的好奇心》 // 122

小故事：《最快活的圣诞夜》 // 131

名人名言：卡耐基关于人际交往和成功的名言 // 160

名人名言：陈鹤琴关于玩具的名言 // 165

小故事：《陶行知与四块糖的故事》 // 170

小故事：《奥巴马父母妥善处理离异事件》 // 179

名人名言：柏拉图关于开端与成功的名言 // 195

图表

大脑的不同分区 // 8

前语言时期儿童语言发展特点 // 23

大肌肉动作发展顺序表 // 29

小肌肉动作发展顺序表 // 30

依恋发展阶段及表现 // 66

幼儿实现从家庭向幼儿园过渡所经历的阶段 // 71

杏仁核 // 76

前额叶 // 76

幼儿的涂鸦 // 140

性别角色概念发展的三个阶段 // 182

儿童对死亡认知的三个阶段 // 188

后 记

《读懂孩子——心理学家实用教子宝典》系列终于在大家的努力下完成了。作为这套书的作者，我感觉无比的欣慰和感激。

有别于以前写的专著，写作本套书的目的非常“现实”：因为需要。作为一名心理学研究者，多年来我经常接到各种各样的咨询电话，都是家长们在教育子女的过程碰到了问题前来求助的。面对目前家庭教育的各种问题，我一直有为家长们做点什么的想法。五年前和乔树平院长的一席谈话终于使这种想法落到了实处，也就有了今天的这套作品。

乔院长是我到北京工作后的良师益友。作为原北京市教委基教处处长、现北京师范大学首都基础教育研究院的执行副院长，她对中国的基础教育包括家庭教育具有真知灼见。乔院长认为好的教育，无论是学校教育还是家庭教育，首要的是了解孩子的成长规律，读懂孩子，理解孩子的所思所想。乔院长的想法与我不谋而合，我们决定将心理学家的研究成果进行总结，对儿童成长的规律进行系统梳理，让家长和教师理解孩子，智慧育儿。

当我们决定写这套书后，得到了众多教育和心理学工作者的认同，众多家长更是对此充满期待。我们身边一大批志同道合的朋友们先后参与过这本书的策划、讨论与书稿的审校工作。特别是有二个人的加入使这套书的框架和特点渐渐清晰和明了起来。她们一位是我和乔院长的好朋友杨萍女士，她特别热衷于家庭教育研究并将自己的儿子培养得品学兼优，她常常会有一些很有创造力的想法；另一位是北京师范大学出版社的胡苗主任，她很年轻却对家教类图书非常专业也非常敬业。从此，这“四人小组”开启她们独特的“读懂孩子”之旅。

这套书的写作对我而言真的是“痛并快乐着”。这套书从策划到正式出版历时五年，这是我写作时间最长、讨论和修改最多的一套书。虽然以前也曾出版过许多专著，但从来没有一本书是以这样的方式写成的。记得在动笔之前，我们先去幼儿园、小学和中学调研，访谈家长和孩子，了解他们的困惑与需求；在写作过程中我们查阅了众多心理学的相关文献资料；每一次写作出样稿大家会集体讨论，不断修改；多次召开试读会，分幼儿、小学、中学三个阶段，邀请大量的家长给我们的样稿提修改意见。我现在都记不清对书的定位、目录、内容和呈现方式进行了多少次讨论与修改。正是一次次讨论、甚至争论与不断的修改才使这套书有了现在的模样。写作的过程虽然漫长，但我觉得这是我最开心、最有意义的一次写作。书写得很辛苦，但每一次的讨论与聚会却是那么愉快。这不仅仅是我一个人的感受，也是每一位参与这套书写作的人共同的感受，这是因为我们是一个有共同理想和信念的群体，是一群快乐的人，我们认同大家是在共同完成一件非常有意义的工作。我们相信，因为我们的努力，可以为众多年轻的家长们提供帮助。

本书是集体智慧的结晶。本书主要由我与我的学生梁丽婵、郭雯婧、孙丽萍、王卓然写作完成，此外，时晓萍、何妍、张丽、邓森碧、罗雅琛、田微微、崔淑贤、蒋柳青、吴旻、孙英红、田莹等也参与过部分写作与讨论。这中间乔树平院长、杨萍女士、胡苗主任和本书的责任编辑尹莉莉老师付了大量的心血。因此，在这套书即将付梓之际，我要特别感谢乔树平院长、杨萍女士的智慧和付出，感谢我的学生们为本套书的出版付出的艰辛和努力，感谢胡苗主任、尹莉莉老师的辛勤劳动！

尤其幸运的是，本书的写作自始至终得到了北京师范大学校长、我国著名儿童心理学家董奇教授的关注和指导，董校长还在百忙中特别为书写序，对本书给予了肯定。

我还要感谢写作前期参与我们调研工作的400多名家长以及参加试读工作的30多位家长，感谢所有为这套书的出版出谋划策的每一个人。

最后感谢选择读这套书的每一个读者！希望大家提出宝贵意见，我们会在适当的时候对内容作进一步修改，使其越来越有价值。

边玉芳
2013年10月

本书作者

边玉芳，北京师范大学认知神经科学与学习国家重点实验室教授，博士生导师，北京师范大学心理健康与教育研究所所长，教育部中小学心理健康专家指导委员会委员。主要从事儿童青少年发展与教育研究，致力于用科学、量化方法对教育问题进行深入分析与探讨。研究方向主要有心理统计与测量、教育评价、区域教育与管理政策研究、儿童青少年社会性发展与心理健康教育等。

到目前为止，作者主持教育部、科技部等国家级、省部级以及其他各类课题30余项。包括国家社科基金“中小学生心理危机及其干预研究”、科技部重大基础性项目“6~15岁中国儿童青少年心理发育特征调查”（学业成就部分）、北京市教委“基于发展性评价的学生的成长规律与育人策略研究”等课题，具有承担大型项目的经验，对于义务教育阶段学生的心理发展和教育方面情况有深入研究。

作者在心理、教育相关的各类中英文学术期刊上发表论文百余篇，编写著作及教材二十余本（套）。主编的《经典心理学实验书系》获第三届中华优秀出版物奖、《中国教育报》评选的“2010年影响教师的100本图书”之最佳图书奖、华东地区优秀教育图书一等奖等多个奖项；《教育实验学》获第四届全国教育科学研究优秀成果二等奖；所编写的《大学生心理健康》等教材在全国各地广泛使用，获得一致好评。

北京师范大学认知神经科学与学习国家重点实验室简介

“认知神经科学与学习国家重点实验室”依托于北京师范大学脑与认知科学研究院。研究院是北京师范大学211工程和985工程重点建设基地。

实验室以高级认知功能发展变化为主线，以“学习与脑的可塑性”为核心科学问题，围绕学习的一般规律和机制以及特殊领域学习的认知与脑机制开展认知神经科学研究。

实验室的定位是为我国基于脑科学的教育质量提升、认知障碍矫治和人力资源开发等提供依据，促进我国亿万儿童青少年智力和心理的健康发展，提升我国人口素质和综合国力。

实验室拥有一支高水平的认知神经科学与学习创新研究团队，团队成员学科背景包括神经科学、信息技术、磁共振影像数据处理、心理学、磁共振医学和磁共振物理学等。

实验室在语言认知、数学认知、社会认知、心理发展与脑发育等方面布局了科学研究，承担国内外重大科研项目90余项，取得了重要的学术成绩，在国际上产生了重要的学术影响。

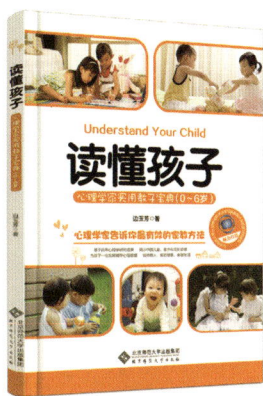

《读懂孩子——心理学家实用教子宝典》

丛书介绍

《读懂孩子——心理学家实用教子宝典》是一套心理学专家写给家长的家教读物，历时五年编写而成。本套图书基于心理学的研究成果，向家长介绍0~18岁孩子发展的规律，剖析不同年龄段孩子容易出现的各种情况，以心理学的视角解读孩子产生各种行为的原因，同时，基于孩子身心发展的规律，提出建设性意见。目的在于让家长明白孩子的成长情况，转变教育观念，学会遵循规律，科学地培养孩子。

本套图书共三册，每册约200页，介绍30~40个儿童在该年龄段最重要的成长主题，以图文并茂、轻松活泼的方式向家长传递约200条成长规律，240条养育策略，同时穿插大量生动鲜活的家教案例和“知识库”、“实验室”、“测试吧”、“特别提示”、“心灵加油站”和“边博士直播间”等各种小栏目，全面提升图书的现实针对性、知识性和可读性。

本书介绍

《读懂孩子——心理学家实用教子宝典（0~6岁）》是本套系列的第一册。它全面介绍了0~6岁孩子各方面的成长特点、发展规律与相应的教子策略，帮助您全面地了解孩子、更好地理解孩子的发展历程，提升您的家庭教育能力。这里涵盖了家长最关心、渴望了解的问题，例如，如何进行早期教育、智力开发、潜力培养等，甚至具体到玩具和读物的选择。心理学专家、优秀教师、成功妈妈将从不同的角度，为亿万家长答疑解惑。希望本书能帮助您读懂孩子、智慧育儿。

0~6岁

6~12岁

12~18岁